O espectro disciplinar da Ciência da Religião

O espectro disciplinar da
Ciência da Religião

Frank Usarski
(Organizador)

O espectro disciplinar da Ciência da Religião

Dados Internacionais de Catalogação na Publicação (CIP)
(Câmara Brasileira do Livro, SP, Brasil)

O espectro disciplinar da ciência da religião / Frank Usarski (org.). — São Paulo : Paulinas, 2007. — (Coleção repensando a religião)

Vários autores.
Bibliografia.
ISBN 978-85-356-1937-9

1. Educação religiosa 2. Religião - Estudo e ensino I. Usarski, Frank. II. Série.

07-0280   CDD-200.71

Índice para catálogo sistemático:
1. Ciência da religião : Estudo e ensino   200.71

1ª edição – 2007
1ª reimpressão – 2012

Direção-geral: *Flávia Reginatto*

Conselho Editorial: *Dr. Afonso M. L. Soares*
Dr. Antonio Francisco Lelo
Dr. Francisco Camil Catão
Luzia M. de Oliveira Sena
Dra. Maria Alexandre de Oliveira
Dr. Matthias Grenzer
Dra. Vera Ivanise Bombonatto

Editores: *Luzia Sena e Afonso M. L. Soares*
Copidesque: *Cristina Paixão Lopes*
Coordenação de revisão: *Marina Mendonça*
Revisão: *Patrizia Zagni e Jaci Dantas*
Direção de arte: *Irma Cipriani*
Gerente de produção: *Felício Calegaro Neto*
Editoração eletrônica: *Manuel Rebelato Miramontes*

Nenhuma parte desta obra poderá ser reproduzida ou transmitida por qualquer forma e/ou quaisquer meios (eletrônico ou mecânico, incluindo fotocópia e gravação) ou arquivada em qualquer sistema ou banco de dados sem permissão escrita da Editora. Direitos reservados.

Paulinas

Rua Dona Inácia Uchoa - 62
04110-020 – São Paulo – SP (Brasil)
Tel.: (11) 2125-3500
http://www.paulinas.org.br – editora@paulinas.com.br
Telemarketing e SAC: 0800-7010081
© Pia Sociedade Filhas de São Paulo – São Paulo, 2007

Apresentação

Um novo volume da coleção *Repensando a Religião* acaba de vir a público. Quarto fruto deste projeto que visa a incentivar o interesse no Brasil pela área de estudos da religião, *O espectro disciplinar da ciência da religião* soma-se aos três primeiros volumes – *O que é ciência da religião?*, *O crescimento do cristianismo* e *Constituintes da ciência da religião* – no desafio de enriquecer e qualificar a bibliografia básica de nossos estudantes e futuros pesquisadores. A mais nova obra desta série foi organizada pelo Dr. Frank Usarski, pesquisador do Programa de Estudos Pós-Graduados em Ciências da Religião da PUC-SP. Usarski vem se destacando no meio universitário na condução de uma discussão epistemológica acerca do estatuto da ciência da religião. Neste novo livro, somos convidados a interagir com a discussão em andamento em vários programas de pós-graduação em ciências da religião – de modo particular naquele da Pontifícia Universidade Católica de São Paulo – sobre a forma mais adequada e os conteúdos mais pertinentes a uma introdução à pesquisa em ciências da religião.

Com respeito ao tema e ao enfoque, tanto o novo livro quanto a coleção em que foi inserido aproximam-se da conhecida coleção *Religião e Cultura* (também da Paulinas Editora) e da revista homônima produzida pelo Departamento de Teologia e Ciências da Religião da PUC-SP. A diferença básica é que este projeto pretende ser uma série fechada, focada na discussão epistemológica da ciência da religião.

Nestes últimos anos, em que estivemos devotados à causa da pesquisa da religião no Brasil, temos percebido o crescimento da demanda, em nossas academias, por obras que esclareçam as devidas distâncias entre o estudo científico da religião e as produções propriamente teológicas, em que o componente confessional é explicitado ou pressuposto nas entrelinhas do discurso. A oportunidade da iniciativa pode ser medida pelas recentes e pendentes discussões acerca do ensino religioso nas escolas públicas, que pressupõem um profissional qualificado, não em uma determinada teologia confessional, mas justamente na – pouco conhecida entre nós – ciência da religião.

O espectro disciplinar da Ciência da Religião

Em seguidos encontros entre representantes do FONAPER (Fórum Nacional Permanente do Ensino Religioso) e pesquisadores do Departamento de Teologia e Ciências da Religião da PUC-SP, também constatamos uma expectativa de que nossa universidade ajude a dar o tom da discussão mais acadêmica. Por essa razão, avançando na parceria entre a Paulinas Editora e a PUC-SP, que já começara com a Revista *Religião & Cultura* e se consolidara no lançamento da coleção *Temas do Ensino Religioso*, convidamos como principal interlocutor para este novo projeto o professor Frank Usarski, tradutor do livro que abre a coleção, além de autor e organizador de outros dois.

Com sua colaboração precisa e erudita, a quem aproveitamos para agradecer publicamente a generosa disponibilidade e dedicação dispensadas ao projeto original, o desenho da nova coleção foi-se configurando com maior nitidez. Elegemos como preocupação de fundo da recém-nascida a demarcação do que constitui – ou poderá constituir em breve – a ciência da religião. Insistimos, para tanto, na importância de uma aproximação científica ao mundo religioso que garanta a devida autonomia a essa disciplina em relação às leituras teológicas. Entre os temas e enfoques visados, citamos: a descrição dos contextos histórico e sociocultural em que surge a pesquisa científica da religião; um esboço da história dessa disciplina; uma síntese da situação atual no âmbito internacional e, especificamente, brasileiro; os grandes temas e/ou problemas típicos da pesquisa. Enfim, queremos averiguar e discutir com a academia nacional em que sentido essa disciplina contribui para um estudo o mais completo possível do mundo religioso em todas as suas facetas.

Os livros de *Repensando a Religião*, embora não herméticos, pressupõem leitores bem informados e já familiarizados com os assuntos tratados: educadores, pesquisadores e pós-graduandos tanto de ciências da religião como de áreas afins (filosofia, teologia, ciências sociais, semiótica, literatura, psicanálise etc.). Para abrir a coleção e, com isso, dar o tom do que viria a seguir, escolhemos o renomado cientista da religião, Hans-Jürgen Greschat, com seu já clássico opúsculo *O que é*

Apresentação

ciência da religião? Para fechá-la, já está no prelo, do não menos reconhecido Rodney Stark (em co-autoria com William S. Bainbridge), o inovador e polêmico estudo: *Uma teoria da religião.*

Se em seu livro anterior – *Constituintes da ciência da religião* – o professor Usarski esforçou-se por afirmar a autonomia de uma ciência da religião, com todo o seu potencial de crítica às ideologias imperantes na sociedade e nas corporações religiosas, desta feita a abordagem é complementada em uma obra também organizada por ele, que traz a contribuição de diversos autores para traçar o espectro de disciplinas que compõem e nutrem reciprocamente a ciência da religião, em suas interações com a antropologia, a história, a sociologia, a psicologia, a geografia, a estética, as ciências naturais e a teologia.

Enfim, esperamos que, com este novo estudo, permaneçamos fiéis ao propósito de oferecer ao leitor uma coleção sucinta, compacta e esclarecedora. A reação crítica do público continua sendo muito bem-vinda, para que estabeleçamos uma saudável interlocução que frutifique em novos trabalhos e assegure a afirmação desta área de saber em nossas universidades e demais centros de pesquisa.

AFONSO MARIA LIGORIO SOARES

Introdução

Esta coletânea é fruto de uma discussão iniciada por integrantes do corpo docente do Programa de Pós-Graduação em Ciências da Religião da PUC de São Paulo sobre a forma adequada e os conteúdos pertinentes ao curso *Introdução à Pesquisa em Ciências da Religião I*, matéria obrigatória para mestrandos dessa instituição. O debate intensificou-se e ampliou-se a partir do 1º semestre de 2005, tanto mediante reuniões do colegiado quanto por meio de conversas fora da própria PUC, entre outras por ocasião do painel *O espectro disciplinar da(s) Ciência(s) da Religião*, realizado em abril de 2006, no II Simpósio Internacional sobre Religiões, Religiosidades e Culturas na Universidade Federal da Grande Dourados, onde a maioria dos autores reunidos neste livro expôs resumos de seus respectivos artigos. Embora nem todos os participantes da discussão fossem imediatamente comprometidos com a reformulação da matéria introdutória que dera início ao debate, qualquer reflexão sobre temas afins foi bem-vinda como uma possível contribuição para as decisões a serem tomadas em prol das reformulações do curso supramencionado.

Devido às preferências individuais a respeito do escopo e caráter da matéria, do seu estatuto epistemológico e das suas funções acadêmicas e extra-acadêmicas, não surpreende que o debate não tenha trazido um consenso sobre todos os pormenores da necessária adaptação curricular da disciplina oferecida na PUC-SP para os candidatos de mestrado. Porém, contribuiu para verificar uma unanimidade pelo menos sobre os seguintes cinco aspectos intimamente inter-relacionados.

1) Encontra-se uma variedade de nomenclaturas da disciplina. Dependendo da opção pelo singular ou pelo plural das constituintes da denominação, usa-se em diferentes contextos um dos quatro rótulos possíveis: ciências da religião,[1] ciência da religião,[2] ciência das

---

[1] Cf., por exemplo, TERRIN, A. *Introdução ao estudo comparado das religiões*, pp. 17ss.

[2] Cf. GRESCHAT, Hans-Jürgen. *O que é ciência da religião?*

religiões,[3] ciências das religiões.[4] Enquanto essa heterogeneidade pode ser relevante para a representação *externa* da disciplina em seus respectivos ambientes, ela não atinge o consenso de seus representantes sobre a estrutura *interna* da matéria. Pelo contrário, há unanimidade sobre seu caráter "pluralista", no sentido de uma "abordagem polimetodológica".[5]

2) Tal pluralidade interna não é um sintoma da falta de reflexão metateórica sobre a disciplina ou de desinteresse por sua autonomia institucional, mas uma conseqüência da complexidade, ou seja, da multidimensionalidade do seu objeto.

3) A ciência da religião mostra sua competência em liderar com tal riqueza fenomenológica na medida em que atua como uma "ciência integral das religiões"[6] que se constitui mediante um intercâmbio permanente com outras disciplinas cujo saber específico contribui direta ou indiretamente para um saber mais profundo e completo sobre a religião e suas manifestações múltiplas.

4) A futura prosperidade da ciência da religião depende não apenas da dinâmica entre ela e suas matérias auxiliares "aprovadas" e disciplinas de referência tradicionais, mas também de sua abertura contínua aos discursos inovadores em áreas de pesquisa até então negligenciadas.

5) A riqueza do material relevante promovido tanto por esforços intradisciplinares quanto pela referência a suas subdisciplinas e disciplinas auxiliares requer do cientista da religião a disponibilidade de submeter seu trabalho individual a uma dinâmica coletiva conforme o princípio de divisão de trabalho organizado de acordo com as especialidades individuais e em função da produção de um conhecimento integrado. Conforme Horst Bürkle, esse intercâmbio não apenas contribui para o sucesso de uma "missão" acadêmica maior, mas beneficia cada integrante da equipe no sentido sociopsicológico.

---

[3] Cf. Revista de Ciência das Religiões, órgão do Centro de Estudos em Ciência das Religiões na Universidade Lusófona de Humanidades e Tecnologia.

[4] Cf. FILORAMO, G. & PRANDI, C. *As ciências das religiões.*

[5] KNOTT, K. *The location of religion,* p. 12.

[6] FLASCHE, R. Religionswissenschaft als integrale Wissenschaft von den Religionen. In: *Religionen, Geschichte, Oekumene.*

Introdução

> Projetos de pesquisas são "conjuntos de redes" nos quais [...] uma disciplina singular presta um serviço particular. Nesses sistemas referenciais encontram-se, ao mesmo tempo, glória e miséria, ou, para usar palavras menos dramáticas, chance e limitação da pesquisa contemporânea. A chance consta no fato de que, uma vez que o pesquisador se contente com sua isolação nomádica e seu progresso intelectual solitário, a pesquisa assume um caráter coletivo e cria aquilo que em outros contextos é chamado inter-relações humanas. Porém, a mesma situação revela suas limitações na medida em que o pesquisador é incapaz de manter a visão da totalidade do campo por estar preso na investigação dos detalhes de uma determinada sub-subárea.[7]

Esta coletânea pretende fazer justiça ao consenso sobre os cinco aspectos anteriormente esboçados. Como já indica o termo "espectro disciplinar" do título, trata-se de um livro que leva o caráter "pluralista" da ciência da religião a sério e representa um panorama de possíveis perspectivas ao multifacetado fenômeno religioso.

A primeira parte da coletânea apresenta uma retrospectiva do desenvolvimento e um levantamento de tendências recentes de quatro subdisciplinas "clássicas" da ciência da religião, a saber: antropologia da religião (Bettina E. Schmidt), a história da religião (Eduardo Basto de Albuquerque), a sociologia da religião (Maria José Rosado Nunes) e a psicologia da religião (Edênio Valle).

Vale lembrar que esta seção apresenta reflexões sobre as linhas de pesquisa atualmente predominantes no âmbito da ciência da religião. Portanto, não se trata de um resumo da *história* da disciplina propriamente dita. Se esta tivesse sido a intenção deste livro, o leitor encontraria não apenas um artigo sobre a filologia comparada, que desempenhou um papel fundamental no processo da constituição da disciplina no decorrer do século XIX, mas também um texto separado sobre a etnologia, cujos méritos são indiretamente reconhecidos nessa coletânea pelo ensaio sobre a antropologia da religião, disciplina mais próxima da etnologia da religião.

---

[7] BÜRKLE, H. Religionsgeographie – ein interdisziplinäres Forschungsfeld zwischen Religionswissenschaft und Geographie. In: BÜTTNER, M. et alii., orgs. *Religion and Environment / Religion und Umwelt*, p. 107s.

O espectro disciplinar da Ciência da Religião

A omissão da filosofia da religião explica-se por outras razões. Conforme a discussão metateórica internacional, um dos argumentos mais fortes em favor de sua exclusão do espectro disciplinar da ciência da religião consta na acusação de que a maioria dos filósofos engajados na discussão sobre religião promove uma abordagem normativa alimentada por uma atitude apologética, especificamente nos casos em que sua "reflexão sobre religião é realizada a partir de uma ligação afirmativa à fé".[8] Não haveria tais preocupações se a abordagem em questão partisse de

> um termo geral de religião que, por um lado, é capaz de explorar analiticamente os diversos mundos de fenômenos religiosos, especificamente os não-teístas, e, por outro lado, possibilita um tratamento metodológico controlado da multiplicidade histórica das culturas religiosas.[9]

Giovanni Filoramo e Carlo Prandi articulam a mesma preocupação quando atribuem à Filosofia da Religião atual um lugar "fora dos muros" da Ciência da Religião, enfatizando:

> O fato diferenciador é [...] a base de um conceito de religião não empírico [...] colocado de modo axiológico [...]. Uma filosofia da religião que não queira cair no abstrato não pode deixar de refletir sobre a realidade concreta, histórica e cultural, dos fatos religiosos.[10]

Enquanto as quatro matérias apresentadas na primeira parte da coletânea são amplamente conhecidas e freqüentemente citadas como indispensáveis ao estudo da religião, a geografia da religião e a estética da religião ainda não desfrutam o mesmo *status* formal. Porém, como a segunda parte demonstra, a posição institucional relativamente precária das duas últimas disciplinas não diz nada sobre sua relevância para a ciência da religião, empreendimento acadêmico comprometido com a pesquisa o mais abrangente possível de um objeto altamente

---

[8] HOCK, K. *Einführung in die Religionswissenschaft*, p. 158.

[9] SCHRÖDE, M. Das unendliche Chaos der Religion. In: BARTH, U. & OSTHÖVENER, C.-D., orgs. *200 Jahre "Reden über die Religion"*, p. 587.

[10] FILORAMO, G. & PRANDI, C. *As Ciências das Religiões*, p. 22.

Introdução

complexo. Pelo contrário, é necessário reconhecer o valor heurístico de projetos e publicações nas áreas da geografia da religião (Frank Usarski) e da estética da religião (Steven Engler) e sua contribuição complementar no sentido de *insights* em duas dimensões da religião tradicionalmente negligenciadas.

Com argumentos semelhantes, poder-se-ia chamar a atenção para outras esferas constitutivas do fenômeno multifacetado da religião, mas de modo geral omitidas pela pesquisa. Talvez leitores "avançados" sintam falta de um artigo sobre a economia da religião, subcampo mundialmente em andamento com contornos já perceptíveis, porém ainda não suficientemente elaborados no sentido de um empreendimento intelectual sistemático, pré-requisito para ser incluído na lista de subdisciplinas "complementares" no sentido estrito.

Em termos epistemológicos e institucionais, ainda menos acentuados do que a última área, há uma série de projetos tematicamente inter-relacionados sobre os quais ainda não se sabe até que ponto desenvolverão uma dinâmica própria e plausibilidade típica na direção das demais subdisciplinas da ciência da religião. Nessa categoria cabem, entre outros, esforços de pesquisa que ainda têm de se provar dignos de um potencial heurístico que no futuro poderia ganhar o perfil de uma "fisiologia da religião".

Uma tendência ainda mais recente, ou seja, a questão da contribuição da ciência da computação para o estudo da religião, é abordada no artigo de Rafael Shoji que abre a terceira parte da coletânea, seção dedicada à identificação de alguns desafios promissores para a ciência da religião contemporânea no sentido ou de impulsos inovadores capazes de ampliar o espectro de suas perspectivas, ou de uma possível relativização de sua tendência a afirmar seu *status* acadêmico por meio de uma demarcação diante da teologia como uma "contradisciplina". O segundo texto desse bloco é de autoria de Eduardo R. Cruz que chama a atenção dos cientistas da religião, muitas vezes "presos" em um debate "dicotômico" entre simpatizantes e adversários da fenomenologia da religião, para os estímulos epistemológicos gerados pelo diálogo transdisciplinar sobre a relação entre a ciência e a religião.

O intuito de criar pontes entre diferentes campos de saber, desta vez entre a ciência da religião e a teologia, caracteriza também o texto de Afonso Maria Ligorio Soares, último artigo da coletânea. O tema tem tradição na reflexão metateórica no âmbito da ciência da religião, todavia o teor do texto incluído neste livro não se satisfaz com o desdobramento do consenso internacional sobre a "relação de tensão" entre as duas disciplinas,[11] mas representa uma abordagem mais "otimista", a fim de superar demarcações desnecessárias, especialmente diante de uma teologia universitária que compartilha uma série de ideais epistemológicos com a ciência da religião. Essa releitura mais generosa da relação entre a ciência da religião e a teologia não relativiza os esforços da primeira para destacar sua autonomia no mundo acadêmico; pelo contrário, um diálogo frutífero entre as duas disciplinas valoriza a ciência da religião como uma "disciplina de referência" para a teologia em sua busca de respostas a problemas emergentes no mundo globalizado.

Poder-se-ia dizer algo semelhante sobre a contribuição *futura* da ciência da religião para o ensino religioso,[12] um assunto cuja elaboração não cabe nessa coletânea, uma vez que seu objetivo principal é atender à demanda de mestrandos e doutorandos por uma introdução à situação atual da disciplina acadêmica em que pretendem formar-se.

Referências bibliográficas

Bürkle, Horst. Religionsgeographie – ein interdisziplinäres Forschungsfeld zwischen Religionswissenschaft und Geographie. In: Büttner, Manfred et. alii., orgs. *Religion and Environment / Religion und Umwelt*. Bochum, Brockmeyer, 1989. pp.107-112.

Filoramo, Giovanni & Prandi, Carlo. *As ciências das religiões*. São Paulo, Paulus, 1999.

---

[11] Geertz, A. W. & McCutcheon, R. T. The role of method and theory in the IAHR. In: *Perspectives on method and theory in the study of religion*. p. 17.

[12] Usarski, F. Ciência da religião: uma disciplina referencial. In: Sena, L., org. *Ensino religioso e formação docente*.

Introdução

FLASCHE, Rainer. Religionswissenschaft als integrale Wissenschaft von den Religionen. In: *Religionen, Geschichte Oekumene. In Memoriam Ernst Benz.* Leiden, Brill, 1981. pp. 225-233.

GEERTZ, Armin W. & CCCUTCHEON, Russel T. The role of method and theory in the IAHR. In: *Perspectives on method and theory in the study of religion.* Adjunct Proceedings of the 18th Congress of the International Association for the History of Religions, Mexico City, 1995. Leiden, Brill, 2000. pp. 3-37.

GRESCHAT, Hans-Jürgen. *O que é ciência da religião?* São Paulo, Paulinas, 2005.

HOCK, Klaus. *Einführung in die Religionswissenschaft.* Darmstadt, Wissenschaftliche Buchgesellschaft, 2002.

KNOTT, Kim. *The location of religion;* a spatial analysis. London/Oakville, Equinox, 2005.

SCHRÖDER, Markus. Das unendliche Chaos der Religion. In: BARTH, Ulrich & OSTHÖVENER, Claus-Dieter, orgs. *200 Jahre "Reden über die Religion" – Akten des 1. Internationalen Kongresses der Schleiermacher-Gesellschaft.* Halle 14-17 März 1999, Berlin/New York, Walter de Gruyter, 2000. pp. 585-608.

TERRIN, Aldo. *Introdução ao estudo comparado das religiões.* São Paulo, Paulinas, 2003.

USARSKI, Frank. Ciência da religião: uma disciplina referencial. In: SENA, Luiza, org. *Ensino religioso e formação docente;* ciências da religião e ensino religioso em diálogo. São Paulo, Paulinas, 2006. pp. 47-62.

PARTE 1
Subdisciplinas "clássicas" da ciência da religião

A história das religiões

EDUARDO BASTO DE ALBUQUERQUE

A história
das religiões

A história das religiões

Introdução

Em poucas páginas, só é possível apresentar as principais questões das complexas relações entre a história e a religião. São complexas porque pelo menos os últimos duzentos anos viram a constituição e a fama da disciplina História das Religiões – e também seu ocaso. Para iniciar este texto-itinerário, lembro que a atitude inaugural do historiador ante a religião é sua preocupação com o tempo e a dinâmica que isto acarreta. Por esse motivo, a abordagem histórica das religiões é tão velha quanto a própria história.

Heródoto, Parmênides, Empédocles, Demócrito, Platão, Aristóteles, Teofrasto, Berose e Megastane são alguns dos autores mais significativos desde a Antigüidade grega, cuja lista se prolonga até o surgimento do cristianismo.[1] Tais autores tanto colhem quanto selecionam informações – por vezes, em primeira mão e, outras vezes, indiretamente – escritas e orais. Eles não só descrevem, mas querem ainda interpretar e teorizar acerca da religião e das diferentes religiões, e muitas dessas reflexões são mais filosóficas e especulativas do que verificadas empiricamente. O cristianismo, por sua vez, por meio dos padres da Igreja, pensou sobre suas posições, que eram contrárias às das religiões dominantes. Na Idade Média ocidental, as reflexões mais significativas sobre as religiões são realizadas por judeus e árabes. O contato crescente com outros povos, a partir do final do século XV, marca o fim do período de encerramento europeu em si mesmo. É a conquista além-mar que estabelece o sistema colonialista e, também, gera interfaces das culturas da África, Ásia e América com a Europa – e vice-versa. Os instrumentos que os europeus detinham, até então, para tratar das religiões, eram o que o cristianismo dominante possuía em fins da Idade Média: poucas informações sobre o judaísmo, rejeição visceral do milenar inimigo mortal, o islã, e muitas informações sobre as religiões grega e romana, proporcionadas pela literatura clássica e ecos longínquos sobre o budismo e o hinduísmo.

---

[1] ELIADE, M. *O sagrado e o profano*, pp. 2-11.

21

As viagens intercontinentais estabelecem relações comerciais, políticas e militares com povos em grande parte desconhecidos e com outros somente idealizados. Esses contatos, então, também ganharam conotações culturais. Índios das Américas, negros africanos, indianos, chineses, japoneses, entre outros, entraram, em um período de cinqüenta anos (entre o final do século XV e as primeiras décadas do século XVI), no saber europeu sobre povos. Não sejamos ingênuos: se tais contatos trazem o novo, são também permeados pelas práticas de conquista e por concepções que as justificam. E estas não estão fundadas apenas na força física e econômica, mas também nos saberes sobre negociações e estrutura social, em que os elementos religiosos têm seu lugar. A história dos saberes sobre religiões, a partir do século XVI, revela crenças dos povos e testa métodos para este conhecimento. Descrições acumuladas de viajantes e missionários católicos e protestantes, bem como relatórios de militares, são alguns de seus instrumentos. Ao mesmo tempo em que a expansão européia acontece, há a ruptura interna do cristianismo ocidental e a constituição do protestantismo. E esta é uma fratura religiosa, social e política. Entre as ferramentas desses embates estão as intelectuais, como a crítica de textos que, de um lado, fundavam posturas políticas do papado e, de outro, estabeleciam a datação e a melhor textualidade das Escrituras. Havia o pressuposto teológico e cultural de que a Bíblia era o mais antigo repositório de discursos sagrados da humanidade, o que legitimava as pretensões de uma teoria da história das religiões fincada mais na teologia e filosofia do que em investigações empíricas. Os historiadores guardam, com veneração, os nomes dos autores deste empreendimento crítico, capitaneados pelos bolandistas e dom Mabillon. Mas, é bom lembrarmos o caso de Marsílio Ficino e sua edição do *Corpus hermeticum* e, depois, as críticas de Isaac Casaubon, demonstrando, por meio da filologia, que tais textos refletiam o sincretismo helenístico-cristão e não uma antigüidade da influência bíblica. Deste modo, tudo isso constituía uma aventura intelectual que acreditava em uma revelação primordial comum a toda humanidade. Representa, ademais, uma espécie de resposta ao desafio do encontro com outras culturas e religiões, inaugurado pela presença constante do islã nas fronteiras européias e pelo contato com hindus, chineses e

A história das religiões

japoneses. Nenhum desses povos podia ser desprezado, tanto quanto as populações nômades da América e da África, dado terem cidades mais ricas e maiores que as da Europa e terem o mesmo nível militar que os europeus. Este constante desafio da pluralidade religiosa e cultural acarretou uma verdadeira crise no pensamento europeu. Por vezes, esse desafio servia para relativizar as crenças políticas e religiosas; é exemplar que vários autores do iluminismo francês utilizassem os persas e os chineses para criticar a monarquia absolutista e o cristianismo nos séculos XVII e XVIII.[2]

Ora, do século XVIII ao XIX, a Revolução Francesa e a Revolução Industrial trouxeram novas mudanças políticas, sociais e econômicas, assim como uma retomada da expansão do colonialismo europeu, agora destroçando o máximo possível Portugal e Espanha. Índia, China e o Sudeste Asiático foram paulatinamente submetidos pelo imperialismo ocidental. O Japão terá uma posição à parte, com seu fechamento voluntário até meados do século XIX. O século XIX é a época da publicação de *Sacred book of the East*, coleção de clássicos literários, filosóficos e religiosos chineses, indianos e islâmicos. Para conseguir explicar, em uma visão de mundo coerente para si próprios, não é mais possível fundar as pretensões em pressupostos religiosos que serviram aos séculos anteriores; por conta disso, novas formulações filosóficas serão inauguradas. Predominam, no século XIX, as ideologias naturalistas e positivistas, propagadoras de um evolucionismo biológico e social, em que se pensa cada religião em escala ascendente e inexorável, ultrapassável uma após a outra, classificando-as em níveis tais como naturalismo, politeísmo e monoteísmo. O embate previa o fim do monoteísmo como a etapa final desta escada evolucionista, por meio da consagração da crescente secularização, o predomínio do ateísmo militante e a vitória do anticlericalismo.

Inseridas dentro deste caldo de concepções, as ciências históricas foram marcadas por duas posturas fundamentais. Uma, a que consagra e só considera legítima a pesquisa histórica fundada em documentos que provem todo raciocínio e toda conclusão retirada pelo

---

[2] HAZARD, P. *A crise da consciência européia.*

O espectro disciplinar da Ciência da Religião

historiador, e uma segunda postura que tenta abstrair os dados empíricos sem ignorá-los, e busca alcançar algum resultado para além deles. Enfim, ambas divergem da velha filosofia iluminista do século XVIII. É a partir disso que o campo das ciências históricas se fracionará, dando nascimento a novas abordagens do processo histórico a partir de alguma atitude inaugural, como a sociológica, a antropológica, a etnológica, a econômica e, finalmente, a psicológica.

A historiografia tradicional das religiões

O século XX foi herdeiro de grandes discussões teóricas e metodológicas sobre as relações entre religião e história processadas durante todo o século XIX. Se, por um lado, houve a pretensão de serem classificados como científicos campos de conhecimento específicos como a sociologia e a antropologia, a história também se quis ciência. Nesta busca, a historiografia tradicional tratou a religião de três maneiras fundamentais.

1ª) A primeira maneira foi através da denominada história das religiões. Por sua vez, podemos falar que havia, no início do século XX, dois grandes modelos de história das religiões: um voltado para a possível confirmação de crenças que os dados históricos pudessem trazer para o cristianismo e outro afirmando que ela ajudaria no desaparecimento da religião que ocorreria fatalmente com a expansão do progresso da ciência e da indústria.

O primeiro modelo procurava mostrar aos religiosos os "defeitos" desta nova disciplina intelectual e, depois, corrigi-los. A argumentação exemplar desta postura é a de Grandmaison, em *Christus: história das religiões*, dirigida por José Huby, que sintetiza os princípios e métodos do que se entendia, então, por história das religiões. Inicialmente, ela implicaria três princípios: 1) não admitiria as relações entre um Deus pessoal, providente e transcendente com a humanidade, mas aceitaria uma espécie de força divina produzindo resultados difusos no mundo e na humanidade, conduzindo tudo para outro estado ou fim ético; 2) esta força operaria por meio da "evolução", em

A história das religiões

que o menos iria para o mais, o baixo subiria para o alto, o simples tornar-se-ia complexo; 3) conseqüentemente, "todas as religiões, todas as formas de sentimento religioso, cujo objeto é ou ideal ou, pelo menos, incognoscível, seguem-se em uma onda de ascensão crescente".[3] O método racional, fundado nestes princípios, consistiria em: 1) restituir, o máximo possível, o "estado primitivo", buscando, sob as eventuais contribuições sucessivas, a forma original da emoção ou da atitude religiosa; 2) traçar uma curva descrevendo as vicissitudes da evolução das religiões da humanidade. Para isso, valer-se-ia dos mais diversos processos como, por exemplo, a eliminação do particular em cada religião e a transformação de seu "resíduo" em ponto de partida para a investigação. Poderia, também, retomar por graus, até o mais primordial, estudando os que mais se aproximassem deles no mais fundamental, como os simples, as crianças, "os selvagens" e os "animais", os mais primordiais de nossa sociedade (!).[4] Huby afirma que seus fundamentos "dependem manifestamente da filosofia e não da história". Outra redução seria "buscar uma explicação permanente, natural e imanentista da religião de Israel e do cristianismo",[5] algo terrível para os católicos. O autor expõe sua própria profissão de fé em que reivindica liberdade para o estudo da religião, rejeitando o naturalismo estreito, o evolucionismo e o determinismo. Esta profissão pressuporia a existência de um Deus único que se relacionasse com criaturas racionais, mas "os católicos não negam *a priori* os fatos alegados pelas diferentes religiões que dividem a humanidade"[6]. Este Deus interveio, falando por meio dos profetas e de seu Filho, ou com "o testemunho permanente dado ao mundo pelo Espírito Santo na Igreja Católica, una, indefectível [...]... capaz de promover, dentro e fora de si, a reforma, a restauração moral e religiosa da humanidade"[7]. Conclui que o católico fundado na fé poderia estudar sem receio as religiões distintas daquela que saberia ser a única verdadeira.[8] No to-

---

[3] HUBY, J. *Christus: história das religiões*, p. 59.

[4] Ibid., p. 61.

[5] Ibid., p. 60.

[6] Ibid.

[7] Ibid.

[8] Ibid., p. 62.

O espectro disciplinar da Ciência da Religião

cante aos métodos da história das religiões, evitando riscos para a fé, compor-se-iam de dois: o *histórico*, que

> se limita a classificar os fatos, a interpretar o melhor possível os documentos, em seguida a apurar prudentemente algumas conclusões gerais [...] mas sem tentar preencher lacunas, nem constituir quadros de conjuntos, nem completar por analogia, ou sequer por fantasia, as descrições fragmentárias, a idéia longínqua que temos das religiões antigas.

O segundo método seria o *comparativo*, que "consiste em aproximar, a fim de ilustrar mutuamente, usos religiosos, narrativas, ritos de todos os tempos, de todos os povos, de todas as civilizações".[9] Grandmaison considera este método o mais fecundo, porém traiçoeiro, principalmente porque está a serviço de um elemento dominador, escolhido por cada autor, para caracterizar a forma religiosa fundamental.[10]

É muito possível que estas críticas do pensador católico já apontassem para um descrédito nas pretensões da própria história das religiões, de realizar "restituições grandiosas, mas hipotéticas e, naturalmente, inconciliáveis" e, ainda, "construções arbitrárias, que se desmoronam por sua própria inconsistência".[11] Outra das questões da historiografia tradicional referia-se às origens das instituições e crenças da humanidade. Grandmaison afirma que buscar a origem da religião seria um sonho dos "partidários evolucionistas do método comparativo". Para tanto, seria preciso classificar e hierarquizar os fatos ministrados pelos documentos, e isto "supõe e é comandado por opções filosóficas e metodológicas indispensáveis".[12] Ora, esta postura de Grandmaison não era isolada. Outros pensadores como Troeltsch, Von Harnack, Loisy, Blondel, entre outros, cada um à sua maneira e tendo como base um projeto diferente, procuraram trans-

---

[9] Ibid., p. 54.
[10] Ibid., p. 55.
[11] Ibid., p. 55.
[12] Ibid., p. 56.

A história das religiões

formar o método histórico em veículo para reconhecer a verdade do cristianismo.[13]

Outro modelo representativo de abordagem da história das religiões, no início do século XX, é o de Salomão Reinach.[14] Para ele, a história da humanidade caracterizar-se-ia pela laicização progressiva, o que na sua época ainda estaria longe da realização. Na origem desta história, afirma que haveria uma atmosfera saturada de animismo, pois acreditava-se em espíritos perigosos e malfazejos atuando nas atividades do homem. Mas a humanidade não teria permanecido passiva, acreditando na presença misteriosa de forças espirituais que estariam ao seu redor. Para reagir contra elas, para domá-las e sujeitá-las a seus fins, buscou auxílio na magia, a que chama "falsa ciência", mãe de todas as verdadeiras ciências e "estratégia do animismo". Graças à magia, o homem tomou a ofensiva contra as coisas, tornando-se como que um chefe da orquestra cujo concerto seria sussurrado pelos espíritos em suas orelhas. Daí, em sua imaginação, para fazer chover, o homem vertia a água, ordenando e acreditando ser obedecido. Com o tempo, as transformações da magia tornaram-se ciência.

Portanto, conclui Reinach, a origem das religiões confundir-se-ia com as origens do pensamento e da atividade intelectual do homem, enquanto a decadência ou a limitação das religiões é a história do progresso por elas tornado possível. Discorda de afirmações como a de que as religiões são chagas nutridas pela avidez e pela fraude sobre o "organismo social". Nota que, por meio da história, a religião possibilitou o nascimento de ramos especiais de conhecimentos humanos, das ciências exatas, da moral e do direito, desenvolvidos às suas expensas. Os tabus religiosos tenderam a se codificar em leis, o animismo perdeu terreno para a física, a química e a astronomia, refugiando-se nos confins da ciência. Todos os fenômenos seriam presididos pela evolução, lei inexorável. As possíveis regressões com o reaparecimento do animismo e da magia, notadas pelos historiadores de sua época, seriam aparentes. Se havia recrudescimento da taumaturgia,

---

[13] Rosa, G. F. Mythe et science dans la philosophie de la religion de l'âge moderne. *Revue de l'Histoire des Religions*, 2003.

[14] Reinach, S. *Orpheus. Histoire générale des religions.*

da medicina miraculosa, do culto de ídolos multicoloridos, a voga do espiritismo, do demonismo e do ocultismo, isso seria devido a certo fracasso, que acredita momentâneo, do movimento liberal em seu papel de instruir e esclarecer as "massas profundas das nações". Não crê em medidas repressivas para alcançar as condições do progresso intelectual, por causa da força das sobrevivências. Sempre haveria mistério no mundo até a ciência realizar completamente sua tarefa de afastar os terrores da natureza. E, curiosamente, observa que as próprias religiões tenderiam a se laicizar, tais como as ciências a que deram nascimento. Incumbiria à ciência

> constituir a história das religiões, traçar suas origens e explicar as vicissitudes dos estudos fecundos [...] [que] não datam, por assim dizer, de ontem. O ensino da história das religiões nas universidades está ainda na infância. Mas a necessidade começa a se fazer sentir, o público traz um vivo interesse e pode-se acreditar que o século XX não deixará de encorajar estudos que se proponham, não somente a elevar e instruir, mas a liberar o espírito humano.[15]

Apesar de alguns argumentos antiquados, este modelo não desapareceu totalmente e ressurge volta e meia nos ataques a esta ou aquela instituição e postura religiosa.

Hoje as construções grandiosas já não são mais correntes entre os historiadores da religião. Nas abordagens mais genéricas, os pressupostos são mais modestos e muitas vezes não escondem os pontos de vista religiosos dos autores, que assim mostram não concordar com a separação ciência histórica e religião, uma das pretensões da velha história das religiões. O gênero *história das religiões* sobrevive com alguns pressupostos e leves tinturas de renovação, mas sem as ousadias dos cem anos anteriores. A comparação, método então intensamente predominante, é hoje discretamente utilizado. Possivelmente, o setor no qual se encontram as maiores renovações e dinamismo seja o dos estudos das religiões orientais, mas, afinal, trata-se de aplicar a um campo que ficou estacionado reflexões geradas em outros lugares da historiografia.

---

[15] Ibid., pp. 32-33.

A história das religiões

2ª) A segunda maneira de tratamento da religião pela historiografia tradicional seria por meio da *história dos países*, na qual é considerada parte da história das instituições e das relações com os Estados. Rocha Pombo, antigo historiador brasileiro, mostra que visão preside esta maneira, ao tratar da presença do catolicismo em fins do período imperial na sociedade brasileira. Sua análise, através de categorias simplistas, explica por meio dos rancores entre atores históricos e afirma:

> A questão religiosa foi outro fator importante do abandono em que se foi vendo a monarquia. O episcopado brasileiro ressentiu-se profundamente contra ela quando se considerou desamparado pelo prestígio do imperador no conflito dos dois bispos insurgidos contra o governo. A prova disso foi a indiferença quase vingativa de todo o clero nacional ante os acontecimentos do nosso 89.[16]

Ou explica, por meio da aversão entre personagens, quando se debruça propriamente na "questão religiosa". Rocha Pombo lembra que, de um lado, a reforma do casamento civil iniciou-se em 1875, mas foi realmente implantada em 1890, na República e, de outro, a passagem da administração dos cemitérios para as autoridades municipais, retirando qualquer ingerência da Igreja, que se iniciou em 1879, trouxe inimizades entre clero e políticos. Ou, ainda, por meio da luta entre personagens que dominam instituições: de um lado, o clero e, de outro, a maçonaria.[17]

3ª) A terceira maneira de tratamento das religiões na historiografia tradicional é por meio do gênero milenar *história da Igreja*. Desde a segunda década do século XX, alguns historiadores eclesiásticos reconheceram que a história da Igreja estava reduzida ao estudo de alguns aspectos institucionais da vida da Igreja e suas relações com os governos, deixando de lado movimentos de idéias, descrição de práticas e piedades populares, obras literárias e artísticas, missionárias etc.[18] Na década de 1970, observou-se novamente que essa historiografia

---

[16] ROCHA POMBO. *História do Brasil*, p. 306.

[17] Ibid., p. 243.

[18] AUBERT, R. As novas fronteiras da historiografia eclesiástica. *Revue d'Histoire Eclésiastique*.

concentrava-se nos grandes personagens, nos dogmas, nas instituições, nas estruturas, na hierarquia, na santidade canonizada e nas teologias oficiais.[19] Joseph Lortz, por exemplo, considera a história da Igreja participante da teologia.[20] A história da Igreja seria um dos meios pedagógicos de conscientização da verdade da fé católica, por meio de personalidades que transmitem a vida da família espiritual à qual pertencem e sua ação nas instituições. Todo estudo de história eclesiástica seria uma apologia eficaz do catolicismo, com base na busca da verdade em todos os períodos, mesmo os perturbadores.[21] E a eventual crítica que a verdade histórica formulasse não seria ataque à Igreja, mas serviço a ela, porque a verdade liberta.[22]

A renovação historiográfica: os *Annales*

Ao surgirem, todavia, novas preocupações historiográficas, fecundadas pela proximidade intelectual com a economia, a demografia, a psicologia, a antropologia e a sociologia, a partir da década de 1920, a religião passou a ser tratada de modo completamente diferente pelos historiadores. Em 1929, Marc Bloch e Lucien Febvre, liderando outros, fundaram uma revista intitulada *Annales d'Histoire Économique et Sociale*, como veículo de contatos interdisciplinares entre as ciências humanas e resposta aos desafios intelectuais colocados por elas para a compreensão histórica.[23] Por meio dessa revista, introduziram-se na historiografia novas abordagens. Depois da Segunda Guerra Mundial, a publicação transformou-se em veículo da Escola Prática de Altos Estudos. Sob o impulso de Fernand Braudel, aluno de Febvre, os *Annales* alcançaram, entre as décadas de 1960 e 1970, um lugar importante no cenário da historiografia, incorporando novos historiadores como Georges Duby, Emmanuel Le Roy e Jacques

---

[19] Ibid., p. 7.

[20] LORTZ, J. *Histoire de l'Eglise*, p. 6.

[21] Ibid., p. 10.

[22] Ibid., p. 6.

[23] BURKE, Peter. *A Revolução Francesa da historiografia.*

A história das religiões

Le Goff, para citar uns poucos. Uma de suas criações historiográficas foi o conceito de "mentalidade", que passou a ser utilizado de muitas maneiras. Não é minha intenção rastrear todas as suas possibilidades, mas apontar algumas delas que acabaram se tornando características no vocabulário dos historiadores e experiências das mais fecundas no tocante à religião.

Marc Bloch, observando a diferença entre períodos históricos, vale-se, para explicá-la, do conceito de múltiplas mentalidades, de modo que

> as revoluções sucessivas das técnicas alargaram desmesuradamente o intervalo psicológico entre as gerações [...] o homem da era da eletricidade e do avião sente-se muito longe dos seus antepassados. De bom grado, ele conclui, mas imprudentemente, que cessou de ser determinado por eles. Acrescenteis o cariz modernista inato a toda a mentalidade de engenheiro.[24]

Outro exemplo é sua explicação da divisão fracionada das propriedades rurais francesas, determinada por um passado bem longínquo, em que exerceria papel básico a mentalidade do camponês, por sua vez formada por uma experiência milenar de divisão de terras em pedaços numerosos. É a formação histórica da mentalidade que explicaria este parcelamento, e não a aplicação das normas do Código Civil da época de Napoleão. Para tanto, identifica a existência da divisão em épocas mais distantes: "esta armadura remonta a épocas tão recuadas [...] pioneiras da idade dos *dolmens*".[25] Possivelmente, o emprego mais sedutor seja o adotado das participações dos indivíduos em uma espécie de "mentalidade comum".[26] A mentalidade camponesa e suas condições concretas foram formadas historicamente e não determinadas nem por um presente muito próximo, nem por uma origem perdida no tempo, mas através de uma multiplicidade de elementos que ganhavam relevância na medida em que se sobrepunham uns aos outros.[27]

---

[24] BLOCH, M. *Introdução à história*, p. 97.

[25] Id., *Les caracteres originaux de l' Histoire rurale française*, p. 98.

[26] Ibid., p. 250.

[27] Ibid., pp. 251-252.

Na magnífica obra *Os reis taumaturgos*, Bloch aborda os ritos de cura e as legendas que formam o maravilhoso monárquico dos reis da França e da Inglaterra. Tais elementos, para ele, têm um sentido e ligação com a "consciência coletiva". A análise dos ritos permite ao autor estudar o caráter sobrenatural atribuído pelas populações ao poder régio da França e da Inglaterra. Já que a instituição da realeza domina a história dos povos ocidentais por longo período, o desenvolvimento político foi tido como o das vicissitudes do poder das grandes dinastias. Ora, para a compreensão das monarquias e de "sua longa dominação no espírito dos homens", não bastaria estudar em detalhes os mecanismos das organizações administrativa, judiciária e financeira, nem extrair de teóricos os conceitos de absolutismo ou direito divino. Conviria tratar das crenças e fábulas que cercam os grupos dominantes, porque o rei, para seus súditos, era cercado de veneração. Mas, diferentemente da historiografia tradicional, não examina as origens desta concepção de realeza "mística" porque elas fugiriam da captação pelo historiador e "só a etnografia comparada parece capaz de projetar alguma luz sobre elas". Seriam heranças de civilizações mais antigas.[28] O poder miraculoso atribuído aos reis estava inserido dentro de um outro contexto: a própria crença nos milagres e sua manipulação em favor da realeza. Essa realeza santa, fortalecida pela unção e pela lenda da monarquia, dominava a consciência popular e era utilizada e explorada por políticos hábeis, tanto mais que muitas vezes eles mesmos partilhavam do preconceito comum. Pressupunha a noção de não-existência de santos sem proezas miraculosas e a não-existência de pessoas e coisas sagradas sem poder sobrenatural. Como diz,

> Um dia, alguns soberanos da França capetíngia e da Inglaterra normanda pensaram (ou seus conselheiros pensaram por eles) em tentar o papel de taumaturgos a fim de fortalecer seu prestígio um tanto frágil. Estando eles próprios persuadidos da santidade que sua função e sua linhagem lhes conferia, provavelmente julgavam muito simples reivindicar um poder similar. Percebeu-se que às vezes uma

---

[28] BLOCH, M. *Os reis taumaturgos*; o caráter sobrenatural do poder régio: França e Inglaterra, pp. 43-44.

A história das religiões

doença temível cedia, ou parecia ceder, ao contato de suas mãos, as quais eram quase unanimemente consideradas sagradas. Como não ver ali uma relação de causa e efeito, e o prodígio previsto? O que criou a fé no milagre foi a idéia de que ali devia haver um milagre.[29]

Portanto, a mentalidade é uma criação coletiva, mas indivíduos e grupos não estão inermes e agem sobre ela.

Esta noção de construção coletiva ressurge ao esboçar as "Maneiras de sentir e de pensar" da sociedade feudal em um item intitulado *A mentalidade religiosa*. Esta é caracterizada por

> uma vida religiosa que se alimenta de uma multidão de crenças e de práticas que, tanto legadas por magias milenares, quanto nascidas em uma época relativamente recente, exercem sobre a doutrina oficial uma constante pressão [...] Em uma palavra, jamais a teologia se confunde menos com a religião coletiva, verdadeiramente sentida e vivida.[30]

Lucien Febvre, por sua vez, considera a mentalidade um dos instrumentos mentais de uma época, em que cada civilização teria os seus. Cada época, mesmo pertencendo a uma mesma civilização, tem seu instrumental mental renovado em suas técnicas e ciências, mas ele não é transmitido integralmente em outras épocas e civilizações porque conhece mutilações, retrocessos, deformações, enriquecimentos e novas complicações. Seu alcance é limitado à época e civilização que o forjou, não valendo para toda a humanidade.[31]

A nova história

Com as obras de Bloch e Febvre, a noção de mentalidade torna-se consagrada na historiografia. Os volumes da coleção *História: novos objetos, novas problemáticas, novas abordagens*, publicada na década

---

[29] Ibid., p. 278.

[30] BLOCH, M. *La société féodale*, p. 129.

[31] FEBVRE, Lucien. *Le problème de l'incroyance au XVIe. Siècle*, pp. 141-142.

O espectro disciplinar da Ciência da Religião

de 1970, trouxeram novas preocupações historiográficas. O artigo de Dominique Julia, que trata das relações entre mentalidade e religião, já indica a diferença da nova história com a história das religiões e nota a constituição de um novo espaço de estudos históricos. Após mapear e inventariar o campo por meio de vários estudos, o autor coloca alguns problemas decorrentes das mudanças historiográficas. Inicia com uma afirmação de Marcel Mauss, de que as mudanças sociais provocam nos fiéis modificações em suas idéias e desejos, e eles mudam seu sistema religioso para se adequar a isso.[32] Sua ilação é a de que a religião é explicável pela organização social, e constituiria representação destituída de privilégio da verdade ante outros produtos culturais. Como tal, as afirmações religiosas são "sinais de uma outra coisa diferente daquela que pretendiam dizer".[33] Seja a piedade, a teologia ou o clero, o que ensinam ao pesquisador é sobre a condição social de um dado momento histórico. Para Julia, a nova historiografia tendia a retirar o caráter específico das antigas ciências religiosas, porque ciência caracteriza-se por construir seu objeto. E lembra a permanência de atitudes teológicas na historiografia: "quando se revela a realidade de um cristianismo popular, retomar-se-ão os cortes instaurados pela Contra-Reforma no século XII entre a fé e a superstição, e classificar-se-á como pagã ou mágica toda mentalidade religiosa não conforme". Portanto, atribuiu-se alcance historiográfico a um modelo teológico,[34] e isto deveria ser reconsiderado. Conclui que o significado do interesse pela história religiosa na contemporaneidade refletiria a suspeita da "fragilidade das convenções sobre as quais repousa uma linguagem social" porque há irrupção de um novo simbolismo em uma sociedade que teria deixado de ser religiosa.[35] Os exemplos se multiplicam, neste texto, projetando as possibilidades da conexão *mentalidade* e *religião*.

O historiador Jean Delumeau, que tratou, em 1990, de aspectos os mais diferentes da religiosidade católica em *A confissão e o perdão*,

---

[32] JULIA, D. *História religiosa*, pp. 106-107.
[33] Ibid., p. 108.
[34] Ibid., p. 110.
[35] Ibid., p. 121.

A história das religiões

aponta que, no decorrer de suas pesquisas sobre o sentimento de segurança no Ocidente, surgiram textos relativos à confissão, marcadamente durante os séculos XIV a XVIII. A Igreja Romana confortava os fiéis com o "perdão divino", mas exigia-lhes, para tanto, uma confissão explícita. Isso gerou uma enorme quantidade de discursos sobre ela. Tal documentação é normativa, indicando aos padres como ouvir a confissão dos fiéis, e aos fiéis, como se confessarem. E indaga:

> Mas, em um plano bem diverso, será que se destacou suficientemente até o presente o quanto os conselhos dos confessores fizeram progredir na psicologia coletiva a imagem moderna do pai? Em sua quase unanimidade, com efeito, eles pedem que os confessores sejam pais para os pecadores que acolhem. Ora, pai, nesse tipo de discurso, está sempre associado a ternura e perdão. Não se trata do *pater familia* que governa com autoridade no seio da família, mas da personagem evangélica que corre ao encontro do filho pródigo, abraça-o e reintegra-o na casa comum. Há aí uma contribuição decisiva à modificação da imagem paterna, que acrescentada à promoção de são José na época clássica, numa ser sublinhada numa história das mentalidades.[36]

É pesquisa que possibilita tratar o objeto "religião" em muitas dimensões e bem distantes da ótica da historiografia tradicional, pois percebe Delumeau que a confissão ultrapassava as fronteiras do confessionário, identificado como um dos lugares da benevolência paterna, e que a religião ancorava-se no quotidiano social.

No artigo intitulado *As mentalidades: uma história ambígua*, Le Goff reconhece pisar um terreno pioneiro e desconhecido da história. Afirma que a mentalidade de um indivíduo histórico, principalmente do "grande homem", é justamente o que ele tem de comum com os homens de seu tempo.[37] Ele lembra que historiadores como Bloch, K. Thomas e outros se aproximam da etnologia e da antropologia religiosa, ampliando bastante o horizonte analítico dos historiadores por meio de novos conceitos. Daí a história das mentalidades se preocupar com a "junção do individual e do coletivo, do longo tempo e do quotidiano, do inconsciente e do intencional, do

---

[36] DELUMEAU, J. *A confissão e o pecado*, p. 10.

[37] LE GOFF, J. *História: novos objetos*, p. 69.

estrutural e do conjuntural, do marginal e do geral". Desse modo, está situada no nível das práticas e crenças do cotidiano e do automático, daquilo que escapa ao controle dos sujeitos particulares da história, que revela o conteúdo impessoal de seu pensamento; portanto, "é o que César e o último soldado de suas legiões, são Luís e o camponês de seus domínios, Cristóvão Colombo e o marinheiro de suas caravelas têm de comum".[38]

Em síntese, por meio do conceito de mentalidade, o historiador trata mais de perto de fenômenos como: a) as heranças, através da continuidade, das perdas e das rupturas, procurando responder a perguntas como: *de onde? De quem? Quando advém tal hábito mental, expressão, gesto?*; b) a tradição, maneiras pelas quais as sociedades se reproduzem mentalmente; c) as defasagens, advindas do retardamento de pessoas ante as mudanças e a rapidez de outros campos da história. Para todas essas maneiras de abordar tais fenômenos, o historiador levará em consideração a sua inércia, de modo que "a história das mentalidades [é] história da lentidão da história".

A história das mentalidades distingue-se de outros campos da história. De um lado, distingue-se da história das idéias; de outro, não está vinculada a uma "história dos sistemas culturais, sistemas de crenças, de valores, de equipamento mental no seio dos quais as mentalidades são elaboradas, viveram e evoluíram". Não é história das idéias porque, por exemplo, no século XIII não foram as idéias de são Tomás de Aquino ou de são Boaventura que conduziram as pessoas, mas foram as "nebulosas mentais", os "ecos empobrecidos de suas doutrinas", os "trechos empobrecidos", as "palavras malogradas sem contexto" que tiveram importância. Lembremos que o texto é de 1974 e que Le Goff parece já responder a algumas críticas de que a história das mentalidades estava construída em cima de "colchões de ar", e alerta que

> eminentemente coletiva, a mentalidade parece deduzida das vicissitudes das lutas sociais. Seria [...] um erro grosseiro desligá-la das estruturas e da dinâmica social. É [...] um elemento capital das tensões e das lutas sociais.[39]

---

[38] Ibid., p. 72.
[39] Ibid., p. 78.

A história das religiões

Em *História e memória*, Le Goff pensa nas mentalidades inseridas dentro de um conjunto teórico maior. A questão decorre da ampliação da noção de fato histórico, com o reconhecimento da existência de outras realidades históricas além daquelas abordadas pela história política, história econômica, social e da cultura. Designa esta identificação como "história das representações" que assume formas diferentes, como: a) história das concepções globais da sociedade ou história das ideologias; b) história das estruturas mentais a uma categoria social, a uma sociedade, a uma época ou à história das mentalidades; c) história das produções do espírito ligadas ou não ao texto, à palavra, ao gesto, mas ligadas à imagem ou história do imaginário; d) história das condutas, das práticas, dos rituais que remetem a uma realidade oculta, subjacente à história do simbólico que talvez conduza a uma história psicanalítica. Este quadro classificatório da história possibilita coordenar várias maneiras de abordagem e constituir disciplinas para análise em múltiplos ângulos do fenômeno histórico.[40]

A história eclesiástica

Fronteiras entre campos são difíceis de serem estabelecidas, não tanto pelas especificidades dos objetos, métodos e formas de abordagem, mas muito mais pelas relações institucionais, em que todo saber se insere, das quais sai a elaboração intelectual e passa a ser patrimônio de grupos e coletividades. Isto ocorre na história eclesiástica. Em um artigo que almeja realizar um apanhado das conquistas e das dificuldades, Aubert[41] aponta o contraste colocado pelas abordagens do campo quando as indagações dos *Annales* e as da sociologia, especialmente a francesa, confluem para a história eclesiástica, ao menos francesa. Separar a história eclesiástica da história religiosa consistiria em uma tarefa artificial porque ambas acabam confluindo para os mesmos campos, os mesmos objetos e, talvez, as mesmas preocupações. Na primeira, perpassa certa tendência a buscar "correções de

---

[40] LE GOFF, J. *História e memória*, pp. 11-12.

[41] AUBERT, R. As novas fronteiras da historiografia eclesiástica. *Revue d'Histoire Eclésiastique*, pp. 757-781.

O espectro disciplinar da Ciência da Religião

rumo" da instituição, enquanto a segunda só indica os caminhos percorridos. No seio de suas indagações, o autor se vale da palavra "mentalidade", tomando-a em várias acepções, mostrando o quanto está incorporada ao vocabulário dos pesquisadores. Inicialmente, reconhece a existência de uma história das mentalidades. Depois, distingue as mentalidades populares, nas quais estão enraizadas crenças vívidas e que encontram difusão no quadro social, econômico e cultural da sociedade a que pertencem. Em terceiro lugar, na acepção de mentalidade ecumênica, instalada após o Concílio Vaticano II. Na derradeira, como mentalidade dos cristãos de outrora. Oscila, portanto, como caracterização de uma área de conhecimentos históricos e como elemento constitutivo de distinção social, temporal e de filiação religiosa.

A magia, tema de historiadores

Uma série de trabalhos sobre a magia e a morte pode indicar as direções dos debates na história das mentalidades no tocante aos matizes das crenças comuns. Ginzburg, em seu famoso trabalho *I benadanti*, conhecido em português como *Os andarilhos do bem*, afirma, em seu prefácio de 1965, que via nas atitudes religiosas a expressão, em sentido mais amplo, da "mentalidade da sociedade camponesa" friulana, no período compreendido entre os fins do século XVI e metade do século seguinte. Esta seria a história de um núcleo de crenças populares que foram consideradas similares à feitiçaria e condenadas pelos poderes dominantes. A documentação disponível forneceu atitudes individuais e estas mostraram tendências com durações de décadas e até séculos, cujo entrecruzamento permitiria traçar a história da "mentalidade coletiva".[42] No pós-escrito da edição de 1972, Ginzburg decide reconsiderar suas afirmações anteriores, dizendo não mais contrapor "mentalidade coletiva" e "atitudes individuais", apesar de continuar a ser um estudo da mentalidade "coletiva". Seu retoque é que insistira nos elementos comuns e homogêneos da men-

---

[42] GINZBURG, C. *Os andarilhos do bem*, p. 7.

A história das religiões

talidade e negligenciara as divergências e contrastes entre mentalidades de classes e de grupos sociais, ou seja, inserira tudo em uma mentalidade coletiva indiferenciada e interclassista, desconsiderando as homogeneidades parciais.[43]

Já a pesquisa de Keith Thomas aborda a magia na Inglaterra entre os séculos XVI e XVII. Ele prefere utilizar a expressão "atitudes mentais", que abrange uma multiplicidade de aspectos da vida cotidiana envolvendo astrologia, feitiçaria, curas pela magia, adivinhação, profecias antigas, fantasmas e duendes, possuindo utilidades práticas. Heterogêneas, tais práticas e crenças mantinham íntima relação com as idéias religiosas do período, oferecendo explicações para os infortúnios e compensações ante as adversidades. Situação dúbia porque eram parasitas dos ensinamentos do cristianismo e também estavam em franca rivalidade com ele.[44] É pela função social diante dos infortúnios que Thomas distingue magia e religião, porque a primeira oferecia funções limitadas e coletâneas de receitas homogêneas, e a segunda oferecia orientação e corpo doutrinário mais amplo.[45] A importância social da religião permitiu que sobrevivesse à magia, pois a magia não tinha Igreja, nada que simbolizasse a unidade dos crentes.[46] O pensamento mágico tornou-se obsoleto ante as mudanças intelectuais em série que provocaram uma espécie de revolução científica e cultural no século XVII, espalhando-se da elite intelectual para a massa. O centro dessa revolução foi o triunfo da filosofia mecanicista, que colocou em colapso a teoria do microcosmo e destruiu as bases intelectuais da astrologia, da quiromancia, da alquimia e da magia astral, entre outras crenças.[47] As técnicas e as atitudes foram difundidas mais rapidamente que seus fundamentos racionais.[48] Conclui que "uma crença religiosa na ordem era premissa necessária à subseqüente obra dos cientistas naturais". A hipótese de que as mudanças

---

[43]   Ibid., pp. 15-16.

[44]   Thomas, K. *Religião e o declínio da magia*, p. 9.

[45]   Ibid., p. 10.

[46]   Ibid., pp. 520-521.

[47]   Ibid., pp. 523-524.

[48]   Ibid., pp. 526-527.

O espectro disciplinar da Ciência da Religião

nas crenças são precedidas por mudanças na estrutura social e econômica, no tocante à magia e à tecnologia, deve considerar que aquela definhou antes que esta assumisse seu lugar.[49] A mudança ocorrida na Inglaterra no século XVII foi menos tecnológica e mais mental. Em muitas esferas diferentes da vida surgiu uma espécie de fé nas potencialidades da iniciativa humana.[50] Ademais, a emancipação das crenças mágicas ocorre sem criação de quaisquer tecnologias eficazes para pôr em seu lugar. No século XVII a magia estava deixando de ser intelectualmente aceitável porque a religião inglesa ensinava os indivíduos a se ajudarem antes de invocar ajuda sobrenatural.[51] Há vínculo entre o declínio das velhas crenças mágicas, o crescimento urbano, a ascensão da ciência e a difusão de uma ideologia de auto-ajuda. Tal conexão é aproximativa. Demasiados participantes da história permanecem ocultos e a representatividade dos que são visíveis é incerta demais.[52] As reflexões de Keith Thomas questionam as prioridades dos setores (políticos, econômicos, sociais etc.) nas mudanças históricas.

O historiador francês Robert Mandrou também tratou do declínio da magia e da feitiçaria, e, de maneira diferente de Keith Thomas, centrou suas indagações nos magistrados franceses que deixaram de condenar a feitiçaria como delito. No decorrer do século XVII passa-se da perseguição e condenação da feitiçaria à recusa, no seio dos tribunais, de acusações deste gênero, abandonando-se rapidamente uma jurisprudência bem discutida e fixada sobre a presença de Satã nos negócios mundanos. Isto implicava duvidar da existência dos "crimes cotidianos de Satã e dos seus cúmplices [que] atestam a presença diabólica no mundo e os perigos a que ela expõe todos os homens",[53] fraturando o edifício das crenças sociorreligiosas anteriores. Em termos de explicações sobre as mudanças históricas, este abandono das perseguições por crime de feitiçaria no século XVII representava o deslocamento de uma estrutura mental integrante da visão de mundo

---

[49] Ibid., p. 535.

[50] Ibid., p. 538.

[51] Ibid., p. 540.

[52] Ibid., p. 542.

[53] MANDROU, R. *Magistrados e feiticeiros na França do século XVII*, pp. 16-17.

A história das religiões

durante séculos, ao preço de um complexo debate que durou quase todo o século. Decidindo por meio da pluralidade dos votos em suas sentenças, esses togados dos parlamentos franceses oferecem ao historiador a expressão coletiva de suas convicções conforme as regras de uma maioria qualificada, sempre requerida para se pronunciar em matéria criminal.[54] Conclui-se que era a passagem de uma história do invisível imaginário para a história do invisível social:

> contra os delírios do imaginário que engendram erros e medos ao mesmo tempo, esses meios esclarecidos afirmam uma serenidade: outros terrores [sociais] podem habitá-los tomando o lugar dos anteriores e alimentando novas angústias. Mas eles conseguiram dominar seus pavores diabólicos.[55]

A morte, objeto de história

A morte foi outro tema que chamou a atenção dos historiadores e do público sobre a história das mentalidades. Dois autores se colocam neste campo, Philippe Ariès e Michel Vovelle, estabelecendo formas metodológicas particularizadas de abordagem. Ambos partem da premissa de que a morte, apesar da aparente imobilidade estrutural, foi pensada e sentida com muitas mudanças. Michel Vovelle trabalhou séries documentais homogêneas e as quantificou, preferencialmente, valendo-se de testamentos e retábulos das almas do purgatório, onde reconheceu mudanças explicadas pelo grande peso dos costumes e das doutrinas religiosas na mentalidade.[56] Ariès busca dar conta de uma massa não homogênea de documentos, procurando nos escritores e artistas a expressão inconsciente de uma sensibilidade coletiva, componente da mentalidade. Confessa que esse problema histórico situava-se nas fímbrias da história religiosa, porque

> A Igreja me interessa mais como indicador e revelador de sentimentos despercebidos do que como grupo de pressão que teria coman-

---

[54] Ibid., pp. 16-17.

[55] Ibid., p. 456.

[56] VOVELLE, M. *A história e a longa duração*, pp. 127-150.

O espectro disciplinar da Ciência da Religião

dado os sentimentos em suas origens. A meu ver, as grandes oscilações que arrastam as mentalidades – atitudes diante da vida e da morte – dependem de motores mais secretos, mais subterrâneos, no limite do biológico e do cultural, ou seja, do inconsciente coletivo. Este impulsiona forças psicológicas elementares, que são a consciência de si, o desejo de ser ou, ao contrário, o sentido do destino coletivo, da sociabilidade etc.[57]

Observa que o uso da documentação difere conforme o tipo e a atitude do historiador:

> O historiador da morte não deve lê-los com as mesmas lentes que o historiador das religiões. Não deve considerá-los, conforme se apresentam no pensamento de seus autores, lições de espiritualidade ou de moralidade. Deve decifrá-los para reencontrar, sob a linguagem eclesiástica, o fundo banal de representação comum que era evidente e que tornava a lição inteligível ao público. Portanto, é um fundo comum aos clérigos letrados e outros e que [...] se exprime ingenuamente.[58]

Tal distinção torna a apontar como a história nova se distanciou da abordagem tradicional anterior e inaugurou novas leituras da documentação fermentadas por problemáticas não mais delimitadas por debates com a teologia, que lhe tinha antes fornecido categorias.

Em conclusão, a palavra mentalidade foi utilizada pelos historiadores, no século XX, para exprimir: a) a mente e a qualidade do mental; b) o movimento intelectual e o modo de pensar; c) um estado psicológico e um estado de ânimo. Os exemplos de pesquisas com a magia, feitiçaria, morte, o poder de cura real etc. apontam que a transformação das relações entre a história e a religião foram muitas, abrindo um campo antes desconhecido e colocando novas maneiras de abordagem. Isto é bem sintetizado por Vovelle, que nota haver sensíveis mutações em uma história religiosa pressionada pela sociologia religiosa e pela história das mentalidades. Tal história interessa-se pelos fenômenos na longuíssima duração plurissecular, como religião

---

[57] ARIÈS, Philippe. *História da morte no Ocidente*, p. 180.

[58] Ibid., pp. 13-14.

A história das religiões

popular, heranças animistas pré-cristãs impregnando profundamente a religiosidade, da Idade Média à era moderna, como formas de religião popular cristianizada que se impõem, dos séculos XII e XIII até o triunfo da reconquista católica na Idade Clássica.[59]

Desafios e possibilidades

Os itinerários da história das religiões ou as várias possibilidades do tratamento histórico do fenômeno religioso encontram guarida na produção atual. Mais do que classificar e esgotar o assunto, apontarei somente algumas formas de tratamento do objeto, trazendo o exemplo de Mircea Eliade, o retorno dos manuais de história das religiões e a historiografia, propriamente, dos historiadores.

Eliade

Mircea Eliade ocupa um lugar à parte no espectro dos estudos históricos das religiões. Sua vasta obra contém questões centrais em que o debate do campo se processa nestas últimas décadas: o conceito que permite alavancar a maior quantidade de fenômenos ditos religiosos; a relação entre os fenômenos religiosos e a história; avaliação, julgamento ou compreensão das várias religiões; e o papel cultural deste empreendimento.

Leituras superficiais deslocaram a contribuição de Eliade dos conceitos pares "sagrado e profano", advindos de Émile Durkheim, substituindo o conceito de religião, tido como uno, mas com possíveis sentidos plurais. Com Eliade, os conceitos ganharam maior plasticidade, ampliando a noção de religião para uma dimensão antes não cogitada no século XIX. O marco fundador da religião não mais será a crença em Deus ou nos deuses, mas, sim, a experiência *religiosa* (individual e coletiva). Para o homem religioso, o mundo é encarado sob o aspecto do sagrado (onde tudo tem sentido) e o aspecto do profano

---

[59] Vovelle, op. cit, p. 69.

(onde as coisas existem sem sentido). Portanto, a introdução desses conceitos bipolares é tentativa metodológica *de se colocar no lugar do homem religioso* e tentar entender a duplicidade de seu ponto de vista.

Eliade considera que nem na história, nem na contemporaneidade, predominou e predomina a ausência da visão "sagrada" ou encantada do mundo. O oposto à dicotomia sagrado e profano seria o mundo totalmente profano, mas, neste caso, o emprego do par conceitual seria impossível porque tudo seria profano e deixaria de haver oposição com o sagrado. É nesse sentido que a leitura superficial dá aos conceitos de Eliade uma objetividade julgadora dos fenômenos humanos que ele não pretendia.

No decorrer de suas obras, Eliade sempre realizou a crítica da historiografia tradicional, voltada para detalhes eruditos de nomes, datas, decifração de documentos etc. e ambicionava uma nova visão, mais ampliada, da história. Na introdução ao *Sagrado e profano*, afirma que seu estudo pressupõe o conhecimento da história, das criações culturais e políticas. Completa afirmando que é na historicidade que os fenômenos religiosos são compreendidos, porque são "condicionados" por ela. Sua reflexão se amplia ao apontar duas tendências na história das religiões: a fenomenológica e a historicista. Na tensão entre ambas a religião e a história seriam vividas e refletidas.[60]

Em vários momentos, Eliade aponta que o papel da história das religiões era ampliar o conhecimento dos fenômenos religiosos, fazendo compreender o outro como outro e não reduzi-lo a uma hierarquia evolucionista para alcançar a superioridade cultural e religiosa. A queda do colonialismo na África, na Ásia e no Oriente Médio fazia-o ver que o papel do historiador das religiões era assumir que novas visões culturais faziam parte da história.[61]

---

[60] ELIADE, M. *O sagrado e o profano*; a essência das religiões.

[61] Id., *Méphitophélès et l'androgyne*.

Os manuais de história das religiões

O mercado editorial brasileiro, apesar de um longo descaso por muitas décadas, passou, a partir da década de 1990, a traduzir obras voltadas para a história das religiões, buscando expor amplos panoramas à moda das antigas histórias gerais. Karen Armstrong é autora conhecida pelo público brasileiro por suas biografias de Maomé e de Buda, e por *Uma história de Deus*. Apesar de se voltar para o judaísmo, o cristianismo e o islamismo, não deixa de abordar o hinduísmo e o budismo. Valendo-se de bons autores, constrói uma síntese pessoal para tratar da questão de Deus, expondo suas decepções pelas mediações políticas que permeiam construções religiosas. De todo modo, tenta elaborar um vasto panorama histórico e comparativo sobre as idéias de um Deus único nos mais diferentes ambientes.

Com objetivos didáticos, o autor de *O mundo de Sofia*, Jostein Gaarder, uniu-se a outros professores e elaborou um texto que busca mais descrever do que julgar e avaliar as religiões. Os autores se preocupam, também, em ampliar informações sobre o significado das religiões, deixando a cargo do leitor as opções. A edição brasileira é acompanhada por um apêndice em que A. Flávio Pierucci elabora um quadro histórico das religiões brasileiras.[62] Odon Vallet constrói uma pequena *História das religiões* voltada para a comparação. Daí o título de seus capítulos serem temáticos e descritivos.[63] John Bower é o organizador de *O livro de ouro das religiões*, no qual cada religião é abordada por um autor. Sua característica central é o trânsito entre a religião e as sociedades onde elas se inserem. Daí informar sem maiores pretensões.[64] Outros manuais poderiam ainda ser relacionados, mas deixo de fazê-lo por serem mais militantes na defesa intransigente de uma posição política ou religiosa.

Enfim, os manuais gerais da história das religiões, como os elencados, situam-se na historiografia tradicional, com incursões comparativas, mas buscando esconder suas posições ideológicas e religiosas.

---

[62] GAARDER, J. et alii. *O livro das religiões*.

[63] VALLET, O. *Uma outra história das religiões*.

[64] BOWER, J. W. *O livro de ouro das religiões*.

Eles mantêm uma distância, seja das abordagens renovadas da historiografia dos historiadores, seja da historiografia sensível às abordagens de M. Eliade.

A historiografia religiosa dos historiadores

A história das mentalidades apostou de duas maneiras no tratamento da religião. A primeira, no tocante ao tempo, realizando o contraste com a noção de temporalidade das abordagens anteriores da historiografia tradicional que estavam circunscritas a um tempo bem curto. Ademais, os modelos da historiografia positivista consideravam que a história científica devia se restringir ao passado, quanto mais longínquo melhor, porque não haveria testemunhos vivos cheios de paixão para trazer o conflito à ciência. A história das mentalidades mostrou tanto a possibilidade frutífera da aplicação do tempo longo aos estudos históricos, como revalorizou os estudos sobre a contemporaneidade como válidos para abordagem pela história como disciplina.

A segunda aposta dessa historiografia foi que cada pesquisa sobre a religião procura caracterizar as várias dimensões de seu objeto. Este é constituído pelas múltiplas expressões, historicamente construídas, da mente humana, e não um dado biológico imutável, o que leva a implodir a velha noção de "natureza humana" e amplia bastante a historicidade. As categorias de classificação da religião foram repensadas e se enfatizou sua ligação com temas como o amor, a mulher, a criança, a família, a morte etc. Metodologicamente, houve a "historicização" de categorias explicativas das crenças e das relações da sociedade com a natureza e de seus membros entre si. Isto foi facilitado pela valorização de novas dimensões temporais, vastos períodos de tempo, chamados de longa duração.

Tudo isso vem demolir as noções de fato e acontecimento, tão caras aos historiadores tradicionais. Houve um redimensionamento do objeto religião através de sua relação com as variáveis históricas

A história das religiões

que emergem deste novo contexto teórico. A caracterização deste campo como história das mentalidades trouxe alguns impasses e não houve nem há consenso entre os especialistas quanto ao conceito e abrangência da "mentalidade". Outras expressões também foram usadas, como história social das idéias, antropologia histórica, história da psicologia histórica, história da psicologia coletiva, entre outras, mostrando a fluidez do conceito. Enfim, diante dos enfoques tradicionais, a religião deixou de estar isolada dos outros campos de saber e perdeu nitidez, mas ganhou em complexidade, porque novas relações históricas vieram à tona, iluminadas pela história das mentalidades. Predominante até meados da década de 1990, hoje a palavra mentalidade deixou de ser freqüente na historiografia, dando lugar a "cultura" e "imaginário". O estudo de Jean Delumeau, que antes mencionamos, aponta para o trânsito do conceito de mentalidade para o de imagem, e aproxima-se do trabalho de ordenação teórica de Le Goff.

Essas possibilidades de abordagens trouxeram desafios à análise das religiões. Nos últimos cem anos, o território dos estudos históricos da religião ganhou novas dimensões. Por vezes, buscou-se enfocar a religião em conexão com as estruturas sociais. Em outras, isto pouco importou, embora presente de maneira implícita. Alguns estudos buscam abordar a religião em um contexto maior. Outros trabalham aspectos como a morte, a feitiçaria e o medo, constituindo o que é chamado, impropriamente, de "o fracionamento do objeto". De qualquer modo, já não se trata da historiografia de grandes personagens, batalhas, datas e crenças em combate. Os autores se preocupam com o coletivo, com os indivíduos fazendo parte de uma coletividade. A abordagem das crenças mudou, saindo da dicotomia ortodoxia-heresia; agora, os historiadores querem saber da interiorização das atitudes diante de situações como a morte e o medo. Não lhes é mais suficiente explicá-las pela "influência", como antigamente. Fala-se de estruturas. Uns ousam mais e buscam tais estruturas no inconsciente, individual ou coletivo. Outros preferem explicá-las na correlação com o social e o econômico. Neste vaivém, a religião perdeu seus privilégios e é abordada sempre em interface com algum outro campo.

47

O espectro disciplinar da Ciência da Religião

Nas abordagens históricas da religião chega-se, enfim, à história cultural, de um lado, e à história do imaginário, de outro. Ambas são fundadas em noções ambíguas: a história do imaginário contempla tanto as imagens quanto a fantasia; a história cultural é tomada como sinônimo das altas produções de sentimentos estéticos e, também, de qualquer transformação que o homem realize na natureza e suas criações espirituais, constituindo um mundo próprio, o da cultura. *A colonização do imaginário*, de Serge Gruzinski, aponta bem o que explanamos. A obra desloca a visão eurocêntrica sobre a conquista mexicana: nem uma apologia militar, nem a visão heróica dos vencidos, nem a construção de sociedades européias na América ou sociedades indígenas destruídas. Trata de "ver" os atritos e as interfaces na construção de mundos, valendo-se, para isso, de todos os instrumentos disponíveis das ciências humanas. É exemplar a análise que realiza dos sonhos de indígenas, pois desafia a encará-los como processo de interiorização de novas situações sociais e religiosas, com as reatualizações de universos culturais (a antiga iniciação xamânica reexpressando a reinserção individual). Gruzinski não apresenta uma narrativa homogênea, mas pontilhada, em várias expectativas, no diálogo das fontes com reflexões teóricas de leituras sobre o significado possível de ser alcançado pelas ciências humanas, sem preocupações fronteiriças disciplinares e sem a superficialidade de alguns textos carnavalescos.[65]

Seria preciso um outro lugar para examinar a produção brasileira dos historiadores centrada na religião. Antropólogos e sociólogos, em várias oportunidades, realizaram balanços sobre seus estudos sobre as religiões. Os historiadores estão não só ausentes nessas recensões, mas também, ao elaborarem o mapeamento do próprio campo, silenciam sobre a religião, a história da Igreja e da religiosidade popular, apesar de comparecerem, nesses levantamentos, temas de historiografia como mulheres, cidades, educação, livro didático, intelectuais, pintura etc.[66]

Incorrendo em riscos, poderia apontar que a produção brasileira caracteriza-se pelos mesmos desafios e possibilidades que o campo

---

[65] GRUZINSKI, S. *A colonização do imaginário*.

[66] FREITAS, M. C. *Historiografia brasileira em perspectiva*.

A história das religiões

internacional coloca: a historiografia tradicional questionada e experiências com múltiplas abordagens. As crônicas e histórias do Brasil elaboradas no período colonial narram as conquistas de terras "heroicamente" expropriadas dos índios e a implantação da Igreja Católica. A partir do século XIX, escreve-se a *História da Igreja no Brasil* adotando-se os modelos da historiografia tradicional. Estes vigoram até a década de 1960, quando a teologia da libertação introduziu suas teorias na análise da história da Igreja brasileira. Por outro lado, as obras mais marcantes de história do Brasil, no viés tradicional, enfocavam as relações entre Igreja e Estado. Religiões indígenas surgiam como curiosidades. Já as religiões dos escravos africanos eram comumente ignoradas e silenciadas. Somente no início do século XX percebeu-se a riqueza religiosa encontrada na sociedade brasileira, como descreveu João do Rio em *As religiões do Rio*, de 1904. Com a criação da universidade, a partir da década de 1930, a história passou a ser um campo em que cada vez mais predominam profissionais, mas a principal área de estudos continua mantendo fidelidade à preocupação com as relações entre Estado e Igreja.

Apesar de a história religiosa ser um desafio para a compreensão do processo mais amplo, a destruição e a incorporação das religiões indígenas, africanas e européias (via Portugal) só muito recentemente encontram legitimidade entre os historiadores profissionais, mais preocupados em analisar a história política e a construção de sociedades democráticas, igualitárias, justas e secularizadas. Neste projeto, a religião era dispensada ou, quando tinha vez, era o espaço condenável de "alienações" elitistas e "crendices" populares. No entanto, com a ampliação dos atores sociais na sociedade democrática, os religiosos e seus fiéis passaram a ser vistos e ouvidos. A pluralidade religiosa se instalou. Bem poucos historiadores que tratam da religião fecundam seus estudos dialogando com sociólogos, antropólogos, cientistas da religião, psicólogos e lingüistas, entre outros.

Em alguns congressos acadêmicos de historiadores, a religião comparece como um apêndice (tido como desnecessário) a ser tolerado, quando não escamoteado. Improvisações são lastimáveis, por tudo o que antes expusemos. Algumas raras iniciativas procuram

49

sanar essa ausência em encontros de historiadores.[67] Novo patamar surgiu com a iniciativa dos professores da linha de pesquisa "Religiões e visões de mundo", do Programa de Pós-Graduação em História, da Unesp, Campus de Assis (SP), que realizaram um simpósio no qual foi fundada a Associação Brasileira de História das Religiões (ABHR), em 1999, que logo se filiou à International Association of History of Religions. Desde essa época, a cada ano, vários simpósios foram realizados em cidades diferentes. Suas reuniões caracterizam-se pelo não-predomínio dos historiadores, e, sim, pela pluralidade de preocupações metodológicas e teóricas, reunindo, além dos historiadores, sociólogos, antropólogos, psicólogos, cientistas da religião e teólogos, entre outros. Nelas, ainda, o centro preferencial são as religiões no Brasil e poucas de outros lugares. Várias publicações são fruto dessas reuniões, augurando um campo fértil que tende a ser ampliado.

Referências bibliográficas

ARIÈS, Philippe. *História da morte no Ocidente*. Rio de Janeiro, Francisco Alves, 1977.

ARMSTRONG, K. *Uma história de Deus*. São Paulo, Companhia das Letras, 1994.

AUBERT, Roger. Les nouvelles frontières de l'historiographie ecclésiastique. *Revue D'histoire Eclésiastique*, Louvain, 5 (3): 757-781, 2000.

BLOCH, Marc. *La société féodale*. Paris, Albin Michel, 1967.

_____. *Les caracteres originaux de l'histoire rurale française*. Paris, Armand Colin, 1968.

_____. *Os reis taumaturgos*; o caráter sobrenatural do poder régio: França e Inglaterra. São Paulo, Companhia das Letras, 1993.

_____. *Introdução à história*. Lisboa, Europa América, 1997.

BOWER, John W. *O livro de ouro das religiões*. Rio de Janeiro, Ediouro, 2004.

---

[67] LIMA, L. L. G. et alii. *História da religião*.

A história das religiões

BURKE, Peter. *A Revolução Francesa da historiografia;* a escola dos Annales (1929-1989). São Paulo, Unesp, 1991.

DELUMEAU, Jean. *A confissão e o pecado.* São Paulo, Companhia das Letras, 1991.

ELIADE, Mircea. *Méphistophélès et l'androgyne.* Paris, Gallimard, 1981.

_____. *O sagrado e o profano;* a essência das religiões. São Paulo, Martins Fontes, 1992.

FEBVRE, Lucien. *Le problème de l'incroyance au XVIe. Siècle.* Paris, Albin Michel, 1968.

FREITAS, Marcos Cezar (org.). *Historiografia brasileira em perspectiva.* São Paulo, Contexto, 2001.

GAARDER, J.; KELLERN, V.; NOTAKER, H. *O livro das religiões.* São Paulo, Companhia das Letras, 2000.

GINZBURG, Carlo. *Os andarilhos do bem;* feitiçaria e cultos agrários nos séculos XVI e XVII. São Paulo, Companhia das Letras, 1988.

GRUZINSKI, Serge. *A colonização do imaginário;* sociedades indígenas e ocidentalização no México espanhol. Séculos XVI-XVIII. São Paulo, Companhia das Letras, 2003.

GUERRIERO, Silas (org.). *O estudo das religiões;* desafios contemporâneos. São Paulo, Paulinas /ABHR, 2003.

HAZARD, Paulo. *A crise da consciência européia: 1680-1715.* Lisboa, Cosmos, 1948.

HUBY, José (org.). *Christus: história das religiões.* São Paulo, Saraiva, 1956. v. 1.

JULIA, Dominique. História religiosa. In: LE GOFF, Jacques (org.). *História:* novas abordagens. Rio de Janeiro, Francisco Alves, 1976. pp. 106-131.

LE GOFF, Jacques (org.). *História:* novos objetos. Rio de Janeiro, Francisco Alves, 1976.

_____. *História e memória.* São Paulo, Unicamp, 1990.

LIMA, Lana Lage da Gama et alii. *História da religião.* Rio de Janeiro, Faperj/Maud, 2002.

LORTZ, Joseph. *Histoire de l'Eglise.* Paris, Payot, 1962.

MANDROU, Robert. *Magistrados e feiticeiros na França do século XVII.* São Paulo, Perspectiva, 1979.

PEREIRA, Mabel S. & SANTOS, Lyndon de. *A religião e violência em tempos de globalização.* São Paulo, Paulinas/ABHR, 2004.

REINACH, Salomon. *Orpheus;* histoire générale des religions. Paris, Librairie d'Éducation Nationale, 1930.

ROCHA POMBO. *História do Brasil.* Rio de Janeiro, W. M. Jackson, 1953. v. 5.

ROSA, Guglielmo Forini. Mythe et science dans la philosophie de la religion de l'âge moderne. *Revue de L'histoire des Religions.* Paris, 220 (2): 209-233, 2003.

SIERPIERSKI, D. Paulo & GIL, Benedito M. (orgs.). *Religião no Brasil;* enfoques, dinâmicas e abordagens. São Paulo, Paulinas/ABHR, 2003.

THOMAS, Keith. *Religião e o declínio da magia;* crenças populares na Inglaterra, séculos XVI e XVII. São Paulo, Companhia das Letras, 1991.

VALLET, Odon. *Uma outra história das religiões.* São Paulo, Globo, 2002.

VOVELLE, Michel. A história e a longa duração. In: LE GOFF, Jacques (org.). *A história nova.* São Paulo, Martins Fontes, 1990. pp. 65-96.

_____. *Ideologias e mentalidades.* São Paulo, Brasiliense, 1987.

A antropologia da religião

Bettina E. Schmidt

A antropologia da religião

Introdução

Antropólogos da religião devem estar atentos para a natureza problemática do conceito que está no centro de nossa disciplina: a natureza da "religião". "Religião" é uma das palavras-chave da sociedade moderna, empregada "por milhões de pessoas ocidentais tão rotineiramente quanto empregam as palavras 'política' e 'sexo', e com um sentido aparentemente fácil de seu significado auto-evidente".[1]

Mas "religião" é um produto da academia européia, impossível de se traduzir para línguas não-européias. Quando olhamos os textos primários, reconhecemos que nenhum dos fundadores das tradições religiosas afirmava estar fundando uma "religião". Como Max Charlesworth coloca, "eles falavam de uma 'revelação' ou divulgação do divino, ou de uma 'maneira' de crença e vida, ou de uma 'lei', ou da 'vida espiritual', ou de uma vida de 'perfeição'" – nunca de fundar uma religião.[2] O termo "religião" carrega a

> idéia equívoca de que todas as diversas crenças e práticas e [...] "fenômenos" que hoje chamamos de "religiosos" têm algo em comum, com referência aos quais podemos definir a religião e demarcá-la claramente em relação a outras áreas da vida humana, tais como o domínio da ética, da arte ou da ciência.[3]

Infelizmente, as pessoas empregam o termo "religião" com vários significados, baseadas em "um conhecimento geral, quiçá confuso, da religião".[4] Conforme Jonathan Z. Smith afirma, o problema não é que a religião não possa ser definida, mas que "pode ser definida, com maior ou menor sucesso, de mais de cinqüenta maneiras".[5] Smith descreve a limitação em se usar o termo "religião":

---

[1] Braun, W. et alii. *Guide to the study of religion*, p. 4.
[2] Charlesworth, M. *Religious inventions*, p. 1.
[3] Ibid.
[4] Braun, op. cit., p. 4.
[5] Smith, J. Z. *Imagining religion*, p. 281.

> Não há data para a religião. Ela é tão-somente uma criação dos estudos acadêmicos. É criada para os propósitos analíticos dos acadêmicos por meio de seus esforços imaginativos de comparação e generalização. A religião não tem existência independente fora da academia. Por este motivo, o estudante da religião, e mais particularmente o historiador da religião, deve estar incansavelmente autoconsciente. De fato, esta autoconsciência constitui sua especialização primária, seu objeto primeiro de estudo.[6]

Seguindo a crítica de Smith, Willi Braun propõe sarcasticamente que

> devemos considerar a religião um conceito, no sentido técnico, e não uma substância que flutua "por aí", um algo que pode nos invadir e iluminar caso tenhamos a felicidade de possuir o tipo apropriado de aparato receptor.

E segue dizendo que

> conceitos são idéias usadas para alocar as coisas do mundo real em uma classe de objetos de modo a posicioná-los perante o pensamento, que é direcionado à explicação de suas causas, funções, atratividade a indivíduos e sociedades, relações com outros conceitos, e assim por diante.[7]

Tendo isso em mente, uma introdução à antropologia da religião deve começar pela história acadêmica acerca do discurso sobre a religião nas universidades européias. A antropologia da religião teve início em meados do século XIX, um período em que o interesse pelas culturas e religiões estrangeiras começou a crescer na Europa. Os primeiros acadêmicos foram influenciados pelo iluminismo, o movimento na filosofia européia dos séculos XVII e XVIII que tinha seu foco no estudo do assim chamado "progresso da civilização humana". Conforme Fiona Bowie, "os filósofos iluministas estavam dispostos a rejeitar a tradição e a questionar fontes existentes de autoridade".[8] Jean-Jacques Rousseau (1712-1778), líder desse movimento, construiu

---

[6] Ibid., p. XI.

[7] Op. cit., p. 9.

[8] BOWIE, F. *The anthropology of religion*, p. 3.

A antropologia da religião

a imagem do "bom selvagem", que inspirou a antropologia da religião durante séculos. O filósofo francês avaliava os "bons selvagens" como superiores em relação aos indivíduos da então chamada civilização européia por considerar esta última a degeneração de uma vida social original coletiva e harmoniosa. Ele acreditava na educação como maneira de combater a desigualdade social, sinal da degeneração das sociedades européias. Influenciados por Rousseau, os antropólogos dos séculos XIX e XX, como o *scholar* britânico Edward Burnett Tylor (1832-1917), desafiaram as idéias dominantes de seu tempo.

De acordo com a maioria dos autores de sua época (chamada, na Inglaterra, de "Período Vitoriano"), acreditava-se que a cultura humana tivesse se originado em um "nível razoavelmente alto", após o que algumas culturas se degeneraram e desceram a "níveis mais baixos"; outras, por sua vez, se elevaram "a níveis ainda mais altos". No tocante à religião, costumava-se acreditar, nessa época, que os "selvagens" não possuíam religião. Evans-Pritchard cita, por exemplo, Sir Samuel Baker, um famoso explorador do período vitoriano, que afirmou em uma conferência na *Ethnological Society* de Londres, em 1866:

> Sem nenhuma exceção, eles [o povo ao norte do Nilo na África] não possuem uma crença em um Ser Supremo, tampouco possuem alguma forma de devoção e idolatria; nem é a escuridão de suas mentes iluminada por um raio sequer de superstição. A mente é tão estagnada quanto o pântano que forma seu pequeno mundo.[9]

Esse mal-entendido pode ser explicado pela ignorância sobre a vida e as línguas dos povos visitados pelos viajantes europeus. Eles procuravam apenas por pontos de contato com suas próprias culturas e falhavam em reconhecer tudo o que se apresentasse de maneiras não familiares. Mesmo quando os europeus e os assim chamados "nativos" falavam a mesma língua, "não havia garantia de que os significados vinculados às palavras tivessem correspondência".[10] Esse foi o ponto de partida do desenvolvimento da antropologia da religião.

---

[9] Evans-Pritchard, E. *Theories of primitive religion*, pp. 6-7.

[10] Bowie, F., op. cit., p. 21.

O espectro disciplinar da Ciência da Religião

História da antropologia da religião

O período formativo

O intelectualista

No final do século XIX e início do XX, mais e mais acadêmicos europeus foram influenciados pelas idéias de uma evolução social dos seres humanos; por conta disso, mudaram suas atitudes em relação a culturas não européias. Ao invés de negar quaisquer tradições religiosas dentro de culturas não européias, conforme se acreditava no início, eles começaram a considerá-las raízes ou relíquias das culturas "mais avançadas", como a européia.

A idéia dessa evolução da humanidade está ligada a Charles Darwin (1809-1882) e a seu livro *A descida do homem* (1871), em que publicou suas idéias sobre uma evolução humana. Herbert Spencer (1820-1903) elaborou as idéias de Darwin em uma teoria social da evolução (ou darwinismo social), argumentando em favor de uma evolução universal dos seres humanos baseada na idéia da "sobrevivência do mais forte". Spencer escreveu, em *The principles of sociology* (1876), que todas as coisas, animadas e inanimadas, movem-se das formas mais simples às mais diferenciadas e complexas, da homogeneidade à heterogeneidade. No entanto, ao contrário de alguns de seus contemporâneos, Spencer acreditava que todos os seres humanos eram igualmente racionais, embora suas tecnologias tenham se desenvolvido em níveis diferentes.

Edward Burnett Tylor (1832-1917) concordava com o conceito de Spencer de uma evolução social, muito embora rejeitasse sua idéia de que a devoção ancestral era a raiz de toda religião no mundo. Em vez disso, o animismo (a idéia de que todos os seres vivos eram animados por uma alma) tornou-se, no esquema de Tylor, o primeiro estágio da evolução da religião, seguido do politeísmo e, depois, do monoteísmo. Tylor é conhecido até hoje como um dos pais da antropologia. Nascido

A antropologia da religião

em 1832 na Inglaterra, tornou-se *Reader in Anthropology* em Oxford no ano de 1884 – o primeiro cargo acadêmico de um antropólogo no mundo de língua inglesa. Usando o conhecimento dos dados antropológicos acumulados em sua época, Tylor mostrou, em seus livros *Researches into the early history of mankind and the development of civilization* e, particularmente, em seu clássico de dois volumes, *Primitive culture* (1871), que as assim chamadas "culturas superiores" originaram-se em um estado que lembrava aquele das chamadas "culturas inferiores" contemporâneas, que podiam ser observadas em algumas partes do globo. Ele declarou que não havia evidência de que as chamadas "culturas inferiores" ("culturas primitivas", conforme as denominava) tivessem surgido a partir da degeneração de uma civilização superior. Tylor era motivado particularmente por divergências em relação às teorias degeneracionistas. Ele esperava, conforme observa Benson Saler, "substituir tais visões por uma perspectiva evolucionista e progressiva do desenvolvimento da religiosidade humana".[11]

Tylor escreveu, por exemplo, que:

> O progresso científico está atualmente mais perto de trabalhar ao longo de uma linha intelectual distinta, sem se sentir tentado a divergir do objeto principal para o que subjaz além, por mais íntima que seja a conexão. [...] Minha tarefa tem sido não a de discutir a religião em todos os seus pontos de vista, mas retratar em esquema a grande doutrina do animismo, conforme encontrada no que considero serem os primeiros estágios dentre as raças inferiores da humanidade, e mostrar sua transmissão ao longo das linhas de pensamento religioso.[12]

Tylor concentrou-se no animismo e sua "sobrevivência" em outras culturas. Para ele, o animismo era a primeira grande teoria na história humana, tão poderosa e convincente que continuava até os dias atuais, inclusive no cristianismo. Tylor defendeu a idéia de uma unidade psíquica da humanidade. Tal idéia ainda recebe críticas, muito embora sua abordagem intelectualista acerca da religião como ma-

---

[11] Saler, E. B. Tylor and the anthropology of religion. *Marburg Journal of Religion.*

[12] Frazer, J. G. *The golden bough*, p. 445.

59

neira de os seres humanos atribuírem sentido ao seu mundo tenha sido bastante popular durante algum tempo.

O classicista

Este começo da antropologia da religião foi de total mudança diante das antigas crenças: após negar aos não europeus qualquer sentimento religioso, estes se tornaram os "ancestrais" dos europeus. Os acadêmicos reagiram começando a procurar a "religião mais primitiva" do mundo para estudar o estágio mais primário da evolução humana ou um estágio pré-religioso. E, durante algum tempo, pensaram tê-lo encontrado nas culturas aborígines australianas. Esses aborígines tornaram-se, conforme Max Charlesworth nomeou, os "primitivos" paradigmáticos, pois presumia-se que haviam permanecido em um nível "pré-religioso" de magia.[13]

James George Frazer foi o primeiro acadêmico de relevo nesse debate. Ele escreveu, por exemplo, em *The golden bough* (1890):

> Entre os aborígines da Austrália, os selvagens mais rudes de que temos informação precisa, a magia é universalmente praticada, enquanto a religião, no sentido de uma propiciação dos poderes mais elevados, parece ignorada.[14]

Segundo Bowie, Frazer era um classicista com uma "paixão por informações acumuladas sobre outras culturas".[15] Baseado em textos clássicos (por exemplo, os dramas egípcios) e em publicações de missionários e exploradores, Frazer produziu um compêndio de dois volumes no qual tentou construir uma teoria universal da magia, da religião e da sociedade. Ele acreditava que a magia precedia a religião.

> Conforme se percebia que a magia era falaciosa, as pessoas procuravam por outros meios de apoio psicológico e tinham a ilusão de que

---

[13] CHARLESWORTH, op. cit., p. 58.

[14] Op. cit., p. 72.

[15] Op. cit., p. 15.

A antropologia da religião

seres espirituais podiam ajudá-las. Quando as pessoas vêem que a religião também não funciona, elas se viram para a ciência. [Frazer acredita que] a ciência e a magia baseiam-se na fé sobre a manipulação das leis naturais (ainda que somente a ciência seja verdadeira), enquanto a religião baseia-se em uma crença nos espíritos. O cientista e o mago podem desempenhar seus ritos com confiança, enquanto o padre faz ofertas com medo e tremor.[16]

The golden bough teve um impacto teórico menor do que o livro de Tylor; sua metodologia de "coleta de borboletas", combinando informação freqüentemente fora de contexto, permite ao autor provar praticamente tudo o que deseja, conforme observa Bowie.

Evans-Pritchard criticou duramente as posições intelectualistas de acadêmicos como Spencer, Tylor e Frazer, considerando-as uma falácia do tipo "se eu fosse um cavalo".[17] Suas teorias sobre a origem da religião são histórias do tipo "é assim e pronto", sem nenhum valor acadêmico. Todavia, *The golden bough* ainda é bastante popular e nunca deixou de ser publicado.

Frazer, no entanto, não foi influente apenas no debate acadêmico acerca da religião e da magia; ele influenciou até mesmo a pesquisa de tradições religiosas, particularmente a dos primeiros observadores da religião australiana. Eles freqüentemente viam, com senso de dever, o que Frazer lhes dizia para ver, conforme Charlesworth, que menciona particularmente Baldwin Spencer, um dos primeiros pesquisadores das culturas aborígines australianas. Ainda que fosse, "um observador simpático e atento [...], sob o encanto de Frazer, ele freqüentemente deixava de perceber o que estava diante de seus olhos".[18] Uma das principais fontes de Frazer, seu mentor William Robertson Smith (1846-1894), havia previsto que os ritos mágicos (o nível mais inferior do modelo de Frazer) seriam praticados por sociedades contemporâneas. E Baldwin Spencer, sob a influência de Frazer, "descobriu" que

---

[16] Ibid., p. 15.
[17] EVANS-PRITCHARD, op. cit., p. 43.
[18] CHARLESWORTH, op. cit., p. 58.

as cerimônias que testemunhara em Alice Spring eram festas sacramentais elementares. Ele começou a promover a idéia de que "a sociedade aborígine pertencia ao nível mais baixo dos três estágios e que as cerimônias totêmicas eram ritos mágicos incrementados, feitos para garantir a perpetuação de uma espécie em particular".[19]

Derek Mulvaney escreveu, em sua biografia sobre Spencer:

> [...] sob a tutela subseqüente de Frazer, Spencer adotou uma terminologia da qual as ações "religiosas" criativas eram excluídas. Na companhia de Frazer no *Anthropological Institute*, em Londres, um ano depois, Spencer anunciou que "o sr. Frazer preferiria agora designar o totemismo *arunta* mágico e não religioso. Tão 'mágico' que permaneceu com todo o preconceito intelectual a respeito da mente aborígine implicado por este termo". Não existe recorrência da palavra "religião" em nenhum dos livros de Spencer, muito embora haja inúmeras de "totem" e "magia". "Os nativos não possuem nada que seja no sentido de uma religião pura e simples", assegurou a Frazer posteriormente.[20]

A partir de então, as religiões aborígines australianas foram classificadas como mágicas, com todas as conotações negativas, como um modo de consciência pré-religioso e pré-científico. Os aborígines eram vistos como "ou muito arcaicos no sentido social do termo, ou muito carentes, no sentido moral do termo, de uma religião verdadeira".[21]

Atualmente, sabemos que os vários aborígines australianos se dividiam em mais ou menos quinhentos grupos, com cerca de duzentas línguas distintas, diferentes umas das outras assim como o sânscrito do inglês e, conforme Charlesworth afirma,

> cada grupo tinha sua própria língua, habitava um território definido dado por um Espírito ancestral, seguia sua própria 'lei' religiosa imposta pelo Espírito ancestral, e tinha sua própria forma distintiva de expressão artística.[22]

---

[19] Ibid.

[20] MULVANEY, D. J. *"So much that is new"* – *Baldwin Spencer, 1860-1929*, pp. 391-329.

[21] CHARELSWORTH, op. cit., p. 59.

[22] Ibid., p. 56.

A antropologia da religião

A idéia de que eles não possuem religião, mas apenas magia, não pode ser justificada com base no conhecimento atual.

Mesmo assim, não devemos julgar essas teorias a partir de nossa perspectiva, mas, sim, dentro de sua própria época, e em relação ao *background* de sua educação. A maioria da população européia, naquele tempo, era educada em uma religião cristã (ou judaica) tradicional. Conforme diz Evans-Pritchard, ainda que tendo sido criados dentro das crenças judaica ou cristã, esses fundadores da antropologia reagiram contra sua educação religiosa:

> Tylor foi criado como quaker, Frazer como presbiteriano, Marett na Igreja Anglicana, Malinowski como católico, enquanto Durkheim, Levi-Bruhl e Freud tinham um *backgroud* judaico; mas com a exceção de um ou dois, independentemente de qual tenha sido o seu *background*, as pessoas cujos escritos foram mais influentes eram, na época em que escreveram, ateístas ou agnósticas. A religião primitiva não era, no tocante à sua validade, nada diferente de qualquer outra fé religiosa, uma ilusão.[23]

No final, essas religiões forneceram "o vocabulário e a forma para se pensar sobre a religião dos outros, e um modelo de rejeição"[24] e, assim, influenciaram a antropologia da religião durante um bom tempo.

O período moderno – formulando grandes idéias

As primeiras décadas do século XX viram o desenvolvimento de grandes idéias dirigidas contra o evolucionismo, não apenas na antropologia da religião, como também em outros ramos dos estudos da religião conectados à antropologia. Com freqüência, esses estudiosos tentaram encontrar a origem da religião e construíram diversas teorias. Pater Wilhelm Schimdt, por exemplo, desenvolveu, em sua obra

---

[23] EVANS-PRITCHARD, op. cit, pp. 14-15.

[24] BOWIE, op. cit., pp. 3-4.

63

de 12 volumes, *Der Ursprung der Gottesidee* (1926), a idéia do "urmonoteísmo", a idéia de uma religião monoteísta original que posteriormente se degenerou em uma religião politeísta. Apesar de sua intenção de promover uma alternativa contra o evolucionismo seja fato reconhecido, sua teoria é, de modo geral, rejeitada.

A maior parte dos estudiosos do século XX promoveu a idéia da religião como um constructo humano que teve suas origens dentro do indivíduo ou da sociedade, origens que os próprios crentes religiosos ignoram. Para esses autores, a religião era uma projeção de algum atributo da natureza humana que, uma vez objetivado, "é equivocadamente tomado por ter uma existência autônoma independente dos criadores humanos", conforme Thrower. A religião é, para eles, "uma maneira codificada por meio da qual os seres humanos falam de si mesmos, de suas esperanças e medos".[25] Uma das abordagens mais proeminentes desse período é o funcionalismo, promovido particularmente por Émile Durkheim (1858-1917), o primeiro acadêmico da sociologia em uma universidade francesa. Durkheim rejeitava as interpretações biologicistas e psicologicistas do fenômeno social que ele considerava "fatos sociais" com características e determinantes sociais distintivos.

Durkheim via a religião não como uma explicação do mundo, mas como meio de fazer afirmações simbólicas sobre a sociedade. Ele estava particularmente interessado em grupos; estudou, por exemplo, a coesão ou falta de coesão dos grupos religiosos, não dos crentes religiosos individuais. Um de seus principais objetivos era investigar as funções da religião. Rituais, por exemplo, criam identidade coletiva porque unem os membros de grupos religiosos. Ainda que a religião fosse, para Durkheim, uma projeção dos valores sociais da sociedade, ele insistia em que era, também, real, pois "seus efeitos são reais, mesmo que suas origens sociais estejam disfarçadas, e as explicações e crenças para uma religião sejam falsas".[26]

---

[25] Thrower, J. *Religion – the classic theories*, p. 126.

[26] Bowie, op. cit., p.17.

A antropologia da religião

Em *As formas elementares da religião* (1912), Durkheim queria revelar os componentes que constituem todas as religiões, o aspecto basilar das religiões (a forma elementar). Pelo fato de a forma mais elementar da vida social dever abrigar a forma mais elementar de religião, Durkheim seguiu a pista de Tylor e também apresentou o totemismo aborígine australiano como uma religião elementar, inclusive como "a religião mais primitiva e mais simples que é possível encontrar".[27] Com Durkheim, os aborígines australianos tornaram-se um símbolo de simplicidade, desconsiderando-se a extraordinária complexidade de sua vida social e de suas línguas. Diferentemente de Tylor, cuja ideologia do animismo Durkheim criticava, o conceito durkheimiano está conectado à teoria do totemismo, que, para Max Charlesworth, é "uma das invenções teóricas mais extraordinárias da antropologia do final do século XIX e começo do XX"[28] até que Claude Lévi-Strauss (1964) rejeitasse a idéia do totemismo e declarasse que ele, enquanto fenômeno unitário, não existe.

Outro importante expoente do funcionalismo que elaborou a teoria das funções coletivas de Durkheim, incluindo uma visão mais individualista, foi Bronislaw Kaspar Malinowski (1884-1961). Influenciado por Sigmund Freud e sua comparação entre os povos assim chamados "primitivos" e os neuróticos, Malinowski promoveu uma visão emocionalista da religião. Segundo ele, todo ser humano necessita de algum tipo de crença; os que não possuem uma religião acreditam nas idéias do iluminismo. Embora Malinowski tenha se tornado famoso por sua idéia da observação participante como método principal na antropologia (retornarei a isso mais tarde), para a antropologia da religião seu trabalho sobre magia é mais importante. Em suas monografias sobre os trobriands (por exemplo, *Argonauts of the Western Pacific*, em 1922, ou *Coral gardens and their magic*, em 1935), Malinowski descreveu, de forma bastante elaborada, as funções de vários tipos de magia, particularmente em conexão com os mitos. Ele rejeitava o esquema evolucionista de seu mestre, James Frazer, que declarava uma evolução unilateral da magia à religião e, finalmen-

---

[27] Durkheim, É. *The elementary forms of the religious life*, p. 95.

[28] Op cit., p. 61.

O espectro disciplinar da Ciência da Religião

te, à ciência. Em vez disso, Malinowski reconheceu nunca ter encontrado uma tribo sem religião e magia, ou sem uma atitude científica (em *Magic, science and religion*). Semelhantemente a Durkheim, Malinowski distinguia uma parte sagrada e outra profana da sociedade; a magia e a religião pertencem à parte sagrada, e a ciência, à parte profana. As funções da magia e da ciência são, principalmente, explicar e controlar o mundo; a função da religião, entretanto, é prover aos eventos importantes da vida os ritos de passagem, valor e significado. Ainda que a religião tenha, para Malinowski, funções principalmente coletivas, ele reconhecia – diferentemente de Durkheim – que ela desempenha um papel importante para o indivíduo. Thrower dá muito valor à contribuição de Malinowski à antropologia da religião. Ele afirma que

> a tarefa do estudo antropológico da religião tornou-se, após Malinowski, compreender o papel da religião dentro das vidas das pessoas que estavam sendo estudadas, com o conseqüente abandono da questão sobre como as pessoas realmente chegaram às crenças específicas que constituem seu entendimento religioso do mundo.[29]

Apesar da importante contribuição de Malinowski, foi outro estudioso britânico da antropologia quem publicou a primeira monografia em antropologia da religião baseada em uma pesquisa de campo: *The Andaman islanders* (1922), de Alfred Reginald Radcliffe-Brown (1881-1955), um expoente do funcionalismo estruturalista. Similarmente a Malinowski, Radcliffe-Brown focou seus estudos nas funções que cada elemento da religião tem para a comunidade. Mas, diferentemente de Malinowski, ele chama nossa atenção para os "sentimentos". Em *Structure and function in primitive society,* por exemplo, ele afirma que

> os ritos podem ser vistos como a expressão simbólica e regulada de certos sentimentos [...]. Os ritos podem, portanto, demonstrar uma função social específica quando, e na medida em que, tiverem

---

[29] Op. cit., p. 116.

A antropologia da religião

como seu efeito regular manter e transmitir de geração em geração os sentimentos dos quais depende a constituição da sociedade.[30]

David Gellner menciona como um exemplo dessa abordagem a obra de John Middleton, *Lugbara religion* (1960), na qual o autor afirmava que o aumento das acusações de bruxaria era um tipo de medida típico das dificuldades sociais.[31]

Enquanto isso, Franz Boas (1858-1942) criou, na América do Norte, outra abordagem antropológica contra o evolucionismo, o particularismo histórico. Diferentemente de seus contemporâneos europeus, Boas (1940) focou as diferenças culturais em vez das funções sociais, sem nenhum interesse em criar grandes esquemas. Bowie refere-se à sua contribuição para a antropologia como "uma ênfase nos aspectos individuais e únicos de uma dada cultura".[32] Boas foi um importante expoente do relativismo cultural, ainda que sua escola tenha se tornado mais elaborada com seus discípulos, como Ruth Benedict e Margaret Mead.

O período rebelde – a era anticolonial

A antropologia da religião mudou após a Segunda Guerra Mundial da mesma maneira que mudou toda a ciência da religião. Todavia, começo minha revisão com Sir Edward Evans-Pritchard (1902-1973), cujo livro *Witchcraft, magic and oracles among the Azande* foi publicado antes da Segunda Guerra Mundial (em 1937), mas pode ser considerado exemplo de uma nova maneira de abordar as religiões. Evans-Pritchard movimentou em seu livro a idéia de uma racionalidade diferente, ainda que lógica.

Evans-Pritchard argumentava que a grande questão que desafia a antropologia é a da *tradução*, que envolve dois pontos complexos: o problema de adentrar o universo mental de uma cultura estrangeira

---

[30] RADCLIFFE-BROWN, A. *Structure and function in primitive society*, p. 157.

[31] GELLNER, D. Anthropological approaches. In: CONNOLLY, Peter, ed. *Approaches to the study of religion*, pp. 10-41.

[32] Op. cit., p. 103.

O espectro disciplinar da Ciência da Religião

e o problema de tornar aquele universo compreensível aos outros, aos membros da própria cultura. De modo a explicar o *Outro*, é necessário comparar os costumes estrangeiros aos elementos com os quais eles (os leitores do livro) estão mais familiarizados. Um antropólogo deve, portanto, traduzir primeiramente seus pensamentos de uma maneira que possa acomodar as experiências da cultura estrangeira e, daí, traduzi-las em idéias que os outros possam compreender.

Evans-Pritchard insistia em que os crentes e os não crentes abordam a religião de maneiras distintas. Os não crentes tendem a procurar teorias sociológicas, psicológicas, biológicas ou existencialistas que expliquem a religião em termos de ilusão. Em contraste, os crentes tendem a explicar a religião em termos de como as pessoas concebem sua realidade e com ela se relacionam. Embora ambos concordem no entendimento de que a religião é um fator importante para a vida social, para o crente ela tem uma dimensão extra. Como resultado, Evans-Pritchard concorda com W. Schmidt quando afirma que a religião pode ser mais bem entendida pelos crentes, cuja consciência e experiência interiores da religião também contam.

Em seu livro, Evans-Pritchard explica de forma brilhante e, para a época, muito incomum, a lógica interna do modo azande de pensar, particularmente com referência à bruxaria. Mostra como tais idéias podem persistir razoavelmente diante do que, para uma pessoa de fora, pareceriam discrepâncias condenáveis e dignas de desaprovação. Evans-Pritchard afirma, por exemplo, que os azande freqüentemente atribuem à bruxaria os infortúnios. Quando uma construção subitamente desaba e as pessoas que por acaso estão sob seu teto se machucam, dizem que esse acontecimento é devido à bruxaria. Evans-Pritchard argumenta que tal explicação fornece uma "ligação ausente". Os azande obviamente sabiam que os suportes do teto estavam minados e que as pessoas sentadas sob o teto buscavam se proteger do sol. No entanto, precisavam de uma explicação que conectasse esses dois eventos (*estas* pessoas sentadas *neste* lugar *neste* momento específico), e essa explicação era a bruxaria. Para Evans-Pritchard, tal explicação oferecida pelos azande é racional segundo a maneira de eles raciocinarem.

A antropologia da religião

Outro caminho importante neste período foi a interpretação marxista das crenças e práticas religiosas, como, por exemplo, o livro de Peter Worsley, *The trumpet shall sound: a study of "cargo" cults in Melanesia* (1957), ou o livro de Marvin Harris, *Cows, pigs, wars and witches* (1975), no qual ele examina a inter-relação entre os elementos material e religioso das culturas a partir de uma perspectiva materialista. Harris falhou em reconhecer a possibilidade de mudança ao longo da história. Seth Kunin critica, por exemplo, que Harris confundiu

> a suposta origem de uma prática com a razão de sua continuidade. [...] De modo a entender a prática atualmente, nós precisamos nos mover para muito além da simples especulação acerca da origem e observar a prática no contexto de um amplo leque de fatores sociológicos e simbólicos.[33]

Claude Lévi-Strauss (1908-) desenvolveu um dos últimos grandes movimentos na antropologia, o estruturalismo (francês), no qual combinou as idéias do funcionalismo estrutural com os conceitos em desenvolvimento da lingüística estrutural. Ele se concentra nas estruturas subjacentes em vez de no significado dos elementos específicos. Baseado em seu conhecimento sobre os indígenas da Amazônia, ele extrai as regras gramaticais da sociedade para poder conhecer a estrutura inconsciente das sociedades, seus textos (os mitos, particularmente), as línguas e as culturas. Seu objetivo é compreender a estrutura universal, uma vez que ele acredita que as estruturas subjacentes às sociedades particulares são universais (pelo menos em algum grau). Contudo, conforme diz Bowie, "para Lévi-Strauss, as experiências e emoções individuais, tais como o amor, o ódio, o medo e o desejo, são subsidiárias às estruturas subjacentes básicas que dão origem à sociedade, que tem uma base biológica".[34] Ainda que seu movimento nunca tenha sido influente na antropologia anglófona, como foi o de Durkheim, o estruturalismo de Lévi-Strauss continua tendo importância para outras escolas, em que se tornou mais elaborado de maneiras diferentes. Conforme Kunin elogia, sua abordagem

---

[33] KUNIN, S. *Religion – The modern theories*, p. 15.

[34] Op. cit., p. 20.

> apresenta um modelo coerente para se entender a religião da mesma maneira como qualquer outra instituição social [...] Ele aponta para a unidade essencial dos processos cognitivos humanos em vez de sugerir a unidade de um tipo singular de instituição. A capacidade de estruturação pode ser vista como a definição do ser humano mais do que a definição ou base única da religião.[35]

Antropologia da religião hoje – o período pós-colonial

A maioria dos antropólogos da atualidade estuda a experiência religiosa individual, ainda que focalize os aspectos sociais e comunais da religião. Uma palavra-chave da antropologia contemporânea é *contextualização*: os antropólogos

> tentam contextualizar a experiência religiosa dentro de sua configuração social, explicando a maneira pela qual a experiência é socialmente construída, o significado social dos símbolos articulados e a relação entre experiência e outros fatos sociais.[36]

A pesquisa baseia-se nos dados etnográficos empíricos, e a maior parte dos antropólogos não constrói modelos teóricos que vão além de seus dados. Todavia, a maioria dos antropólogos tem em comum uma abordagem holística: a religião é sempre vista em relação com outras instituições e constructos sociais, nunca autonomamente.

O principal método da pesquisa antropológica é, portanto, até os dias de hoje, a observação participativa. Os antropólogos vivem por um período de tempo na aldeia que querem estudar e tentam aprender, tanto quanto possível, dos aldeões. O intuito é obter uma compreensão plena de sua cultura e de sua religião para que, após o retorno à universidade, o estudioso possa explicar às pessoas os costumes e práticas da aldeia que acaba de deixar. Durante muito tempo, o objetivo principal da pesquisa antropológica foi, portanto, a explicação de

---

[35] Op cit., p. 166.

[36] Op cit., p. 149.

A antropologia da religião

costumes diferentes, a tradução de culturas estrangeiras em palavras que as pessoas em sua terra natal pudessem entender. Lienhardt, por exemplo, escreveu em 1954:

> Quando nós vivemos entre selvagens e falamos sua língua, aprendendo a representar sua experiência para nós mesmos à sua maneira, chegamos tão perto de pensar como eles quanto podemos sem que deixemos de ser nós mesmos. Eventualmente, tentamos representar suas concepções sistematicamente por meio de constructos lógicos que fomos criados para usar; e esperamos, assim, na melhor das hipóteses, reconciliar o que pode ser expresso em sua linguagem com o que pode ser expresso na nossa. Fazemos a mediação entre seus hábitos de pensamento, que adquirimos com eles, e aqueles de nossa própria sociedade; naquilo que estamos explorando, mais as potencialidades complementares de nosso pensamento e de nossa língua.[37]

O processo de traduzir conceitos estrangeiros para nosso próprio sistema é particularmente difícil no campo da religião, porque estamos freqüentemente investigando uma idéia ou crença abstrata. Quando olhamos para trás na história da pesquisa antropológica, percebemos que o processo de tradução estava vinculado, com freqüência, a uma atitude colonial, o que acabou levando a uma crítica afiada do conceito de tradução no período pós-colonial. Ernst Gellner (1970) critica a maneira pela qual os antropólogos funcionalistas, em particular, lidam com o problema da interpretação e tradução de discursos de sociedades estrangeiras para dentro dos debates acadêmicos. Ele observa que:

> os antropólogos insistem em interpretar conceitos e crenças exóticas dentro de um contexto social, mas que (b), ao fazerem isso, asseguram que asserções aparentemente absurdas ou incoerentes sempre acabem recebendo um significado aceitável, e que (c) enquanto o método contextual de interpretação é, em princípio, válido, a "caridade excessiva" que geralmente o acompanha não é.[38]

---

[37] LIENHARDT, G. *Modes of thought*, pp. 95-96.
[38] GELLNER, E. apud ASAD, T. *Genealogies of religion*, p. 173.

Gellner distingue claramente entre defender e explicar conceitos estrangeiros, e insiste em uma distância crítica necessária para se compreender o significado ou, conforme diz, o funcionamento dos conceitos e instituições da sociedade (p. 18). Ele insiste em que o pesquisador deve avaliar a prática pelo fato de que todo conceito carrega em si uma conotação de valor, seja ele bom ou mau. Porém, conforme diz Talal Asad, Gellner

> parece inconsciente de que, para o tradutor, o problema de determinar o tipo relevante de contexto em cada caso é resolvido pela capacidade de usar as línguas em questão, não pela atitude *a priori* de intolerância ou tolerância [...] e esta capacidade é algo que se aprende.[39]

Em seu livro *Genealogies of religion: discipline and reasons of power in Christianity and Islam* (1993), Asad dirige nossa atenção em particular para um elemento da crítica pós-colonial: a relação de poder. Ele argumenta que não é possível avaliar a pesquisa antropológica sem prestar atenção às relações de poder entre as partes envolvidas. Temos de reconhecer a "desigualdade no poder das línguas", já que estas incluem também, na visão de Asad, a dimensão social. Ele diz:

> A tradução cultural deve se acomodar a uma língua diferente, não apenas no sentido do inglês, conforme oposto ao *dinka*, ou do inglês oposto ao árabe *kabbashi*, mas também no sentido de um jogo acadêmico britânico de classe média, conforme oposto aos modos de vida do Sudão tribal e nômade.[40]

Um exemplo da desigualdade no poder das línguas pode ser encontrado no apêndice do livro de Evans-Pritchard anteriormente citado, no qual o autor explica abertamente seu método de pesquisa. Ele viveu entre 1926 e 1929 na região dos azande (atualmente, entre as Repúblicas do Sudão, África Central e Zaire), basicamente no Sudão que, nesta época, era parte do Anglo-Egito (o Egito sob o poder da Inglaterra). Ele passou quase 20 meses naquela área (divididos em três

---

[39] Ibid., p. 183.
[40] Ibid., p. 193.

A antropologia da religião

jornadas), patrocinado principalmente pelo governo sudanês e por recursos que recebia da Royal Society e do Rockefeller Memorial Fund.

Ainda que o objetivo de seu livro fosse o de explicar a maneira tradicional de pensar nos termos dos próprios azande, Evans-Pritchard fazia parte do sistema colonial. Sua pesquisa foi conduzida durante um período de mudança social. Os líderes tradicionais já enviavam seus filhos para escolas missionárias, e em 1927 o governo estabeleceu escolas fundamentais em todas as aldeias. O sistema tradicional começou a entrar em colapso e uma nova liderança começou a surgir. No entanto, a monografia etnográfica de Evans-Pritchard sobre os azande sequer mencionou alguma mudança social.

Evans-Pritchard escreveu que, durante sua pesquisa entre os azande, confiava apenas em seus dois serventes e dois informantes pagos, que acabaram tornando-se seus amigos. Além dessas pessoas, ele conheceu diversos outros indivíduos azande, que entravam e saíam de sua casa o tempo todo. Sua informação nasceu, portanto, de algumas entrevistas e de comunicações informais (em azande) com as pessoas que conheceu, pois, conforme informou, alguns tópicos não podiam ser discutidos em público.

Embora tenha vivido tanto tempo nessa aldeia e falado a língua local, algumas informações Evans-Pritchard simplesmente não conseguiu obter, e algumas indagações tampouco foram respondidas. Assim, ele contratou um jovem que pudesse passar pelo processo de se tornar um curandeiro, um xamã. Esse jovem queria se tornar um curandeiro, mas não podia pagar as despesas. Evans-Pritchard deu-lhe o dinheiro necessário e pediu ao jovem que lhe informasse tudo o que aprendesse durante sua iniciação secreta. Por meio dessa pessoa, Evans-Pritchard conseguiu alcançar a perspectiva *insider* daquele sistema tradicional.

O problema em se pagar para obter informação é uma questão controversa, bastante discutida na pesquisa antropológica. Podemos confiar na informação pela qual pagamos? E esse tipo de informação sagrada não nos é proibida? Quando temos de confiar em informações que as pessoas nos fornecem livremente, talvez não consigamos compreender a religião da perspectiva de um *insider*. Ainda assim, a pesquisa é, ou deveria ser, um diálogo entre duas perspectivas, e não uma empreitada colonial.

73

O espectro disciplinar da Ciência da Religião

Esse debate na antropologia, acerca do modo pelo qual abordamos culturas estrangeiras e do modo como escrevemos sobre elas, está relacionado a Clifford Geertz e sua defesa de uma posição interpretativista. Geertz conduziu pesquisas etnográficas no sudeste e norte da África; ele contribuiu para a teoria social e cultural, e tem sido particularmente influente em direcionar a antropologia para uma preocupação com as molduras de significado dentro das quais vários povos vivem suas vidas. Sua definição de religião, que será apresentada adiante, é, de acordo com Talal Asad, "talvez a definição antropológica de religião mais influente, certamente a mais completa, que apareceu nas últimas décadas",[41] ainda que outros estudiosos a tenham criticado por ser tão ampla a ponto de incluir até mesmo o capitalismo e o comunismo. Geertz declara que a perspectiva religiosa difere do senso comum, "ela vai além das realidades do dia-a-dia, e sua 'preocupação definidora' é com a aceitação de realidades mais amplas, a fé incluída, em vez de com a ação sobre elas", conforme escreve Saler.[42] Ou, segundo as palavras de Geertz:

> Neste sentido do "realmente real" em que a perspectiva religiosa se baseia, é que as atividades simbólicas da religião se dedicam a produzir, intensificar e, na medida do possível, tornar inviolável pelas revelações discordantes da experiência secular.[43]

O campo dos estudos pós-coloniais, dentro do qual o citado livro de Talal Asad é muito importante, não pode ser entendido sem que prestemos atenção em *Orientalism* (1978), de Edward Said (1935-2003), para muitos estudiosos o começo dos estudos pós-coloniais. Richard King exalta que "Said lançou uma crítica rigorosa das nações ocidentais e das maneiras pelas quais o 'discurso oriental' legitimou a agressão colonial e a supremacia política do Ocidente".[44] O termo *orientalismo* é utilizado, até os dias de hoje, da maneira como Said o

---

[41] Ibid., p. 237.

[42] Op. cit., p. 94.

[43] GEERTZ, C. Religion as a cultural system. In: BANTON, M., ed. *Anthropological approaches to the study of religion*, p. 28.

[44] KING, R. *Orientalism and religion*, p. 82.

A antropologia da religião

discutiu, "como um termo pejorativo que denota a manipulação colonial do Oriente em geral".[45] O próprio Said escreveu, em um novo prefácio dedicado a celebrar o 25º aniversário da primeira edição, em 2003, que

> minha idéia no orientalismo é empregar uma crítica humanista que abra o campo das lutas, que introduza uma seqüência mais longa de pensamento e análise de modo a substituir os breves rompantes de fúria polêmica e paralisante do pensamento, que assim nos aprisiona em rótulos e debates antagônicos cujo objetivo é mais uma identidade coletiva beligerante do que uma compreensão e intercâmbio intelectual.[46]

Said foca sua atenção na interação entre Ocidente e Oriente. O Ocidente é o Oeste (Europa e América do Norte) e o Oriente é o termo para o Oriente Médio e para o Extremo Oriente, tão incompreendidos e românticos. O Oriente é, assim, tão-somente um constructo romântico criado pelo Ocidente, e não corresponde à realidade. O principal assunto do livro é a discussão sobre a dicotomia entre a realidade do Leste e a noção romântica de Oriente inventada pelo Oeste. Said critica o fato de o Ocidente enxergar o Oriente Médio e a Ásia com preconceito e racismo. Para o Ocidente, o Oriente Médio e a Ásia parecem atrasados e inconscientes de sua própria história e cultura. Por outro lado, o Ocidente teria criado uma rica cultura, uma história e um futuro promissor, o conteúdo do orientalismo.

O orientalismo é, para Said, uma invenção ocidental dividida em vários níveis. Primeiramente, é uma invenção acadêmica. Os acadêmicos que estudam o Oriente são orientalistas, não importando que seu campo seja o da antropologia, da literatura ou dos estudos religiosos. Em segundo lugar, o orientalismo é também um estilo de pensamento baseado em uma distinção epistemológica e ontológica entre o Oriente e (na maioria das vezes) "o Ocidente". E ele vai adiante, observando que

---

[45] Ibid., p. 83.

[46] SAID, E. *Orientalism*, p. 17.

75

uma enorme massa de escritores, entre eles poetas, romancistas, filósofos, teóricos políticos, economistas e administradores imperiais, aceitaram a distinção básica entre Ocidente e Oriente como ponto de partida para elaborar relatos a respeito do Oriente, seus povos, costumes, sua "mente", destino e assim por diante.[47]

Em suma, Said distingue o fenômeno orientalismo de três modos inter-relacionados: o orientalista que ensina, escreve sobre ou estuda o Oriente; o orientalismo como um estilo de pensamento; e, terceiro,

> o orientalismo [que] pode ser discutido e analisado como instituição corporativa que lida com o Oriente – ao fazer afirmações sobre ele, autorizando visões a seu respeito, descrevendo-o, ensinando-o, organizando-o, legislando-o: com efeito, o orientalismo como um estilo ocidental de dominar, reestruturar e ter autoridade sobre o Oriente.[48]

O livro de Said é importante para a antropologia da religião porque atrai nossa atenção para a maneira como as culturas e religiões estrangeiras foram investigadas em tempos passados e como tais pesquisas influenciaram nossa disciplina. Richard King, por exemplo, estende a crítica de Said – apesar de alguns comentários críticos sobre o método deste autor – aos estudos da cultura asiática em geral.[49] King critica particularmente o mito da homogeneidade ao se descrever culturas estrangeiras. Ele argumenta veementemente contra a aplicabilidade de sistemas globalizados, unívocos e altamente abstratos sobre as experiências religiosas da humanidade, uma vez que tal abordagem nos fornece apenas uma imagem deliberadamente homogeneizada das tradições religiosas.[50] King chega, inclusive, a questionar a idéia de que os acadêmicos que seguiram a virada pós-colonial possam "agora reivindicar uma liberdade quanto à cumplicidade em relação aos regimes de dominação". Ele questiona "se a recente onda de estudos póscoloniais tem, ela própria, tendido a supervalorizar ou privilegiar o

---

[47] Ibid., pp. 2-3.

[48] Ibid., p. 3.

[49] Op. cit., p. 82.

[50] Ibid., p. 98.

A antropologia da religião

espaço colonial à custa de uma inconsciência ou de regimes de poder pós-coloniais e (assim chamados) pré-coloniais".[51]

Distintamente da divisão orientalista entre Oeste e Leste, tão intensamente atacada por Said, King percebe que atualmente há mais uma divisão entre Norte e Sul, entre o Primeiro e o Terceiro Mundos. Entretanto, essa oposição binária funciona de maneira similar aos discursos orientalistas. King escreve: "a diferença é percebida mais em termos oposicionistas do que pluralistas, e as diferenças entre as culturas torna-se fetichizada, ao passo que as heterogeneidades internas a cada cultura são apagadas".[52]

King conclui seu livro examinando os assim chamados estudos subalternos. Um dos estudiosos mais importantes nesse campo é o antropólogo Gayatri Chakravorty Spivak. Seu artigo *Can the subaltern speak?* (1988) apresenta um passo importante nesse debate. King, por exemplo, ressalta que

> Spivak entende a busca pelo subalterno como uma forma de essencialismo estratégico que, em sua ousadia, revela tanto as limitações etnocêntricas da crítica ocidental do humanismo quanto as limitações de sua própria análise. Enquanto os anti-humanistas de Althusser e Foucault funcionam como uma instância de oposição à ênfase dominante pós-iluminista sobre um sujeito individual soberano no centro da história, Spivak argumenta que uma tal estratégia não é viável para grupos colonizados em que a preocupação deve se referir ao deslocamento das estruturas da violência colonial ocidental, tanto epistêmicas quanto materiais, que continuam a oprimi-los.[53]

Quando nos voltamos para a antropologia da religião brasileira, reconhecemos o mesmo debate, particularmente na pesquisa contemporânea das religiões afro-brasileiras. Depois de seguirem, por algum tempo, principalmente as escolas européias — quando o estruturalismo francês de Lévi-Strauss, o funcionalismo de Durkheim, o relativismo cultural de Boas e a abordagem etnossociológica de

---

[51] Ibid., p. 187.

[52] Ibid., p. 188.

[53] Ibid., p. 192.

77

Bastide eram influentes naquele país[54] —, os antropólogos brasileiros desenvolveram recentemente uma abordagem bastante original e própria de antropologia da religião, semelhante à dos estudos subalternos. De interesse geral é a perspectiva dentro do debate *insider/outsider* que não existe no Brasil como em outras escolas. Conforme Mareile Seeber-Tegethoff demonstra, em sua recente discussão sobre *Grenzgänger*[55], entre antropologia e religião, a distinção bipolar entre a academia como perspectiva *outsider* e o crente religioso como a perspectiva *insider* não existe no Brasil. Essa inter-relação dinâmica, a mescla de posições e o autoposicionamento em cada nova situação mostram aos estudiosos da antropologia da religião um caminho para fora da jaula autoconstruída dos estudos pós-coloniais. O método comum dos antropólogos brasileiros, bem como de outros acadêmicos antropológicos, é o foco no campo de trabalho, seja ele conduzido em um contexto urbano,[56] seja no contexto amazônico.[57]

Conceitos-chave da antropologia da religião

Conforme John Middleton observa, as pessoas expressam suas crenças de diversas maneiras, "através de mitos, lendas, narrativas folclóricas, noções de tempo e espaço. Também as expressam por suas ações, por sacrifício, orações e correlatos".[58] Esses são os conceitos-chave principais da antropologia da religião, as maneiras pelas quais as pessoas concebem sua sociedade e o mundo no qual ela está construída.

---

[54] Por exemplo, CARNEIRO, E. *Candomblés da Bahia*; ORTIZ, R. *A morte branca do feiticeiro negro*.

[55] SEEBER-TEGETHOFF, M. *Grenzgänger zwischen Religion und Wissenschaft*.

[56] Por exemplo, FERRETTI, S. F. *Repensando o sincretismo*.

[57] Por exemplo, CASTRO, E . B. V. de. *From the enemy's point of view*.

[58] MIDDLETON, J. Introduction. In: MIDDLETON, J., ed. *Myth and cosmos*: readings in mythology and symbolism, p. 9.

Definição

A definição de Clifford Geertz continua sendo um dos modelos mais influentes não apenas na antropologia mas também no estudo da religião em geral. Geertz propõe, para a religião, uma abordagem simbolista focada no que a religião representa. Para Geertz, a religião é (1) um sistema de símbolos que age (2) para estabelecer, nas pessoas, humores e motivações poderosos, persuasivos e duradouros, (3) formulando concepções de uma ordem geral de existência e (4) revestindo essas concepções com uma tal aura de factualidade de modo que (5) esses humores e motivações pareçam singularmente realistas.[59] Dessa maneira, Geertz define a religião em termos da relação entre dois elementos principais: seu *ethos* e sua visão de mundo.[60]

Geertz diz, por exemplo, em seu livro *Islam observed* (1968):

> A essência [...] da perspectiva religiosa [...] é a convicção de que os valores nos quais uma pessoa acredita estão fundamentados na estrutura inerente da realidade, que entre a maneira pela qual esta pessoa vive e a maneira como as coisas realmente são existe uma interconexão indestrutível. O que os símbolos sagrados fazem para aqueles que crêem em sua sacralidade é formular uma imagem da estrutura do mundo e um programa para a conduta humana que são simples reflexos um do outro.[61]

Dan Merkur refuta que, por mais que Geertz tenha corretamente sugerido que

> a religião mistura o comportamento religioso (*ethos*) com a crença religiosa (visão de mundo) de uma tal forma que é mutuamente reafirmadora [...], sua formulação ainda assim dá atenção demais aos conteúdos intelectuais da visão de mundo, e muito pouca à sua função.[62]

---

[59] GEERTZ, C. *Interpretation of cultures*, p. 4

[60] MERKUR, D. The exemplary life. In: THOMAS, A. & WILSON, Brian G., eds. *What is religion? Origins, definitions, and explanations*, p. 81.

[61] GEERTZ, C. *Islam observed*, p. 97.

[62] Op. cit., p. 81.

O próprio Merkur sugere que

> toda vida religiosa é vivida em meio a uma tensão criativa. De um lado está a atualidade do *ethos*, a realidade da religiosidade que é vivida. Do outro, está a postulação da visão de mundo, a imagem da religião conforme ela deve ser idealmente [...] Para representar a religião viva, é necessário capturar, de alguma forma, a tensão criativa das dificuldades e oportunidades da condição humana.[63]

Talal Asad pensa de outra forma. Ele critica particularmente o método de Geertz de estudar a religião. Geertz diz, por exemplo:

> O estudo antropológico da religião é, portanto, uma operação em duas etapas: primeira, uma análise do sistema de significados incorporados nos símbolos que tornam a religião apropriada e, segunda, a forma como esses sistemas se relacionam com os processos socioestruturais e psicológicos.[64]

Porém, conforme argumenta Asad, não podemos separar os símbolos religiosos dos não religiosos, pois os primeiros não podem ser compreendidos, segundo ele, "independentemente de suas relações históricas com os símbolos não religiosos, ou de suas articulações dentro da vida social, em que o trabalho e o poder são sempre cruciais".[65] Ele pergunta, referindo-se à definição de religião dada por Geertz:

> Se os símbolos religiosos forem entendidos, na analogia das palavras, como veículos de significado, pode tal significado ser estabelecido independentemente da forma de vida na qual eles são empregados? Se os símbolos religiosos devem ser tomados como a assinatura de um texto sagrado, podemos saber o que eles significam sem considerarmos as disciplinas sociais pelas quais sua leitura correta está assegurada? Se os símbolos religiosos devem ser pensados como conceitos pelos quais a experiência é organizada, podemos dizer algo a seu respeito sem considerarmos como eles vêm a ser autorizados? Mesmo que se alegue que o que é experimentado por meio dos símbolos religiosos não é, em essência, o mundo social, mas o

---

[63] Ibid.

[64] GEERTZ, C. *Islam observed*, p. 125.

[65] Op. cit., p. 53.

A antropologia da religião

espiritual, é possível afirmar que as condições do mundo social em nada influem para tornar esta experiência acessível? O conceito de treinamento religioso é totalmente vazio?[66]

Asad demonstra, ao longo de seu livro, como a religião, na condição de categoria histórica, surgiu no Ocidente e veio a ser aplicada como um conceito universal – o que veementemente critica. Antropólogos como Geertz e outros concebem a religião como

> uma questão de significados simbólicos vinculados a idéias de ordem geral (expressas ou pelo rito, ou pela doutrina, ou por ambos), de modo a possuir funções e propriedades genéricas, e não deve ser confundida com nenhuma de suas formas históricas ou culturais particulares [...] Por ser um conjunto concreto de regras práticas ligadas a processos específicos de poder e conhecimento, a religião veio a se tornar abstrata e universalizada.[67]

Contudo, conforme argumenta Asad, este processo está relacionado à história do cristianismo, não tendo significado algum em outros contextos. Assim, o autor rejeita qualquer definição universal de religião.

Além de rejeitar quaisquer definições universais de religião, "porque seus elementos e relações constitutivos são historicamente específicos", Asad argumenta que "a própria definição é, em si, o produto histórico de processos discursivos".[68] Não apenas uma religião é histórica e culturalmente situada, como a definição também o é. Ela não pode ser explicada para além de seu contexto específico. Ainda que Asad escreva mais cuidadosamente, nós poderíamos dar continuidade à sua crítica afirmando que uma definição de religião feita por um acadêmico europeu seria sempre uma definição européia de religião e não poderia ser transferida para outros contextos culturais e religiosos, como se pode ver particularmente no que diz respeito à noção dos acadêmicos ocidentais de definir a religião à parte de elementos

---

[66] Ibid., p. 42.

[67] Ibid.

[68] Ibid., p. 29.

como a lei, a política, a ciência e também o poder. Asad coloca que a separação entre a religião e o poder é uma norma ocidental moderna, o produto de uma história pós-Reforma singular.[69] A religião deve sempre ser entendida em seu contexto histórico-cultural e não separada dele.

Símbolos

À parte do atual debate sobre a definição de religião, os símbolos são uma das questões-chave da pesquisa antropológica no campo das religiões. Geertz chega, inclusive, a basear sua definição de religião nos símbolos. Os símbolos sagrados funcionam, segundo ele,

> para sintetizar o *ethos* de um povo – o tom, o caráter e a qualidade de sua vida, seu estilo e seu temperamento estético e moral – e sua visão de mundo – a imagem que têm de como as coisas são na sua fina atualidade, suas idéias mais compreensíveis de ordem [...] os símbolos religiosos formulam uma congruência básica entre um estilo de vida específico e uma metafísica específica, e, ao fazer isto, sustentam-se uns aos outros com a autoridade emprestada de cada um.[70]

Bons exemplos no campo dos estudos simbólicos são, entre outros, *The forest of symbols: aspects of ndembu ritual* (1967), de Victor Turner, que será discutido adiante, e *Simbolismo y poder:* un estúdio antropológico sobre compadrazgo y priostrazgo en una comunidad andina (1989), de Angel Montes del Castillo, sobre as relações de poder nas comunidades rurais dos Andes. Embora o autor não a cite, pode-se dizer que seu trabalho teve a influência de Mary Douglas, uma importante antropóloga social que chama nossa atenção para a relevância social dos símbolos religiosos, como, por exemplo, em seu livro *Purity and danger* (1966). Nesse livro, ela examina como as pessoas atribuem significados à sua realidade e como essa realidade é expressa por seus símbolos culturais. Douglas começa afirmando

---

[69] Ibid., p. 28.

[70] GEERTZ, C. Religion as a cultural system, cit., pp. 3-4.

A antropologia da religião

que, durante o século XIX, as religiões tradicionais e mundiais eram caracterizadas por suas diferentes atitudes em relação à sujeira e à pureza. Ela investiga a categorização entre coisas *sagradas* e *poluídas*, as razões pelas quais inclusive as coisas que se pensa terem um significado religioso especial podem, por vezes, ser vistas como poluídas, e em outras ocasiões, como sagradas. De acordo com Douglas, as coisas não são consideradas sujas em si mesmas, mas, sim, por sua localização em um sistema de categoria, que pode incluir pessoas tanto quanto classes de objetos animados e inanimados não-humanos. Essa categorização dos símbolos influencia a ordem social, conforme explica Douglas, referindo-se à sua observação entre os lele. Suas normas para se protegerem do que definem por poluído resulta em um controle absoluto das mulheres por parte dos homens. Às vezes, as mulheres são tratadas até mesmo como moeda corrente, conforme relata Douglas. Todavia, elas controlam os homens da mesma forma, porque são consideradas um perigo para a pureza da sociedade caso não se purifiquem (e, freqüentemente, a seus maridos) por meio de rituais específicos.

Ao definirem o que é poluído, as pessoas classificam sua vida social em duas categorias opostas: o que é aceitável e o que não é. Esse sistema simbólico atribui ordem moral às sociedades e apóia o sistema social. Mas, obviamente, também pode ameaçar a ordem social. Portanto, a poluição deve ser clarificada, por exemplo, pelos rituais que servem para purificar as pessoas que foram expostas à poluição e corrigir tal confusão.

Mito

Outra questão-chave no campo da antropologia da religião é o mito. A palavra mito vem do grego *mythos*, que originalmente significava "fala" ou "discurso", mas que posteriormente veio a designar "fábula" ou "lenda". É definido, com freqüência, como uma história de origem esquecida ou vaga, basicamente sobrenatural ou religiosa por natureza, que busca explicar ou racionalizar um ou mais aspectos do mundo ou de uma sociedade. Todos os mitos, em certa medida, são tidos por verdadeiros pelos povos das sociedades que o utilizaram ou originaram. Assim sendo, um mito é distintivamente diferente de uma alegoria ou de uma parábola que, por sua vez, é uma história deliberadamente construída para ilustrar alguma questão moral que nunca foi considerada verdadeira por ninguém. Alguns mitos descrevem algum evento histórico real, mas foram embelezados e remodelados de tal forma por vários contadores de histórias ao longo do tempo que é impossível dizer o que realmente aconteceu. Neste aspecto, os mitos apresentam uma natureza histórica e outra lendária.

O estudo dos mitos tem uma longa história. Como John Middleton afirma,

> eles foram estudados por folcloristas, interessados principalmente nos motivos, sua evolução e distribuição; por psicólogos, interessados no que pode ser descoberto a partir deles sobre a psique individual; por lingüistas; por historiadores da religião, interessados principalmente nas religiões mundiais; e, por último, por antropólogos. [71]

Mitos são representações coletivas (para usar o termo de Durkheim) ou fatos sociais. Um mito diz algo sobre a sociedade, o lugar de cada pessoa nela e no universo ao redor. No entanto, é um postulado simbólico e, por isso, temos de descobrir a realidade por trás de sua dimensão simbólica.

Os primeiros acadêmicos no estudo da religião a começarem a analisar mitos foram Tylor e Frazer. Eles defendiam o estudo dos mitos não como sendo más histórias, mas como instituições sociais, apesar de afirmarem que "os mitos expressam as origens semi-esquecidas da humanidade e os desastres naturais e de outro tipo que ocorreram na história e na pré-história".[72] O livro de Frazer, *The golden bough* (1890), é, até hoje, um trabalho clássico sobre mitologia, muito embora sua interpretação seja fortemente rejeitada atualmente. Ele acreditava que todos os mitos estavam originalmente conectados com a idéia de fertilidade da natureza, com o nascimento, a morte e a ressurreição

---

[71] MIDDLETON, op. cit, p. IX.

[72] Ibid., p. 10.

A antropologia da religião

da vegetação, como um motivo constantemente recorrente. Podemos encontrar esse tipo de lógica particularmente no mundo não acadêmico quando, por exemplo, as pessoas tentam encontrar evidências científicas para o dilúvio bíblico ou para Sodoma e Gomorra.

Desde Frazer, os acadêmicos deixaram de tentar explicar similaridades nos conteúdos de todos os mitos e passaram a chamar a atenção para os diferentes contextos em que eles ocorrem. Acreditam que os mitos funcionam em uma variedade de maneiras dentro de uma única cultura, assim como diferem de função de uma cultura para outra. Os mitos são analisados como representações simbólicas, como "maneiras de se explicar paradoxos, os paradoxos da ordem social dentro do caos extra-social, da relação da autoridade com o poder e afins".[73] Sigmund Freud (1856-1939), por exemplo, deu atenção à irracionalidade do mito. Ele insistia em que os mitos se originam da mesma fonte que o sem-sentido dos sonhos; ambos são reflexos simbólicos de medos e ansiedades inconscientes e reprimidos. Tais medos e ansiedades podem ser aspectos universais da condição humana, ou particulares a sociedades distintas. Claude Lévi-Strauss, por outro lado, concentra-se no exame, não dos motivos e elementos comuns das histórias, mas de suas propriedades formais. Ele chamou a atenção para a recorrência de certos tipos de estruturas em tradições amplamente diferentes de literatura folclórica e as reduziu a oposições binárias específicas, tais como natureza/cultura, *self*/outro etc. De acordo com Lévi-Strauss, o cérebro humano organiza todas as percepções em termos de contraste; assim, ele conclui que certas oposições são universais.

Ritual

Um ritual é uma cerimônia religiosa que envolve uma série de ações desempenhadas de acordo com uma ordem definida, normalmente cerimonial. Em nosso campo de estudo, o termo ritual refere-se a costumes sociais tradicionalmente sancionados. A pessoa mais importante a escrever sobre rituais é Victor Turner (1920-1983), que

---

[73] Ibid.

O espectro disciplinar da Ciência da Religião

se concentra principalmente na "religião em ação", o lado prático da religião. Neste sentido, a religião é, na perspectiva de Turner, ritualística, uma vez que é estudada principalmente por meio da análise da ação ritual.

Segundo Turner, os rituais são "comportamentos formais prescritos para ocasiões que não são submetidas à rotina tecnológica, tendo referência a crenças em seres e poderes místicos".[74] Um dos mais importantes é o *rito de passagem* (para usar o termo criado em 1909 por Arnold van Gennep). Com base no livro de Van Gennep, Turner o define como ritos que acompanham a passagem de uma pessoa de um *status* social a outro no curso de sua vida e que marcam pontos reconhecidos na passagem do tempo. Arnold van Gennep (1909) divide os ritos de passagem em uma seqüência de três etapas: (1) ritos de separação, (2) ritos marginais ou liminares e (3) ritos de agregação, que são, por sua vez, ritos de entrada em uma nova etapa e de abandono do estágio intermediário de "terra-de-ninguém", conforme Turner os chama. Importante é que esses três estágios não são igualmente marcados em todos os ritos de passagem; em alguns rituais, o elemento de separação é mais importante e, em outros, o elemento de agregação.

O estágio do meio, os ritos marginais, marca o período em que um indivíduo é desligado de um *status,* mas ainda não admitido em outro. Para essa passagem ritualística por meio de um portal, Van Gennep cunha o termo *liminar,* tirado do latim *limen,* umbral. Turner elabora principalmente esse elemento do esquema de Van Gennep ao longo do seu livro *The ritual process,* em que se concentra na *limiaridade* e na *communitas.* Pessoas liminares "não estão aqui nem ali; estão entre as posições designadas e ordenadas pela lei, pelos costumes, convenções e cerimônias".[75] Durante esse período elas são tratadas igualmente, formando "uma comunidade ou comitê de camaradas e não uma estrutura de posições hierarquicamente organizadas"[76] – uma *communitas.* A *communitas* representa, para Turner, a antiestrutura da sociedade que possui uma estrutura específica; em seu es-

---

[74] TURNER, V. W. *The forest of symbols,* p. 19.

[75] ID., *The ritual process,* p. 95.

[76] Id., *The forest of symbols,* p. 100.

A antropologia da religião

tágio liminar, essa mesma *communitas* não possui uma. *Communitas* e estrutura, portanto, referem-se a duas modalidades diferentes de sociedade.[77]

Baseando-se nesse conceito, Turner[78] distingue três tipos de *communitas* em uma sociedade: a *communitas* espontânea, livre de todas as demandas estruturais, as *communitas* normativas, organizadas em forma de um sistema social, e as *communitas* ideológicas, que se referem a modelos utópicos de sociedade, muito embora tenhamos de lembrar que, segundo Turner, esses tipos representam tão-somente etapas, não condições permanentes. Turner demonstra, em seus escritos, o dinamismo dos rituais e dos símbolos e também seu poder criador. Ele chega, inclusive, a transferir posteriormente o seu conceito para sociedades não tradicionais, onde introduz o termo "liminóide", denotando o caráter quase nominal das *performances* culturais (por exemplo, peças de teatro, concertos musicais, exibições de arte) e atividades de lazer em sociedades complexas.[79]

Gênero

O gênero deve ser uma parte de todas as investigações antropológicas. Mesmo quando os dados são números como o censo nacional, que acontece de ano em ano, sempre temos de colocá-los em um contexto, seja ele histórico, cultural, social, étnico ou de gênero. Não apenas durante observações participativas, mas também durante a reflexão, temos de considerar o contexto. Quem escreveu o estudo (gênero, classe social, nacionalidade)? Quando e por quê (razões políticas, por exemplo)? Quem pagou por isso? Temos de trazer todos os dados para seu contexto e então tirar nossas conclusões. A reflexão é central em toda disciplina acadêmica. Não podemos reduzir nosso campo à descrição, que é resultado na literatura bem escrita, mas não em escrita acadêmica. A importância da reflexão foi promovida principalmente

---

[77] DEFLEM, M. Ritual, anti-structure, and religion. *Journal for the Scientific Study of Religion*, p. 15.

[78] TURNER, *The ritual process*, pp. 131.140. Cf. também DEFLEM, op. cit,, p. 15.

[79] Id., *From ritual to theatre*.

O espectro disciplinar da Ciência da Religião

pela antropologia feminista, que constitui uma importante influência nos estudos pós-coloniais. Todavia, mulher e gênero também são assuntos fora da abordagem feminista.

Por bastante tempo, os acadêmicos do campo dos estudos religiosos negligenciaram o papel da mulher e, particularmente, a religião como meio de atribuição de poder para as mulheres. Até recentemente, bem poucos acadêmicos dos estudos religiosos consideravam o gênero uma questão a ser trabalhada em sua pesquisa. A única exceção foi, por muito tempo, o campo das religiões extáticas. Ruth Landes,[80] por exemplo, foi uma das primeiras acadêmicas a associar a manifestação dos *orixás* das religiões afro-brasileiras ao papel predominante da mulher nessas religiões, muito embora ela tenha superestimado essa relação tal qual nós a conhecemos atualmente. Outros acadêmicos se concentraram mais na separação interna entre uma esfera masculina – administração da comunidade – e uma esfera feminina – a manifestação religiosa. Essa divisão interna das comunidades religiosas faz lembrar a divisão secular dentro dos lares familiares. Assim, os estudiosos interpretam a prática religiosa como uma parte do papel feminino na sociedade, como uma extensão do papel doméstico exercido pelas mulheres na América Latina. Por causa de sua responsabilidade pelo lar familiar, as mulheres são vistas como responsáveis pelo templo, a casa cerimonial, enquanto os membros masculinos de uma família têm o controle sobre a relação entre a família e a sociedade. Portanto, eles também têm o controle da relação financeira entre a comunidade religiosa e a sociedade mais ampla.

No entanto, ela não deveria superestimar essa separação. No Caribe, por exemplo, a separação entre os papéis prático e administrativo da religião com base no gênero é incomum.[81] Um crente pode incorporar um espírito da mesma maneira que uma crente, apesar de encontrarmos poucas informações sobre o gênero de liderança. A perspectiva sobre as mulheres como líderes religiosas tem sido particularmente negligenciada na pesquisa, muito embora as ocupações na

---

[80] LANDES, R. *The city of women.*

[81] SCHMIDT, B. E. Mambos, mothers and madrinas in New York city: religion as a means of empowerment for women from the Caribbean. *Wadabagei:* a Journal of the Caribbean and its Diaspora, pp. 75-104.

A antropologia da religião

condição de líderes religiosas "possam permitir às mulheres alcançarem *status* ou prestígio fora de suas vidas domésticas" e "possam servir aos interesses próprios políticos ou econômicos das mulheres".[82] McClain sugere que somente se as mulheres tomarem a cargo um novo papel de gênero poderão desafiar a divisão de gênero tradicional. Essa perspectiva feminista ignora a importância das mulheres em papéis de gênero tradicionais, ignora a posição dos *insiders*. Mesmo assim, o trabalho de McClain no campo da cura chama nossa atenção para questões importantes no campo da religião. A recente publicação de *Religion and healing*, de Linda Barnes e Susan Sered,[83] vai nessa direção.

Relevância da antropologia da religião – confronto com a globalização

Atualmente, na era da globalização, é mais importante que nunca dar continuidade à antropologia da religião.[84]

A globalização

Não se trata apenas de mesmice ou homogeneização e destruição das fronteiras culturais; pelo contrário, ela gera uma proliferação de limites novos, reformulados e intercruzados nas esferas da cultura, etnia, linguagem e religião – e a religião desempenha um papel proeminente nesse processo.[85]

---

[82] McClain, C. S. *Women as healers*, p. 2.

[83] Barnes, L. L. & Sered, S. S. eds. *Religion and healing in America*.

[84] Veja, por exemplo, Oro, A. P. & Steil, C. A. (orgs.). *Globalização e religião*.

[85] Lehmann, D. Religion and globalization. In: Woodhead, Linda (ed.). *Religions in the modern world*, p. 311.

O espectro disciplinar da Ciência da Religião

David Lehmann desafia radicalmente a idéia de que a globalização elimine as fronteiras e leve à homogeneização. Ele argumenta que

> a religião rompe as fronteiras e no mesmo processo levanta outras, porque as religiões, modernas e antigas, monoteístas, politeístas e totêmicas, com seu aparato de práticas rituais e códigos internos e auto-suficientes, são demarcadores e marcadores de diferença mais do que de similaridade e homogeneidade.[86]

Seu argumento é que as comunidades religiosas não podem existir sem estabelecer fronteiras. Para a maioria dos crentes,

> a religião não é um conjunto de crenças ao qual chegam por reflexão racional a partir de primeiros princípios; é, ao contrário, um conjunto de sistemas simbólicos que confere identidade e delimita fronteiras sociais, étnicas, entre outras.[87]

E é aqui que a antropologia da religião se aplica. Nossos estudos de casos – baseados no campo de trabalho – demonstram constantemente a importância de se olhar por detrás das fronteiras, mas também de se observar como elas são criadas. A antropologia da religião pode argumentar contra noções contemporâneas no sentido de uma compreensão ocidental da globalização. Como as teorias desenvolvidas no Brasil e em outros lugares da América Latina demonstram há décadas, temos de trazer para o centro do debate a perspectiva da periferia se quisermos superar a noção colonial da antropologia.

O debate acerca da globalização é o mais novo exemplo da ignorância corrente na academia do Ocidente. O termo globalização é entendido de forma um tanto equivocada, particularmente no campo das religiões. Quando as pessoas falam sobre a globalização, assumem que é "uma extensão através das fronteiras nacionais dos processos de modernização", enquanto sobre a modernização, dizem que "já foi experimentada no Ocidente".[88] Assim, a perspectiva é direciona-

---

[86] Ibid., p. 300.

[87] Ibid.

[88] Ibid., p. 310.

A antropologia da religião

da a partir de nossa experiência nas sociedades ocidentais. E quanto à experiência no Brasil, no México ou na Índia? Esses países são, com freqüência, ignorados. Lehmann insiste em que devemos evitar o pré-julgamento das fronteiras para que possamos compreendê-las apropriadamente. Fronteiras nacionais não são um ponto de partida adequado, e até mesmo outras fronteiras (como as raciais, étnicas e religiosas) não estão prontas de antemão ou deveriam ser tomadas por garantidas. Categorias tais como "brasileiro" ou "cristão" escondem diferenças importantes que não deveríamos ignorar.

Os relatos teóricos contemporâneos da religião e da globalização baseiam-se com freqüência na idéia de globalização como uma cultura "moderna" homogênea, racionalizada e padronizada, como se toda globalização estivesse conectada à disseminação do capitalismo. Antropólogos da religião deveriam enfatizar mais a globalização em vez de ficarem seguindo categorias econômicas. Nosso campo, a antropologia da religião, oferece estudos de casos baseados em observação participativa, dados etnográficos em vez de esquemas universais. Nosso material e a interpretação concentram-se na perspectiva êmica – a principal contribuição da antropologia da religião.

Referências bibliográficas

Asad, Talal. *Genealogies of religion*; discipline and reasons of power in Christianity and Islam. Baltimore, Hopkins, 1993.

Barnes, Linda L. & Sered, Susan S. (eds.). *Religion and healing in America*. Oxford, Oxford University Press, 2005.

Boas, Franz. *Race, language and culture*. Chicago, University of Chicago Press, 1982. (Originalmente publicado em 1940.)

Bowie, Fiona. *The anthropology of religion*. Oxford, Blackwell, 2000.

Braun, Willi & McCutcheon, Russell T. (eds.). *Guide to the study of religion*. London, Cassell, 2000.

Carneiro, Edison. *Candomblés da Bahia*. 3. ed. Rio de Janeiro, Conquista, 1961.

CASTRO, Eduardo B. Viveiros de. *From the enemy's point of view*; humanity and divinity in an Amazonian society. Chicago/London, University of Chicago Press, 1992.

CHARLESWORTH, Max. *Religious inventions*. Cambridge, Cambridge University Press, 1997.

DEFLEM, Mathieu. Ritual, anti-structure, and religion. *Journal for the Scientific Study of Religion, 30* (1): 1-25, 1991.

DOUGLAS, Mary. *Purity and danger*; an analysis of concepts of pollution and taboo. London, Routledge & Kegan Paul, 1966.

DURKHEIM, Émile. *The elementary forms of the religious life.* London, Allen and Unwin, 1915.

EVANS-PRITCHARD, Edward. *Theories of primitive religion.* Oxford, Clarendon Press, 1965.

_____. *Witchcraft, oracles, and magic among the Azande.* Oxford, Clarendon Press, 1937.

FERRETTI, Sérgio Figueredo. *Repensando o sincretismo.* São Paulo, Edusp, 1995.

FRAZER, James G. *The golden bough*; a study of magic and religion. London, MacMillan, 1922. (Primeira edição em 1890.)

FREUD, Sigmund. *The origins of religion.* Harmondsworth, Penguin, 1985.

GENNEP, Arnold van. *The rites of passage.* London, Routledge, 1960. (Primeira edição em francês publicada em 1909).

GEERTZ, Clifford. Religion as a cultural system. In: BANTON, M. (ed.). *Anthropological approaches to the study of religion.* Edinburgh, Travistock Publications, 1966. pp. 1-46.

_____. *Islam observed;* religious development in Morocco and Indonesia. New Haven, Yale University Press, 1968.

_____. *Interpretation of cultures.* London/New York, Hutchinson/Basic Books, 1973.

GELLNER, David. Anthropological approaches. In: CONNOLLY, Peter, (ed.). *Approaches to the study of religion.* London, Cassells, 1999. pp. 10-41.

GELLNER, Ernst. Concepts and society. In: WILSON, Bryan R. (ed.). *Rationality.* Oxford, Blackwell, 1970. pp. 18-49.

HARRIS, Marvin. *Cows, pigs, wars and witches.* London, Hutchison, 1975.

KING, Richard. *Orientalism and religion;* postcolonial theory, India and the mystic East. New Delhi, Oxford University Press, 1999.

KUNIN, Seth. *Religion;* the modern theories. Edinburgh, Edinburgh University Press, 2003.

LANDES, Ruth. *The city of women.* New York, MacMillan, 1947.

LEHMANN, David. Religion and globalization. In: WOODHEAD, Linda (ed.). *Religions in the modern world.* London, Routledge, 2002. pp. 299-315.

LÉVI-STRAUSS, Claude. *Totemism.* London, Merlin Press, 1964.

_____. *Anthropologie structurale.* Paris, Plon, 1974.

LIENHARDT, Godfrey. Modes of thought. In: EVANS-PRITCHARD, E. et alii. *The institutions of primitive society.* Oxford, Blackwell, 1954. pp. 95-107.

MALINOWSKI, Bronislaw. *Argonauts of the Western Pacific.* London, George Routledge & Sons, 1922.

_____. *Coral gardens and their magic.* London, Allen & Unwill, 1935.

_____. *Magic, science and religion, and other essays.* London, Souvenir Press, 1974 (1948).

MCCLAIN, Carol Shepherd (ed.). *Women as healers;* cross-cultural perspectives. New Brunswick/London, Rutgers University Press, 1989.

MERKUR, Dan. The exemplary life. In: IDINOPULOS, Thomas A. & WILSON, Brian G. (eds.). *What is religion?* Origins, definitions, and explanations. Leiden, Brill, 1998. pp. 73-89.

MIDDLETON, John. *Lugbara religion;* ritual and authority among an East African people. London, Oxford University Press, 1960.

_____. Introduction. In: MIDDLETON, John (ed.). *Myth and cosmos;* readings in mythology and symbolism. Garden City: NY, The Natural History Press, 1967.

MONTES DEL CASTILLO, Ángel. *Simbolismo y poder;* un estudio antropologico sobre compadrazgo y priostrazgo en una comunidad andina. Barcelona, Anthropos, 1989.

MULVANEY, Derek J. *"So much that is new"* – Baldwin Spencer, 1860-1929. Melbourne, Melbourne University Press, 1985.

MÜLLER, Friedrich Max. *Introduction to the science of religion.* London, Longman/Green, 1873.

ORO, Ari Pedro & STEIL, Carlos Alberto (eds.). *Globalização e religião.* Petrópolis, Vozes, 1997.

ORTIZ, Renato. *A morte branca do feiticeiro negro;* umbanda e sociedade brasileira. 2. ed. São Paulo, Brasiliense, 1991.

RADCLIFFE-BROWN, Alfred. *The Andaman islands;* a study in social Anthropology. Cambridge, Cambridge University Press, 1922.

_____. *Structure and function in primitive society;* essays and addresses. London, Routledge & Kegan Paul, 1952.

SAID, Edward. *Orientalism.* London, Penguin, 2003. (primeira edição em 1978).

SALER, Benson. *Conceptualizing religion.* New York/Oxford, Berghahn Books, 2000.

_____. E. B. Tylor and the Anthropology of religion. *Marburg Journal of Religion* v. 2, n.1, 1997. Disponível em: <http://web.uni-marburg.de/religionswissenschaft/journal/mjr/saler.html>

SANTOS, Juana Elbein dos. *Os nàgō e a morte.* Petrópolis, Vozes, 1976.

SCHMIDT, Bettina E. Mambos, mothers and madrinas in New York City; religion as a means of empowerment for women from the Caribbean. *Wadabagei; A Journal of the Caribbean and its Diaspora,* 5 (1): 75-104, 2002.

SCHMIDT, Wilhelm. *Der Ursprung der Gottesidee.* Münster, Aschendorffsche Verlagshandlung, 1926.

SEEBER-TEGETHOFF, Mareile. *Grenzgänger zwischen Religion und Wissenschaft;* Zu den vielfältigen Verflechtungen zwischen afrobrasilianischen terreiros und der sie erforschenden Anthropologie. Marburg, Curupira, 2005.

A antropologia da religião

SMITH, Jonathan Z. *Imagining religion.* Chicago, University of Chicago Press, 1982.

SPIVAK, Gayatri Chakravorty. Can the subaltern speak? In: NELSON, C. & GROSSBERG, L. (eds.). *Marxism and the interpretation of culture.* Hampshire/London, MacMillan, 1988. pp. 271-313.

THROWER, James. *Religion;* the classic theories. Edinburgh, Edinburgh University Press, 1999.

TURNER, Victor W. *The ritual process;* structure and anti-structure. London, Routledge & Kegan Paul, 1966.

_____. *The forest of symbols;* aspects of ndembu ritual. Ithaca/London, Cornell University Press, 1967.

_____. *From ritual to theatre;* the human seriousness of play. New York, Performing Arts Journal Publications, 1982.

TYLOR, Edward B. *Researches into the early history of mankind and the development of civilization.* 2. ed. London, Murray, 1870.

_____. *Primitive culture;* researches into the development of mythology, philosophy, religion, art and custom. London, Murray, 1871.

WORSLEY, Peter. *The trumpet shall sound;* a study of "cargo" cults in Melanesia. London, MacGibbon & Kee, 1957.

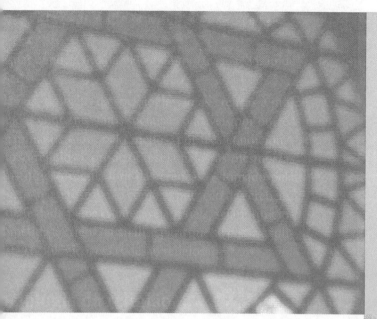

A sociologia da religião

MARIA JOSÉ ROSADO NUNES

A sociologia da religião

O contexto sócio-histórico de criação da sociologia da religião

O século XIX e a construção do pensamento sociológico

Para compreendermos o surgimento de uma disciplina acadêmica dedicada, especificamente, a entender e explicar os processos sociais que envolvem as religiões, precisamos voltar às origens da sociologia. A sociologia é uma ciência tipicamente moderna, produto das grandes transformações sociopolíticas, culturais e econômicas ocorridas na Europa nos séculos XVI e XVII. O longo processo histórico de constituição da Modernidade[1] culmina no século XIX com a instauração de um novo modelo de sociedade, regido por valores burgueses, por arranjos sociais e políticos condizentes com as novas formas de organização do sistema produtivo e, conseqüentemente, das relações sociais. A ascensão de uma nova classe social – a burguesia – tem como resultado a perda de poder dos monarcas e senhores feudais. O desenvolvimento das cidades, acelerado pela Revolução Industrial, transforma camponeses e artesãos em operários. A forma capitalista de produzir os bens necessários à vida substitui a economia fundada nas relações familiares.

No campo religioso, as alterações são também profundas, tanto pelas transformações ocorridas no âmbito das crenças quanto no das instituições. A dissolução do feudalismo marca o enfraquecimento progressivo do poder das igrejas cristãs. No contexto conturbado de mudanças estruturais, dá-se paralelamente o processo de secularização[2] da cultura e da sociedade. Reorganizam-se, em um processo

---

[1] De acordo com D. HERVIEU-LÉGER (*Vers un nouveau Christianisme?* pp. 195s), *Modernidade* é uma noção ambígua, que remete a pelo menos três processos distintos e articulados: uma evolução histórica, uma mudança de mentalidades, de maneiras de pensar e conduzir a vida e uma transformação cultural em que a mudança torna-se um imperativo, em substituição ao imperativo da tradição.

[2] Pode-se entender a secularização não como "o desaparecimento da religião confrontada à racionalidade", mas como "o processo de reorganização permanente do trabalho da religião em uma sociedade estruturalmente incapaz de responder às expectativas que ela mesma deve suscitar, para existir enquanto tal". Ibid., p. 227.

O espectro disciplinar da Ciência da Religião

bastante complexo, as relações entre religião e sociedade. Uma nova visão de mundo e da condição humana na história exprime uma profunda mudança das mentalidades. A descoberta de novos territórios e a possibilidade de difusão rápida e ampla das idéias, pela criação da imprensa, de maneira até então inimaginável, tornam acessível o conhecimento e transformam "o mundo" em lugar de intervenção A natureza deixa de ser um dado imutável, matriz da ordem social e moral, e torna-se, como a sociedade, objeto da ação humana. A história é o resultado dessa ação e não mais um projeto divino, obedecendo a leis eternas a que os seres humanos devem submeter-se. Ao contrário, o racionalismo das luzes empresta à razão humana o poder de atuar sobre o curso da história. A ciência propõe-se a estabelecer regularidades e leis que indicam o ilimitado progresso para o qual a humanidade agora caminha. Se a autoridade procedia da tradição, agora a inovação e a mudança tornam-se valores maiores e imperativos da ação e do pensamento. A visão de mundo religiosa, informada pelo princípio da autoridade e pelo pensamento mítico, é substituída pela razão iluminada pela ciência.

As transformações ocorridas no campo político, graças à Revolução Francesa, e na economia, graças às inovações tecnológicas que criam uma nova divisão de trabalho e novas classes sociais, fundam as bases de possibilidade para profundas alterações filosóficas. Surge uma das mais importantes criações da Modernidade: a figura do "indivíduo", sujeito de direitos, "dono do próprio destino" dentro de uma concepção liberal de humanidade, extensiva e abstrata. Constitui-se o Estado moderno. Filósofos e pensadores da época criticam o princípio de autoridade como fonte do conhecimento. O racionalismo cartesiano propõe uma interpretação do mundo que tem como base o indivíduo. Instala-se o reino da razão, informado pelas regras do método, oposto às verdades cujas bases são a tradição e a revelação.

O impacto dessas idéias sobre a religião é enorme e se faz sentir em vários níveis. Se são grandes as perdas econômicas sofridas pelas instituições religiosas, que têm territórios e outras propriedades expropriadas, a perda maior se dá nos níveis ideológico e político.

A sociologia da religião

O tempo da enciclopédia – "das ciências, das artes e dos ofícios", e "dos esforços do espírito humano em todos os seus gêneros" – substitui o universo da "Summa", em que Deus era o princípio e o fim, e cujos selos a teologia guardava. A revolução da sociedade que sacode o Ocidente cristão de 1775 a 1818 não é senão uma peripécia, um entusiasmo da história diante desta revolução da consciência e da inteligência.[3]

O sentido religioso da vida e da sociedade dá lugar a uma visão racionalizada e secularizada. Afirmam-se a liberdade de pensamento e a autonomia da consciência. Trata-se de uma verdadeira revolução do pensamento, "a emergência de novas formas de pensar, uma reestruturação das grandes evidências que, durante muito tempo, haviam animado a sociedade ocidental e fundado sua unidade cultural".[4] O pensamento mítico-religioso, em um processo lento, mas inexorável, é pouco a pouco substituído pelo cálculo racional do pensamento das luzes. Octávio Ianni fala do "destino trágico" dos seres humanos obrigados a confrontar-se, na Modernidade, com si próprios, prescindindo de Deus.[5]

Quanto à sociologia, podemos dizer que ela é produto desse processo histórico que cria a Modernidade como realidade e como mito e, ao mesmo tempo, ajuda a pensar, explicar e compreender a nova sociedade que se está criando. As questões e problemas suscitados por mudanças de tamanha amplitude necessitam de respostas. A Europa é sacudida pela explosão violenta das revoltas operárias e pelas reivindicações das mulheres por direitos políticos e sociais. Apropriando-se de procedimentos das ciências naturais e da física, as ciências sociais criam seu próprio instrumental analítico para dar conta do estabelecimento de um novo modo de produção e de novas relações sociais. O recurso ao sobrenatural já não é possível, nesse "mundo desencantado" do fim do século XVIII, início do XIX. Nesse conturbado contexto político-ideológico e social nasce a sociologia.

---

[3] POULAT, É. *Liberté, laïcité*, p. 391.

[4] Ibid.

[5] IANNI, O. A sociologia e o mundo moderno. *Tempo Social*, p. 20.

Em seu desenvolvimento posterior, até nossos dias, a sociologia mantém seu potencial crítico em relação aos processos sociais e interroga a realização das promessas da Modernidade. Anthony Giddens[6] reconhece no desenvolvimento contemporâneo das ciências sociais uma enorme pluralidade temática e de perspectivas teóricas. No campo específico da sociologia, na qual Giddens vê *grandes mudanças ao longo dos últimos trinta anos*, os debates atualmente se dão em torno de temas como: pós-modernismo, sociedade pós-industrial e da informação, globalização, transformação da vida cotidiana, gênero, sexualidade, a natureza mutável do trabalho e da família, a "subclasse" e a etnia. Segundo Giddens, o pensamento sociológico contribui hoje para a compreensão das forças sociais que vêm transformando a vida social, contemporânea, episódica, fragmentada e marcada por novas incertezas.

A religião interrogada pela sociologia

Desde o seu início, a sociologia interessa-se pela religião.[7] Poder-se-ia mesmo dizer que, no limite, nasce como sociologia da religião, na medida em que, ao se propor entender a sociedade de maneira científica, a sociologia confronta-se imediatamente com o fato religioso. Os fundadores da sociologia – Marx, Durkheim e Weber – ocuparam-se, em graus diversos e de maneiras diferentes, da religião. Não para discutir a veracidade de suas afirmações teológicas, mas porque entendê-la era fundamental para compreender a sociedade moderna. Dá-se, então, uma profunda ruptura. A fragmentação da ciência e a constituição de campos especializados do saber abalam a pretensão totalizante da filosofia e da teologia. A ciência toma a religião como seu objeto. Ela é "confinada" a um campo. Torna-se objeto da investigação de um campo do conhecimento alheio e "liberto" da religião: as ciências sociais. Isso só é possível na medida em que a sociedade moderna abandona as referências religiosas para pensar-se como his-

---

[6] GIDDENS, A. *Em defesa da sociologia.*

[7] "[...] a questão da religião foi, desde a origem do pensamento sociológico, inseparável do objeto mesmo da ciência social". HERVIEU-LÉGER, Danièle & WILLAIME, Jean-Paul. *Sociologies et religion*, p. 3.

A sociologia da religião

tórica, transitória, em constante mutação. Dogmas e verdades eternas passam a ser questionáveis.

A Modernidade é, neste sentido, irreligiosa. O conflito com a religião é parte inevitável da história de sua emergência e da constituição da sociologia. O saber havia sido controlado pela religião por muito tempo. Conhecia-se o que a religião permitia. Durante todo o período medieval, o cristianismo dominara o Ocidente e controlara a vida social, econômica e política das comunides, pela imposição de normas de conduta e pelo domínio sobre a criação artística, assim como sobre a elaboração do saber. O episódio Galileu é, neste sentido, emblemático do poder da Igreja à época. Agora a religião é submetida ao crivo da ciência. Não é mais necessário ser religioso para falar de religião. O estudo da religião desvincula-se da fé. É possível "entender de religião" sem ter uma adesão religiosa. Tal mudança de registro intelectual contradiz representações tidas como únicas, definitivas e ortodoxas. A ciência positivista e iluminista do século XIX subtrai-se à grande síntese clássica e aos ensinamentos da autoridade católica, para proclamar uma autonomia de julgamento que não lhe vem mais da proclamação de uma verdade eterna, mas da confrontação com os parâmetros científicos de tratamento do objeto. A religião deve ser tratada como "coisa", diz Durkheim, isto é, como um fato social, sujeito às transformações que lhe impõem os processos sociais.

A sociologia se propõe, assim, diferentemente da teologia e da filosofia, a entender as práticas sociais e considera a religião enquanto um dos componentes dessas práticas. Busca compreender e explicar ritos e crenças em seus efeitos sobre a maneira como a sociedade se organiza, produz e reproduz como sociedade. Não busca nem se interroga sobre uma suposta "essência religiosa". Quer saber menos o que é a religião, e mais como as comunidades praticam as religiões. Não se pergunta pela verdade da fé, mas busca saber em que medida o fato de uma comunidade adotar determinadas crenças religiosas, praticar certos ritos e encontrar-se para praticá-los altera, influi, produz efeitos na maneira como esse grupo se organiza, na maneira como a cultura se constrói, na forma como entende a política e na maneira

103

como se elaboram suas explicações da vida e da morte, sua "visão de mundo", diria Weber.

Em outras palavras, o objeto da sociologia são as crenças e práticas religiosas tomadas enquanto fatos sociais explicáveis por outros fatos sociais e determinados – ou, pelo menos, por eles condicionados. Assim, o discurso religioso, produzido seja pelos/as mesmos/as crentes, seja pela instituição reguladora das crenças, é tomado pela sociologia como objeto de análise e não como explicação das crenças. A auto-explicação da fé dada pelos crentes, sejam fiéis, sejam funcionários, deve ser submetida ao rigor da análise para que se possa explicar, do ponto de vista sociológico, essa adesão religiosa.

Tarefas da sociologia da religião

Negativamente, podemos dizer que não é tarefa da sociologia ocupar-se da religião "em si mesma". O que está em questão para o sociólogo da religião são as relações entre religião e processos sociais. Neste sentido, uma das tarefas definidoras do trabalho da sociologia da religião é identificar as origens e as funções sociais dos mitos, das doutrinas e dos dogmas religiosos. Essa tarefa realiza-se em três dimensões. A primeira delas é a compreensão do papel da religião nas diferentes sociedades e culturas. A segunda, a análise do significado e do impacto da presença e da força das religiões no correr da história humana. E, finalmente, a identificação das forças sociais que modelam as religiões, por um lado, e o reconhecimento do papel das religiões na transformação dos processos sociais, por outro.

A realização dessas tarefas pelo sociólogo, como em qualquer pesquisa de caráter científico, é condicionada por sua inserção social e cultural, pela tradição acadêmica à qual se filia e por questões relativas a seus vínculos institucionais, acadêmicos e religiosos, caso existam. A questão do necessário distanciamento do cientista em relação ao seu objeto é particularmente delicada no caso do estudo das religiões. Algumas das propostas para solucionar o problema da implicação pessoal de quem estuda religião vão desde o "ateísmo metodológico" à necessidade de "empatia" pelo objeto. Uma outra proposta

A sociologia da religião

metodológica no tratamento científico das religiões aponta para a necessidade de se explicitar as próprias convicções em relação à religião e eventuais laços com igrejas, templos, terreiros ou quaisquer outras formas institucionalizadas de religião.

Os fundadores da sociologia da religião

Para Marx, Weber e Durkheim, a religião apresentou-se como um problema a ser analisado para se entender a sociedade. Abordaram diferentemente a questão da possibilidade da ordem social nas sociedades modernas, cujas bases são a legitimidade e a extensão de direitos e interesses individuais. Como pode a sociedade manter-se coesa, se o seu centro passou da comunidade ao indivíduo? Em seu famoso livro *Comunidade e sociedade*, Tonnies havia proposto a forma comunitária como própria das sociedades tradicionais e a societária como a forma organizacional especificamente moderna. Ora, se a religião organizava os laços comunitários e garantia a coesão, agora é em torno da figura do indivíduo que os laços sociais se tecem. O que acontece, então, com a religião? E com a sociedade que prescinde dela? Nossos três autores concordam em que as religiões são importantes elementos na construção dos laços sociais. Mas diferem na consideração do quanto o são e de que forma.

Marx (1818-1883) precede Durkheim e Weber em, pelo menos, uma geração e não é, propriamente falando, um sociólogo da religião. Para Marx, a religião é uma realidade histórica dependente do desenvolvimento das condições materiais de vida e da consciência dos indivíduos. Diferentemente de Durkheim e Weber, que entendem a religião como permanente, ainda que não eterna, para Marx a religião desaparecerá, dada a evolução dos processos históricos e das consciências individuais. As religiões dependem, em suas formas e em sua natureza mesma, das relações sociais, especialmente das relações econômicas, fundamentais em toda análise sociológica. Na verdade, Marx entende a religião a partir dos "modos de produção", isto é, da maneira como se produzem os bens necessários à vida, porque estes

105

O espectro disciplinar da Ciência da Religião

constituem, em última instância, o elemento explicativo da sociedade. A economia explica a religião, como explica a sociedade. A religião, como alienação e como ideologia, oculta o real, escamoteia as relações de exploração e de dominação social e os conflitos políticos, e impede a autodeterminação. Reflexo da condição alienada da humanidade nas sociedades capitalistas, as religiões serão superadas à medida que o processo de "desalienação" ocorrer pela instauração de um novo modo de produção e de novas relações sociais – o socialismo. Trata-se da emergência da consciência liberta da necessidade da religião. Ao contrário do que muitas vezes se pensa, Marx não combateu a religião. Isso não era necessário, uma vez que ela desapareceria pelo próprio desenvolvimento do processo histórico.

Durkheim (1858-1917), em sua obra *As formas elementares da vida religiosa*, parte da afirmação metodológica de que a primeira tarefa da pesquisa é definir seu objeto de estudo. Mas como definir um objeto tão complexo quanto a religião? Como é possível encontrar um denominador comum que permita construir uma definição adequada para todas as religiões, em sua diversidade de formas históricas? Uma definição em que caibam todas as religiões? Considera, então, que a complexidade das religiões atuais é resultado de um processo de mutação histórica muito grande que impede o reconhecimento de seus traços essenciais. Daí sua busca pela forma elementar da religião. Só em sua forma mais simples será possível encontrar os elementos que lhe servem de fundamento, sem os quais não pode existir. E é pesquisando as sociedades tribais australianas que Durkheim encontrará, na religião totêmica, as formas mais primitivas que lhe permitirão definir sociologicamente a religião. Dois elementos compõem essa definição: religiões são compostas de símbolos, ritos e crenças, comuns a uma coletividade determinada. A dimensão comunitária, a noção de "igreja", é, pois, inerente à sua definição de religião.

O interesse de Durkheim pela religião, porém, deve-se à sua compreensão da sociedade enquanto realidade moral que se exprime sob a forma religiosa. "Estudar a religião é, pois, remontar às fontes do laço social, para pensar melhor a refundação possível desse laço em

A sociologia da religião

uma sociedade laicizada."[8] Portanto, a religião é uma peça-chave em sua compreensão das condições de manutenção da coesão social nas sociedades modernas. Para ele, a religião é a celebração mesma da possibilidade humana de organizar-se coletivamente. Por isso, nunca desaparecerá. É a condição em si de possibilidade da existência da sociedade. Tal concepção significa, no plano empírico, que mesmo que formas religiosas tradicionais desapareçam, os grupos humanos serão sempre capazes de encontrar novos símbolos de solidariedade, apropriados ao novo grau de desenvolvimento da sociedade. No plano teórico, depreende-se que a religião terá sempre uma função social a cumprir, o que lhe garante a perenidade, ainda que sob formas históricas as mais variadas.

Weber (1864-1920) é, sem dúvida, o mais rico dos três autores para o estudo das religiões. Uma de suas contribuições mais instigantes para o estudo da religião é a afirmação de que esta tem a ver com "o mundo aqui em baixo". Ao contrário das suposições correntes e dos próprios discursos religiosos de que as religiões referem-se às "coisas do alto", Weber as toma como referidas ao "agir no mundo". Assim, mais do que um sistema de crenças, a religião é uma espécie particular do agir coletivo. Depositária de significados culturais, permite interpretar a vida, construir uma identidade e dominar o próprio ambiente, tanto individual quanto coletivamente. Na base dessa proposição está sua compreensão da religião como uma esfera autônoma do agir social, capaz de influir sobre os processos históricos. Em conseqüência, Weber trabalha a relação religião-mundo como contingente e variável, dependente dos processos sociais, devendo ser examinada em sua especificidade histórica, social e cultural e tendendo a desenvolver-se em determinada direção. Quer dizer, dependendo do momento histórico, do contexto social e dos valores culturais vigentes, haverá configurações diversas do religioso.

Weber preocupa-se ainda com um problema sociológico específico: a influência das concepções de mundo sobre as organizações sociais e os comportamentos individuais. Interroga as idéias, a cultu-

---

[8] HERVIEU-LÉGER & WILLAIME, *Sociologies et religion*, p. 155.

107

O espectro disciplinar da Ciência da Religião

ra, os comportamentos motivados por valores. Explora a inter-relação entre as imagens religiosas do mundo e as possibilidades de mudança social. Tal compreensão está na base da exploração de sua tese exposta em seu livro *A ética protestante e o espírito do capitalismo*, considerada a obra mais importante do século XX no campo das ciências sociais. Nela, Weber trabalha as formas pelas quais concepções religiosas contidas no protestantismo ascético puritano contribuíram de maneira significativa para o advento do capitalismo. Não propõe o protestantismo como sua causa, como às vezes equivocadamente se pensa, mas fala dele como uma espécie de pré-condição psicológica para a instauração do agir econômico racional. As idéias calvinistas e puritanas formaram a base de valores que propiciaram o desenvolvimento do capitalismo, porque racionalizaram, organizaram o cotidiano. "O protestantismo ascético produziu uma unidade inquebrantável e singular entre a ação racional referente a fins [Zweckrationalität] e a ação racional referente a valores [Wertrationalität]."[9] A incerteza da salvação, que só poderia ser garantida pelo sucesso material, que é a glória de Deus e a garantia da salvação, faz com que a vida cotidiana e o trabalho sejam organizados não para obter lucro e gozar daquilo que se ganha, mas para garantir a salvação. Essa organização racional do cotidiano e esse ascetismo constituem uma base para que o capitalismo possa se desenvolver. Weber propõe, assim, a existência de uma "afinidade eletiva" entre atitude religiosa e comportamento econômico capitalista.

Preocupado com a questão da Modernidade, Weber entende que a racionalização da religião teve um papel importante em sua emergência. Mas esse processo racionalizador não significa um "progresso". Ele critica a moderna sociedade capitalista que nos encerrará na "gaiola de ferro" da racionalização excessiva e fria. Porém, ao contrário de Marx, a quem a crítica conduz à proposição revolucionária, Weber é um resignado.[10]

---

[9] PIERUCCI, Antônio Flávio. *O desencantamento do mundo*, p. 205.

[10] MARIZ, Cecília. A sociologia da religião de Max Weber. In: TEIXEIRA, Faustino (org.). *Sociologia da religião*.

A sociologia da religião

Um paradoxo percorre a obra weberiana: a força que ele coloca ao mesmo tempo nas intenções dos agentes, portanto, na subjetividade, nos comportamentos individuais motivados por valores, e no sentido histórico das ações, na objetividade da estrutura social, na dinâmica das instituições. Neste sentido, distingue-se de Marx e de Durkheim. Como também se distingue por reconhecer a possibilidade de que as religiões tenham um papel histórico na mudança social. "Em suas análises históricas de diferentes grupos e movimentos religiosos se pergunta em que circunstâncias as motivações religiosas levam a rupturas com o modo de vida e sociedade dominantes e em que outras apenas os reforçam."[11]

Resta ainda lembrar o lugar reservado por esse autor à questão do poder religioso. Ele inscreve sua sociologia da religião na sociologia da dominação.[12] A concessão de bens espirituais pode constituir-se como o fundamento de uma dominação espiritual sobre os grupos. Ao construir os tipos-ideais de autoridade religiosa, Weber introduz a questão, tão bem retomada por Bourdieu, da legitimidade do poder social.

Ainda que de formas diferentes e, às vezes, até opostas, os três fundadores da sociologia trataram da religião reconhecendo seu lugar na vida dos grupos humanos, indicando sua dinâmica interna e sua eventual contribuição aos processos de mudança social. São, até hoje, uma referência necessária.

A abordagem feminista crítica da sociologia da religião

Pode-se afirmar que, no século XX, o feminismo alterou profundamente as práticas sociais e políticas, os padrões culturais correntes e as formas do conhecimento humano. Entre os campos que sofreram de maneira intensa o impacto das idéias feministas está o religioso,

---

[11] Ibid., p. 86
[12] Hervieu-Léger, D. & Willaime, J-P. *Sociologies et religion*, p. 72.

seja pelas mudanças provocadas nas práticas religiosas das mulheres, seja pela influência sobre o desenvolvimento de um novo discurso – a teologia feminista. Os efeitos da crítica feminista às religiões, especialmente ao cristianismo no Ocidente e ao islã, no Oriente, foram dos mais contraditórios: do abandono de qualquer fé religiosa pelas mulheres à criação de espaços feministas de espiritualidade de vários tipos, expressando uma enorme criatividade, inclusive com a reinterpretação de textos tidos por sagrados, como a Bíblia e o Corão.

Na área das ciências sociais, porém, o desenvolvimento de uma análise feminista das religiões que tomasse em conta as diferentes formas pelas quais as relações entre os sexos moldam práticas, representações e discursos religiosos tem sido bem mais lento. É como se o campo acadêmico refletisse a resistência das religiões em integrar as mulheres. De um lado, para o feminismo laico – para nomeá-lo de alguma maneira –, é como se, lembrando Marx, a crítica feminista da religião já estivesse feita, o anátema lançado, e nada mais houvesse a tratar. Da parte da abordagem sociológica das religiões, como se o feminismo, enquanto proposta de análise, não existisse. Parece academicamente impróprio interrogar a realidade religiosa do ponto de vista das diferenças colocadas pelas relações sociais estabelecidas entre os sexos.

No entanto, nas últimas décadas não só a crítica interna iniciada em relação ao cristianismo estendeu-se a outras religiões não-ocidentais, como também os estudos acadêmicos feministas das religiões desenvolveram-se para além da teologia. Já se pode encontrar um expressivo número de análises feministas da religião, em diferentes campos disciplinares: sociologia, antropologia, história, psicologia, filosofia. A tão falada recomposição do campo religioso passa também, mas não só, e não sei se principalmente, pela maneira como as mulheres lidam com sua fé religiosa, assim como pela maneira como as religiões lidam com seu público feminino.[13]

---

[13] WOODHEAD, L. (Mulheres e gênero: uma estrutura teórica. *REVER – Revista de Estudos da Religião*, pp. 1-11) salienta que foi a falta de atenção ao "fator gênero" que impediu cientistas da religião de compreenderem a "revivescência da religião" após o anúncio de seu declínio pelas teorias da secularização.

A sociologia da religião

Em um primeiro momento, a crítica das religiões foi feita no plano político e militante. As religiões foram tratadas como instrumentos dos mais eficazes para o controle das mulheres e para a manutenção de sua subordinação social e religiosa. Posteriormente, o desenvolvimento de pesquisas de caráter acadêmico, analíticas e com bases empíricas aplicou ao domínio das religiões conceitos e métodos de pesquisa feministas. Foi possível, assim, avaliar a complexidade das relações existentes no interior do campo religioso. Desvendaram-se os laços ambíguos e contraditórios das mulheres com as religiões e destas com as mulheres, no interior das organizações religiosas. A observação empírica mostrou as religiões como espaços sociais complexos, portadores de contradições, que não funcionam sempre e em todas as sociedades como forças conservadoras. Dadas certas circunstâncias, elas podem funcionar como forças mobilizadoras, levando as mulheres a resistirem ao seu poder disciplinador.

Assim como cientistas sociais passaram a compreender e salientar certa autonomia das motivações religiosas para a ação política e a mudança social, assim também feministas

> começaram a rever sua conclusão de que a religião contribuía inevitavelmente para a subordinação das mulheres. O movimento de espiritualidade das mulheres e as teologias da libertação feministas sugeriam que as idéias religiosas retrabalhadas podiam ser mais uma fonte de empoderamento das mulheres do que de sua subordinação. Entretanto, o consenso sobre a mutabilidade das religiões e seu papel potencialmente liberador é consideravelmente menos desenvolvido entre feministas do que entre estudantes de religião e política. Grande parte da teoria feminista ainda duvida da capacidade de um movimento iniciado em uma igreja dominada por homens emancipar as mulheres.[14]

Na avaliação de Rita Gross, apesar do domínio histórico dos homens no campo dos estudos da religião, as estudiosas feministas foram bem-sucedidas em seus esforços para estabelecer uma presença respeitada e influente.

---

[14] DROGUS, C. *Women, religion, and social change in Brazil's popular church*, p. 6.

> Assim como a prática religiosa foi transformada pelas feministas, também o foram os estudos acadêmicos da religião. Todas as áreas dentro dessa disciplina foram afetadas pelos métodos feministas, dos estudos bíblicos ao estudo comparado das religiões.[15]

Levantando rapidamente a história dessa área de estudos, Gross cita o primeiro encontro de teólogas e especialistas em estudos das religiões, em junho de 1971, nos Estados Unidos. Dessa reunião saiu uma série de propostas com o objetivo de estabelecer uma agenda específica – painéis, conferências, *papers* – que tratasse da temática "mulheres e religião", na American Academy of Religion (AAR) e na Society for Biblical Literature (SBL), duas das mais influentes associações profissionais nesse campo de estudos. Como resultado da atuação política dessas acadêmicas, uma mulher, Christine Dowing, é eleita presidente da AAR. Estabelece-se uma rede de contatos entre essas acadêmicas, com efeitos positivos sobre o desenvolvimento de suas carreiras, na teologia ou nos estudos de religião.

Ainda como resultado desses esforços, vários periódicos acadêmicos são criados como "instrumentos críticos para o estudo feminista das religiões".[16] Aparecem também as primeiras obras de maior fôlego sobre a temática em questão: *Womanspirit rising: a feminist reader in religion,* de Carol Christ e Judith Plaskow, "provavelmente o livro de maior influência e mais largamente utilizado no campo dos estudos feministas da religião".[17] Em 1989 aparece *Unspoken word: women's religious lives,* de Nancy Auer Falk e Rita Gross.[18] Vários outros seguem, especialmente na década de 1990-2000, alargando o horizonte das temáticas tratadas e abrindo para o estudo comparado das religiões, incluindo as orientais, africanas e outras não institucionalizadas, do tipo nova era.[19] No Canadá, em 1995, é publicada a coletânea multidisci-

---

[15] GROSS, R. M. *Feminism & religion*, p. 45.

[16] Ibid., p. 49.

[17] Ibid., p. 48.

[18] FALK, N. A. & GROSS, R. *Unspoken words: women's religious lives.*

[19] Note-se que em 1975 Mernissi já publicara *Sexe idéologie islam* (traduzido do inglês para o francês em 1983). Pesquisadora marroquina em ciência política e sociologia, a autora analisa no livro as ideologias muçulmanas tradicionais e sua incidência sobre as relações homens/mulheres (MERNISSI, Fatima. *Sexe idéologie islam.*) Ver também, SHARMA, A., ed. *Women in world religions.*

A sociologia da religião

plinar: *Femmes et religions*, sob a direção da socióloga Denise Veillette. Na apresentação do livro, os questionamentos que o originaram: Por que a hierarquização social dos sexos? Por que a ocultação das mulheres? Por que a apropriação masculina do sagrado? Como explicar que, historicamente, um gênero, o masculino, tenha podido controlar os ritos e as práticas, os discursos e as crenças, bem como as representações de Deus, majoritariamente, para não dizer exclusivamente?[20]

No campo específico da sociologia da religião, realiza-se na França, em 1980, o *Colloque de l'Association Française de Sociologie de la Religion*, com a temática geral: *Oppression des femmes et religion*, cujos anais, de difícil acesso, nunca chegaram a ser publicados. O objetivo desse colóquio é definido por Danièle Hervieu-Léger:

> tentar contribuir [...] para a elucidação da lógica social que preside a estruturação dessas atitudes e desses comportamentos religiosos ditos "femininos". Lógica social que a ideologia dominante – servida em primeiro lugar pelo discurso oficial das instituições religiosas – oculta e reforça, imputando tais atitudes e comportamentos à ordem eterna da natureza, identificada à vontade divina, e que define para a mulher uma vocação específica.[21]

A explicação dada por Hervieu-Léger ao título escolhido para o colóquio – religião e opressão das mulheres – é reveladora do tipo de análise proposto:

> Trata-se de uma tomada de posição metodológica [sublinhado no original] que engajava a problemática deste colóquio. Poder-se-ia ter proposto "As mulheres e a religião"; não fazê-lo era recusar a idéia de uma relação homogênea das mulheres com a religião, relação que procederia de uma suposta "natureza feminina"; era excluir a hipótese de uma religiosidade feminina inscrita em alguma parte [...] na estrutura biopsíquica das mulheres; era romper com o pressuposto que toma como um fato da natureza o que nós tentamos compreender como fato social.[22]

---

[20] VEILLETTE, D. Introduction, hiérarchisation social des sexes, occultation des femmes et appropriation masculine du sacré. In: *Femmes et Religions*, pp. 1-40.

[21] HERVIEU-LÉGER, D. et alii. *Oppression des femmes et religion*, p. 1.

[22] Ibid.

O espectro disciplinar da Ciência da Religião

Esse tipo de abordagem teórico-metodológica permitiu interrogar as religiões do ponto de vista das relações sociais entre os sexos, ou de gênero. Algumas pesquisas empíricas foram dedicadas a dissecar as formas pelas quais crenças, práticas e representações religiosas contribuem, seja para a reprodução da desigualdade entre mulheres e homens, seja para sua transformação. Em todos os campos de estudo das religiões, uma das questões fundamentais passou a ser a compreensão da maneira pela qual atividades simbólicas – crenças, ritos e discursos religiosos –, que parecem escapar à diferenciação colocada pelo gênero, são, na verdade, moldadas por sua ação. A preocupação de pesquisadoras feministas tornou-se, assim, mostrar como as religiões apresentam-se em sua realidade social e histórica, atravessadas e conformadas pelas relações de gênero. Suas pesquisas mostraram haver evidência sociológica de que mulheres e homens interpretam símbolos religiosos diferentemente, confirmando hipóteses que propõem o gênero como mediador da experiência religiosa. Em outras palavras, mostraram que o gênero molda a experiência de ser e de tornar-se uma pessoa religiosa.[23]

Uma área de especial interesse para as pesquisadoras feministas das religiões é o poder institucional e os efeitos sociais e políticos da implicação religiosa das mulheres. A crítica feminista à sociologia das organizações sociais ofereceu os elementos necessários à análise das instituições religiosas. Estudiosas das religiões mostraram a inadequação de se tratar as categorias utilizadas nas análises como supostamente neutras em termos de gênero. A maioria dos atuais estudos do poder religioso toma as categorias – profeta, mago, sacerdote – no abstrato, nomeadas no masculino, sem explicitar a dominação religiosa dos homens, em grande parte, se não na maioria das organizações religiosas. Tal tratamento impede a percepção de elementos fundamentais para a análise da realidade das religiões. Nesse sentido, o caso dos estudos sobre o catolicismo é exemplar. Ao se constatar, sociologicamente, a estrutura da divisão do trabalho religioso entre clero e laicato, sem mencionar que esse clero é, de forma absoluta, masculino e celibatário, deixa-se de compreender algo que é parte intrínseca da

---

[23] Drogus, op. cit., p. 11.

114

A sociologia da religião

maneira como essa religião organiza-se institucionalmente e que tem efeitos sobre o discurso e a prática dessa religião, sobre a forma como ela atua na sociedade e, principalmente, sobre a vida de suas fiéis e das mulheres em geral. O uso genérico da categoria "clero" impede a análise das relações de poder que presidem a organização da Igreja Católica. O lugar diferenciado atribuído às mulheres e aos homens é ineludível em qualquer análise que se faça dessa religião, independentemente da explicitação de seu caráter feminista ou supostamente "neutro". A conseqüência de uma suposta "neutralidade" é a da invisibilidade das mulheres na análise. O tratamento genérico dado a fiéis e agentes no campo religioso, assim como o tratamento gramatical no masculino, acaba por tornar as fiéis invisíveis nos relatos históricos, como nas análises sociológicas, e por subsumi-las no masculino genérico – isso, além de distorcer dados empíricos relativos às religiões.[24]

Pesquisadoras feministas dedicaram-se, ainda, à crítica teórica, analisando autores clássicos da sociologia da religião. Bologh e Erickson apontam para o caráter sexista inerente ao pensamento deles, contaminando sua análise da religião.[25] A rígida divisão entre sagrado e profano, na obra de Durkheim, apresentada como constitutiva das religiões e da sociedade, acaba por relegar as mulheres ao domínio profano/privado. Apenas os homens são portadores do sagrado, protagonistas de crenças e ritos pelos quais novas relações e a própria sociedade são criadas. Já Max Weber associa os homens às religiões fundadas sobre o ascetismo racional que permite o surgimento da figura do líder, do herói. Às mulheres restam as religiões mágicas, que incorporam o erotismo e afastam da "ação no mundo". Resultado: homens ativos, mulheres passivas, na religião e na sociedade.

De um ponto de vista estritamente sociológico, Linda Woodhead[26] propõe uma "teoria geral" para o estudo da religião e do gênero.

---

[24] Mais um exemplo do catolicismo nos mostra que, embora todos os livros de catequese ensinem que os sacramentos são sete, na verdade, são sete para os homens e seis para as mulheres, uma vez que estas não são objeto do ritual de ordenação. Devo a Mary Hunt, teóloga feminista católica americana, a referência a essa "pequena" diferença ritual.

[25] BOLOGH, R. *Love or greatness, Max Weber and masculine thinking*; ERICKSON, V. L. *Where silence speaks*; feminism, social theory and religion.

[26] WOODHEAD, op. cit.

O espectro disciplinar da Ciência da Religião

Segundo ela, o envolvimento das mulheres com a religião tem menos a ver com "falsa consciência" do que com as formas pelas quais as religiões oferecem espaços sociais para a articulação e, em alguns casos, para a realização dos desejos das mulheres. Explica que essa afirmação não nega que desejos não são "naturais", mas modelados pelo contexto social do qual as religiões são parte. Ou que essa função pode ser cumprida por outros espaços sociais, e não pela religião. Ou, ainda, "para que as religiões se tornem espaços nos quais as mulheres possam articular suas vidas e seus desejos, elas devem subvertê-las, apropriar-se delas ou reinterpretá-las". Assim, para Woodhead, o grau de participação ou de falta de participação das mulheres nas religiões é dado pela disponibilidade ou não de espaços sociais que permitam a articulação de seus desejos, seus medos, suas vidas. A relação das religiões com a crescente diferenciação social das sociedades modernas e a conseqüente separação das esferas pública e privada será, então, o elemento explicativo do papel das religiões para as mulheres.

Os temas atuais da sociologia da religião e os estudos brasileiros no contexto contemporâneo

Não é tarefa simples fazer, de forma rápida e sintética, um balanço dos temas de que se tem ocupado a sociologia da religião contemporaneamente. Um bom parâmetro para se aquilatar a multiplicidade das questões que ocupam os cientistas sociais da religião são as conferências da Sociedade Internacional de Sociologia das Religiões/SISR.[27] Realizadas a cada dois anos, essas reuniões organizam-se em torno de uma temática específica. Algumas das temáticas já abordadas são: a regulação do corpo e das concepções da natureza próprias a diferentes tradições religiosas, no cruzamento com problemáticas transversais, como ecologia, desenvolvimento da ciência; etnias, coexistência e

---

[27] A revista *Social Compass* publica artigos referentes às conferências: comunicações, textos das sessões plenárias etc.

A sociologia da religião

choque cultural no contexto das migrações; aceleração dos processos de mudança e a dinâmica da transmissão religiosa às novas gerações de crentes.

Além dessas, outras questões aparecem como objeto da reflexão sociológica. Vamos nos ater a algumas delas. Há o interesse suscitado pela dinâmica de individualização do crer e a desinstitucionalização religiosa. Trata-se de buscar compreender e analisar as mudanças ocorridas no campo religioso contemporâneo para encontrar as novas formas da adesão religiosa. Nesse contexto, voltam à discussão temas como a secularização e a própria definição de religião.

Um outro tema que tem sido objeto de discussão é o dos chamados "fundamentalismos". Ainda que sua origem protestante seja lembrada, seu uso alargou-se para designar posições políticas e ideológicas consideradas não condizentes com propostas mais liberais, no interior do próprio campo religioso, como no campo da ciência, especialmente na área da biotecnologia e da genética. O debate sobre os fundamentalismos fez voltar à cena a questão das relações entre organizações religiosas e Estados nacionais, no contexto das democracias ocidentais, especialmente quando estão em jogo os direitos das mulheres. Nesse contexto, as discussões em torno da separação legal Igreja-Estado e da problemática da laicidade retornam à cena.

Também o que se convencionou chamar "novos movimentos religiosos", mesmo alguns deles remetendo a práticas, rituais e crenças antigos, tem sido objeto de inúmeras pesquisas. O termo designa, de maneira geral, uma realidade bastante diversa, que inclui desde movimentos do tipo nova era até grupos de cura, religiões devedoras de tradições orientais e outros.

Já para os estudos sobre religião no Brasil, no campo das ciências sociais, dois balanços foram publicados recentemente.[28] Ambos reconhecem uma predominância dos estudos sobre o catolicismo e, em boa medida, sobre as religiões afro-brasileiras. A sociologia do catolicismo brasileiro, no entanto, só pode ser a sociologia do declínio dessa

---

[28] PIERUCCI, A. F. Sociologia da religião – área impuramente acadêmica. In: MICELI, Sergio (org.). *O que ler na ciência social brasileira* (1970-1995), pp. 237-286; MONTERO, P. Religiões e dilemas da sociedade brasileira. In: MICELI, Sergio (org.). *O que ler na ciência social brasileira* (1970-1995), pp. 327-367.

religião e o questionamento sobre os rearranjos do campo religioso, em uma sociedade crescentemente secularizada. Paula Montero, tentando "compreender representações de sociedade e, em particular, da cultura brasileira, implícitas no modo como os pesquisadores recortam e analisam os fenômenos religiosos contemporâneos", constrói sua análise da bibliografia selecionada em torno de alguns temas: o papel do catolicismo na consolidação de uma sociedade democrática e a questão do catolicismo "popular"; o problema da identidade e do "sincretismo" nos textos sobre religiões afro-brasileiras; a problemática da modernização da sociedade brasileira e das mudanças culturais, associada ao estudo da conversão para o protestantismo pentecostal. A autora finaliza esse balanço apontando para o desafio teórico que o crescimento do neopentecostalismo coloca para a análise do campo religioso brasileiro, desafio ainda não respondido, em sua visão.

Referências bibliográficas

BOLOGH, Roslyn W. *Love or greatness*; Max Weber and masculine thinking – A feminist inquiry. London, Unwin Hyman, 1990.

DROGUS, Carol. *Women, religion, and social change in Brazil's popular church.* Notre Dame: Ind., University of Notre Dame Press, 1997.

ERICKSON, Victoria Lee. *Where silence speaks;* feminism, social theory and religion. Minneapolis, Fortress, 1993.

FALK, Nancy Auer & GROSS, Rita. *Unspoken words*: women's religious lives. Belmont, Wadsworth Press, 1989.

GIDDENS, Anthony. *Em defesa da sociologia*; ensaios, interpretações e tréplicas. São Paulo, Unesp, 2001.

GROSS, Rita M. *Feminism & religion;* an introduction. Boston, Beacon Press, 1996.

HERVIEU-LÉGER, Danièle et alii. *Oppression des femmes et religion.* Colloque de l'Association Française de Sociologie Religieuse. Paris, Centre d'Études Sociologiques, CNRS, Travaux et Documents VIII, 1980.

A sociologia da religião

HERVIEU-LÉGER, Danièle. *Vers un nouveau Christianisme?* Introduction à la sociologie du christianisme occidental. Paris, Cerf, 1986.

_____ & WILLAIME, Jean-Paul. *Sociologies et religion*; approches classiques. Paris, PUF, 2001.

IANNI, Octávio. A sociologia e o mundo moderno. *Tempo Social, 1* (1): 20-27, 1º sem. 1989 (Revista de sociologia da USP).

MARIZ, Cecília. A sociologia da religião de Max Weber. In: TEIXEIRA, Faustino (org.). *Sociologia da religião*; enfoques teóricos. Petrópolis, Vozes, 2003. pp. 67-93.

MERNISSI, Fatima. *Sexe idéologie islam.* Paris, Tierce, 1983.

MONTERO, Paula. Religiões e dilemas da sociedade brasileira. In: MICELI, Sergio (org.). *O que ler na ciência social brasileira* (1970-1995). São Paulo/Brasília, Sumaré, ANPOCS/CAPES, 1999. pp. 327-367. v. 1 Antropologia.

PIERUCCI, Antônio Flávio. Sociologia da religião – Área impuramente acadêmica. In: MICELI, Sergio (org.). *O que ler na ciência social brasileira* (1970-1995). São Paulo/Brasília, Sumaré, ANPOCS/CAPES, 1999. pp. 237-286. v. 1 Antropologia.

_____. *O desencantamento do mundo*; todos os passos do conceito em Max Weber. São Paulo, Editora 34, 2003.

POULAT, Émile. *Liberté, laïcité* ; la guerre des deux France et le principe de la modernité. Paris, Cerf/Cujas, 1987.

SHARMA, Arvind (ed.). *Women in world religions.* New York, University of New York Press, 1987.

VEILLETTE, Denise. Introduction, hiérarchisation social des sexes, occultation des femmes et appropriation masculine du sacré. In: VEILLETTE, Denise (dir.). *Femmes et religions.* Québec, Corporation canadienne des Sciences Religieuses/Les Presses de l'Université de Laval, 1995. pp. 1-40.

WOODHEAD, Linda. Mulheres e gênero: uma estrutura teórica. *REVER – Revista de Estudos da religião,* 1: 1-11, 2002. Disponível em: <http://www.pucsp.br/rever/rv1_2002/ p_woodhe.pdf.>

A psicologia da religião

Edênio Valle

A p s i c o l o g i a d a r e l i g i ã o

Introdução

Há milênios a humanidade tenta esclarecer o problema do relacionamento entre o psiquismo e a religião. Místicos e pensadores do Oriente e da Grécia chegaram a certo apuro em sua análise dessa questão. Os conceitos e nomes que usavam para esclarecer o problema eram, naturalmente, bem diversos dos empregados pela sofisticada terminologia criada pelas modernas ciências da religião. A tentativa de compreender e "explicar" o que hoje chamamos, em geral e imprecisamente, de "religião" e "religiosidade"[1] não nasceu, portanto, com as teologias sistemáticas ou as modernas ciências psicológicas e sociais. É fruto, antes, de um processo que se perde na penumbra dos tempos e vai além desta ou daquela religião. Tem um embasamento histórico-cultural[2] que vem de tempos primordiais que estão embutidos mais na sabedoria dos povos (e das religiões!) do que nas discussões que se fazem nas academias de ciência, chão do qual nasceu a psicologia da religião e no qual ela radica sua história e "pré-história".[3]

Do ponto de vista da complexidade da "alma humana" em sua busca de sentido, não há por que se admirar de que as ciências da religião e a psicologia da religião, em especial, encontrem dificuldades para chegar a um acordo sobre sua definição e seu objeto. Há uma enorme diversidade nas motivações, objetivos e dinâmicas dos comportamentos religiosos; os grupos religiosos são marcados pela variedade de suas crenças e expressões; as ciências do homem e da

---

[1] De um modo geral, usaremos aqui o termo "religiosidade" para designar a dimensão subjetiva de quem vivencia o que é oferecido pelas religiões e/ou pararreligiões. Guardaremos o termo "religião" para as matrizes mais ou menos instituídas dessas experiências religiosas subjetivas. As religiões seriam as formas comunitárias e institucionalizadas (construções histórico-culturais transmitidas de geração em geração através de mediações próprias, nem sempre "sagradas" e algumas vezes "invisíveis") e a religiosidade poderia ser descrita como sua forma individualizada (Cf. Grom, B. *Psicologia de la religión*, p. 403). Mais adiante a questão será retomada.

[2] Dosse, F. *O império do sentido*; a humanização das ciências humanas, pp. 97s e 315ss.

[3] Léonard, A. A. Chronique de psychologie de la religion. *Supplément de la Vie Spirituelle*, pp. 212-231. No que Léonard chama de "pré-história" da psicologia da religião estão autores como F. Schleirmacher, L. Feuerbach, S. Kierkegaard e W. James e os antropólogos evolucionistas como E. B. Tylor e J. G. Frazer, que tiveram influência significativa sobre S. Freud. A lista poderia ser facilmente estendida, recuando até à filosofia grega, após passar por clássicos como Agostinho de Hipona, e outros padres da Igreja, além de filósofos, teólogos e místicos medievais e contemporâneos. Nessa lista não poderiam ser omitidos nomes de sociólogos, tais como A. Comte, E. Durkheim e M. Weber.

123

cultura levantam questionamentos antes nunca considerados pela humanidade e, ao mesmo tempo, até as ciências "duras", como a astrofísica e a neurologia, se abrem a um surpreendente diálogo com o que as transcende. Desde uma outra perspectiva, os comportamentos se secularizam ao mesmo tempo em que, contraditoriamente, uma onda de reencantamento religioso percorre o Ocidente secularizado. A psicologia da religião experimentou em sua constituição todos esses aspectos e processos. Com o correr do tempo, a exemplo das demais ciências, abandonou a abordagem pretensiosa que chegou a caracterizá-la em alguns momentos e tornou-se mais ciente de seus limites. Como a própria psicologia, com suas numerosas teorias e metateorias, a psicologia da religião teve de aprender que não detém o monopólio do conhecimento sobre a religião e a religiosidade. Criada na tentativa de enquadrar o religioso pela via da racionalidade e da cientificidade, ela tomou consciência dos limites de seu instrumental ante a complexidade de seu objeto. Mais até que em outros ramos do saber psicológico, reflete-se na psicologia da religião a pluralidade de pressupostos, ângulos, métodos e formas de aproximação que marcam a psicologia em seus alicerces filosóficos e epistemológicos.[4]

Constata-se, no presente, um esforço para delimitar e caracterizar de maneira mais adequada o espaço da psicologia da religião dentro do campo maior tanto da psicologia quanto das ciências da religião. O objetivo maior é o de diferenciá-la das demais teorias gerais e ramos existentes nas psicologias, nas psicoterapias e nas psiquiatrias, dando-lhe um título de cidadania plena. Compêndios contemporâneos de psicologia da religião – como os de Hood, Spilka, Hunsberger e Gorsuch,[5] de Wulff,[6] de Paloutzian e Park[7] ou do alemão Utsch[8] – exemplificam bem essa necessária tentativa de pôr ordem na casa para unificar e/ou separar um material ainda precariamente levantado (faltam pesquisas e dados!) e pouco analisado, comparado e organizado.

---

[4] Fox, D. et. alii. *Critical psychology.*

[5] Hood, R. W. et alii. *The psychology of religion:* an empirical approach.

[6] Wulff, D. M. *Psychology of religion; classic and contemporary views.*

[7] Paloutzian, R. F. et alii (eds.). *Handbook of psychology of religion and spirituality.*

[8] Utsch, M. *Religionspsychologie.*

A psicologia da religião

À medida que a psicologia da religião avança e, talvez, exatamente por esse motivo, ela ganha crescente lucidez sobre o que é ou deveria ser, o que favorece um diálogo com os setores que, dentro da psicologia, se perguntam sobre a validade e utilidade de uma abordagem psicológica *específica* do religioso. A psicologia da religião vai percebendo, também, que lhe falta elaborar melhor certos conceitos básicos, como, por exemplo, o de "sagrado",[9] ou, então, quais os parâmetros psicológicos para diferenciar validamente um comportamento religioso de um não religioso. São esclarecimentos sem os quais seu *status* de ciência, sua epistemologia e sua metodologia de trabalho continuarão imprecisos.

Tanto mais que a psicologia da religião tem laços estreitos com a psicanálise, a psicoterapia e a psiquiatria, das quais deve saber diferenciar-se e/ou, às vezes, contrapor-se. Autonomizar-se em relação ao campo médico-psiquiátrico e ao das psicoterapias, não obstante as necessárias interseções, talvez não seja assim tão árduo. Mais difícil talvez seja saber delimitar melhor as diferenças e fronteiras que a separam da psicanálise.[10] A influência das teorias de fundo psicanalítico é tão pervagante que mesmo psicólogos profissionais pensam que a psicologia da religião reduz-se ao que afirma a psicanálise sobre a religião e a religiosidade, revelando, com isso, amplo desconhecimento do *status quaestionis* científico e da constituição histórica da psicologia da religião em sua tentativa de tornar-se um ramo próprio da psicologia.

A apresentação do capítulo, necessariamente apenas introdutório, será feita em três pontos principais. Primeiro haverá uma contextuação de ordem mais geral; em seguida, serão delineadas as linhas

---

[9] USARSKI, F. *Constituintes da ciência da religião*, pp. 31-54, em uma dura crítica ao conceito de "sagrado", largamente usado nas ciências da religião, mostra existir uma análoga vacilação quanto à noção de "sagrado" no campo dos estudos científicos da religião em geral. A tese de Usarski expressa um ponto de vista bastante difundido entre os pesquisadores de outras áreas científicas, em especial na sociologia da religião. Já bem distinta é a aproximação que encontramos em PADEN, W. E. *Interpretando o sagrado;* modos de conceber o sagrado.

[10] Dados os limites de uma introdução como esta, não se considerará aqui a psicanálise, cuja importância não carece de ênfases. A apresentação referir-se-á quase exclusivamente à psicologia da religião, pois outro seria o quadro. As interseções, porém, que são muitas, serão ocasionalmente levadas em conta. O que se pretende ressaltar e valorizar aqui é a extensa obra dos autores da psicologia da religião tomada em seu sentido estrito. Trata-se de um outro corpo de conhecimentos – teóricos e metodológicos – velho de mais de um século e anterior a outros ramos da psicologia.

principais da evolução histórica da psicologia da religião, para, enfim, esboçar um breve apanhado da atual situação e indicar os principais temas ora em discussão. São indicações rápidas e um tanto genéricas, mas poderão servir de fio condutor para o/a leitor/a continuar refletindo sobre os dados de base da psicologia da religião e aprofundando o muito que ainda precisa ser ampliado, complementado e retificado.

Contextuações da psicologia da religião

As novidades trazidas pelo conjunto das ciências psi provocaram uma reviravolta em concepções milenarmente assumidas e transmitidas como indiscutíveis pelas religiões. A psicologia associou-se, em dado momento, às outras ciências da modernidade para roubar às religiões o prestígio e a credibilidade de que gozavam nos mundos antigo e medieval. Sob a égide da filosofia positivista e do movimento libertário que tomou conta do pensamento ocidental cristão após a Revolução Francesa,[11] os ataques levaram as religiões – as cristãs, sobretudo – a se fecharem defensivamente em si mesmas. O resultado foi o surgimento de distanciamentos e rupturas que deixaram importantes seqüelas nas ciências psicológicas, inclusive na psicologia da religião. Muitos desses questionamentos e pendências estão até hoje mal resolvidos e/ou sem solução.

Certo estranhamento entre psicologia e religião não é algo que possa surpreender. É natural até, pois há uma evidente distância entre o tomar consciência das situações-limite do humano e o tentar analisar com objetividade "positiva" e "medir" o que os seres humanos experimentam em tais situações. Não há como negar ou amenizar tal fato, válido ontem como hoje e, com quase certeza, também amanhã. Distanciamento, porém, não precisa significar hostilidade, como aconteceu durante decênios nas relações entre as ciências psi e as religiões.[12]

---

[11] É do Ocidente que se falará nesta Introdução e, mais especificamente, do acontecido nas culturas fundadas na tradição judaico-cristã. Seria demasiado longa uma exposição que considerasse todas as tradições religiosas e pararreligiosas estudadas pela psicologia da religião atual.

[12] Cf. BLASER, D. *Freud versus deus*; como a psiquiatria perdeu a alma e o cristianismo perdeu a cabeça.

A psicologia da religião

Um fato que ajudou na amenização dessa situação foi a autocrítica à qual as ciências se submeteram, reconhecendo a precariedade de seus parâmetros tidos, antes, como objetivos e neutros. As religiões puderam, então, baixar a guarda, deixando de sentir a necessidade de se defender a qualquer custo das ameaças que lhes chegavam das descobertas e hipóteses da psicologia e, em especial, da psicanálise de Freud, ele próprio um ateu combativo.[13] Os dois quase inconciliáveis oponentes estão aprendendo a se despir de (alguns, não todos!) seus preconceitos. As resistências tendem hoje a se localizar em bolsões menores, presentes, aliás, em um e outro campo. Na *mainstream* de ambos existem condições para um intercâmbio entre as duas distintas maneiras – a religiosa e a psicológica – de conhecer e interpretar a realidade em seu todo.

Não imagine que se tenha levantado totalmente o ostracismo a que o *establishment* psicológico – sobretudo entre 1920 e 1960, aproximadamente – relegou a psicologia da religião. Não por acaso, a polêmica entre os psicólogos que se interessam pelo estudo do fato religioso em si (pejorativamente alcunhados de "religionistas") e os que dizem fazer exclusivamente ciência reacendeu-se em nossos dias[14] em distintos campos das ciências da religião.[15]

São várias as razões para o quase anátema sofrido pela religião por parte da psicologia. A metodologia usada pelos psicólogos de pesquisa (na clínica como nos laboratórios) para obter seus conhecimentos foi e é um dos problemas. O psicólogo científico vê como fundamental que a validade de suas hipóteses e os resultados possam ser seguidos e avaliados em cada um de seus pa. so . Para um cientista da psicologia, também da psicologia da religião, os procedimentos adotados deveriam ser sempre passíveis de reduplicação.

Ao mesmo tempo, porém, a psicologia da religião está consciente de que a metodologia não pode se fechar aos aspectos próprios de

---

[13] VALLE, Edênio. Ilusão e desejo: chaves para a compreensão do dilema ateísmo-devoção. In: PAIVA, Geraldo J. & ZANGARI, Wellington (orgs.). *A representação na religião*; perspectivas psicológicas. São Paulo, Loyola, 2004. pp. 277-298.

[14] WULFF, op. cit., pp. 636ss.

[15] FILORAMO, G. et alii. *As ciências das religiões*, pp. 256ss.

127

comportamentos complexos como o religioso. Allport[16] já o demonstrou nas décadas de 1950 e 1960, furando o bloqueio do positivismo cientificista. É um dilema cujo enfrentamento é indispensável em toda boa reflexão teórica e metateórica de natureza psicológica. O psicólogo clínico, mais que o especialista de laboratório, reconhece que a religiosidade é idiossincrática e a religião é polissêmica em cada uma de suas fontes e manifestações. O grande exemplo aqui é William James.[17] Ele mostra que a psicologia da religião não está autorizada a partir do pressuposto de que a religiosidade seja uma realidade única. Ao contrário, mostrou que ela precisa pressupor que os fenômenos psicorreligiosos são de enorme *variedade*, razão pela qual solicitam da parte de quem a observa uma grande lucidez teórico-epistemológica e metodológica. Essa é uma condição para que a psicologia da religião aborde seu objeto sem equívocos e reduções injustificadas, equilibrando rigor de método com suficiente amplidão teórica para, assim, abraçar os múltiplos processos subjetivos e objetivos implicados na experiência do ser humano colocado ante as questões-limite de seu existir.

Neste sentido, subscrevo uma observação de um psicólogo que se formou na fase mais aguda e polêmica do reducionismo psicológico. Ante o beco sem saída a que o behaviorismo e a psicanálise colocavam a psicologia da religião e a própria psicologia, esse autor se preocupou em enfatizar que o ser humano tem necessidade própria de se autorealizar (de se autotranscender, poder-se-ia dizer) e que a psicologia não pode ignorar essa dimensão, presente em tudo o que ele cria:

> [a psicologia] está aprendendo que o estado de existir sem um sistema de valores é patogênico. O ser humano necessita de valores, de uma filosofia de vida, de uma religião ou substitutivo dela, de acordo com os quais possa viver e pensar e isto, da mesma maneira como necessita da luz solar, do cálcio ou do amor.[18]

---

[16] ALLPORT, G. W. *The individual and his religion.*

[17] JAMES, W. *As variedades da experiência religiosa.*

[18] MASLOW, A. *Toward a psychology of being*, p. 206.

A psicologia da religião

Ampliando e matizando o anteriormente dito, acentuo, mais uma vez,[19] que o estatuto teórico-metodológico das ciências psicológicas goza de autonomia em relação às ciências especulativas, mas delas não pode prescindir. É como escreve Vergote

> [...] o leitor crítico de trabalhos de psicologia da religião dá-se conta de que são muitos os desacordos que dividem ainda os praticantes dessa disciplina. Eles resultam freqüentemente de preconceitos de ordem filosófica, pois os praticantes dessa disciplina se perguntam pouco, crendo-se dispensados de tal tarefa pelo fato de lidarem com uma ciência positiva.[20]

A admoestação de Vergote lembra que a psicologia da religião e seu praticante não podem renunciar, em seu trabalho, à coerência epistemológica, levando em conta que a psicologia da religião tem "sua" própria ótica e suas próprias categorias hermenêuticas na busca de "sua" verdade. Se não estiver consciente de que, no fundo, seu objeto é um constructo, ela confundirá seu quadro teórico com a realidade em si, dogmatizando suas afirmações e negando o caráter provisório e incompleto dos dados de toda ciência empírica. Ter consciência dos próprios limites e possibilidades é condição básica para se fazer ciência psicológica da religião. A psicologia da religião não é uma especulação metateórica sobre a psique da pessoa ou do grupo religioso. É uma ciência empírica; seu objetivo concreto é, hoje, assim definido:

> inventariar os comportamentos religiosos, explorar as diferenças significativas, compreender as relações com outros fenômenos humanos, conhecer as estruturas internas das experiências e dos comportamentos religiosos, discernir entre a atitude religiosa aparente e a autêntica e formular hipóteses compreensivas da dimensão religiosa humana.[21]

---

[19] VALLE, E. *Psicologia e experiência religiosa*, pp. 18ss.

[20] VERGOTE, A. *Psicologia religiosa*, p. 171.

[21] ÁVILA, A. *La psicologia de la religión*, p. 12.

O espectro disciplinar da Ciência da Religião

Ou, ainda:

> fazer o inventário dos comportamentos religiosos, explorar suas diferenças e compreendê-los de acordo com as relações que mantêm com os demais fenômenos humanos [...] fazer uma exploração sistemática dos fatos religiosos em seu contexto humano para trazer à tona o conteúdo e o sentido que eles possuem. Mas não o seu sentido último e sua verdade derradeira [...] a psicologia examina é sua verdade relativa, considerada a conotação (que possuem) com os múltiplos vetores que compõem o humano.[22]

É em virtude das características desses objetivos, e da natureza da ciência que pratica, que o psicólogo da religião, mais que outros cientistas, não pode absolutizar os dados a que chega. Não cabe a ele emitir juízos definitivos desde a veracidade intrínseca do que suas pesquisas levantam como provável, previsível ou certo. Sua finalidade é a de pôr em evidência e esclarecer os múltiplos fatores, estruturas e processos de natureza psicológica implicados no fenômeno religioso.

Por essas razões, a psicologia da religião, para chegar a uma compreensão mais abrangente de seu objeto, deve, na medida do possível, aproximar-se dele por meio de confrontações e modelos teóricos trans e multidisciplinares, sem renunciar a seu próprio prisma de análise e metodologia. Essa é a via pela qual ela poderá dar sua contribuição à compreensão dos comportamentos religiosos enquanto processos capazes de, primeiro, propiciar (ou não) a integração de cada indivíduo que experimenta em primeira pessoa o religioso e, segundo, situar essa integração no conjunto das contextuações psicossociais e psicossociológicas que constituem a referência *sine qua non* para uma pessoa elaborar sua visão (religiosa ou não) de mundo e de seu projeto pessoal (religioso ou não) de vida.

Fica uma questão de fundo: como a psicologia da religião define a religião e/ou a religiosidade? Ao se pôr essa pergunta, em 1958, H. Clark chegou a enumerar nada menos que 48 definições distintas ou quase definições.[23] Talvez seja mais correto dizer que em psicologia da

---

[22] VERGOTE, op. cit., p. 13.

[23] CLARK, W. H. *The Psychology of religion*, 1º capítulo.

A psicologia da religião

religião não existe uma definição de religião. Ao mesmo tempo, para que se possa ter um mínimo de entendimento sobre o que se está falando, elaborar algum tipo de definição é algo indispensável. Em vez de insistir na definição do que é seu conhecimento, o psicólogo da religião talvez devesse explicitar melhor a aproximação de que faz uso.

Gosto de enunciar minha aproximação ao conceito de religiosidade na linha do que aprendi com Vergote.[24] Para mim, a religião, do ponto de vista da psicologia, deve ser entendida como uma "atitude", isto é, como uma maneira de ser diante de alguém ou algo. Estrutura-se como uma síntese dinâmica, orientada por metas, normas e valores que são assimilados pelas pessoas a partir do que são, sentem, pensam e... buscam. A atitude religiosa se expressa por meio de palavras, gestos e símbolos de natureza religiosa, elaborados no seio de cada cultura e expressos na sua linguagem e em seus conceitos. Essas elaborações culturais não podem ser desprendidas da história e da sociedade nas quais se construíram e foram passadas de geração em geração. Mas, ao mesmo tempo, são uma construção de cada indivíduo em seu processo evolutivo único.

O conceito de "atitude" é, sem dúvida, útil para se chegar a um entendimento psicológico abrangente do que seja a religiosidade. A psicologia social distingue na atitude três elementos constitutivos: uma conduta *total* (uma maneira de *ser*); uma *relação intencional* com um dado objeto; uma *vivência* pessoal que tende a passar à ação (um *comportamento*).

A religiosidade, portanto, não pode ser reduzida apenas a uma idéia ou sistema de crenças e práticas adotado por alguém. Menos ainda é resultante de pulsões biológicas ou processos neuropsíquicos com vida própria, embora tais elementos sejam dela indissociáveis e possam nela estar presentes e atuantes (em geral, em nível inconsciente). Em sua essência, a religiosidade é relacional. A religiosidade comporta sempre um encontro com o outro (o Outro!), seja qual for o entendimento que dele tenha a pessoa ou o grupo religioso no qual ela é socializada. A maneira como este encontro é vivenciado inscreve-se

---

[24] Op. cit.

no itinerário de vida e autopercepção de cada um. Fundamenta-se nas primeiras relações da criança com as pessoas que a circundam, satisfazendo ou não suas necessidades que começam pelo biológico e evoluem em direção a formas elaboradas, exclusivas de seres humanos psicologicamente amadurecidos. Ademais, ela deve ser vista como uma resposta aprendida na convivência socializada, por meio de múltiplas mediações (costumes, valores, normas, crenças, papéis, organizações, rituais, mitos, símbolos e – como mediação de fundo –, *pessoas*) interiorizadas em forma individual, mas sempre no contexto de relações sociais concretas.

Após essa minha descrição, vejamos como Vergote "define" a religiosidade:

> é um conjunto orientado e estruturado de sentimentos e pensamentos, através dos quais o homem e a sociedade tomam consciência vital de seu ser íntimo e último e, simultaneamente, tornam aí presente o poder divino.[25]

Para dar ao leitor outro ponto de vista, cito duas outras definições. Uma é de Grom e é curta e seca. Tem orientação empírica, mais próxima à que se usa, em geral, na psicologia da religião hoje. A outra, mais elaborada, tem laivos fenomenológicos, mas pretende abranger aspectos sem os quais a complexidade do religioso ficaria expressa de modo mais metafísico que psicológico.

Para Grom,

> é religioso tudo o que para os seres humanos encerra uma relação a algo que ultrapassa o humano, prescindindo-se dos modos concretos pelos quais o religioso pode ser concebido e experimentado.[26]

Para Velasco (que se volta mais para a *religião* do que para a *religiosidade*),

---

[25] VERGOTE, op. cit., p. 25.
[26] Op. cit., pp. 403ss.

A psicologia da religião

> a religião é um fato humano complexo e específico: um conjunto de sistemas de crenças, de práticas, de símbolos e de estruturas sociais através do qual o homem, de acordo com as diferentes épocas e culturas, vive sua relação específica com um mundo específico: o mundo do sagrado. Este fato caracteriza-se por sua complexidade – nele são postos em movimento todos os níveis da consciência humana – e pela intervenção nele de uma intenção específica de referência a uma realidade superior, invisível, transcendente, misteriosa, da qual faz depender o sentido último da vida.[27]

O leitor veja qual dessas "definições" corresponde melhor ao que é, para ele, a psicologia da religião. Não se esqueça, porém, do que Fizzotti relembra:[28]

(a) a psicologia da religião é uma ciência positiva de índole empírica e não dedutiva, que faz exclusão metodológica do transcendente em si, como já sugeria Th. Flournoy, no VI Congresso Internacional de Psicologia, realizado em Genebra, em 1910;[29]

(b) e cuja tarefa central é a de estudar a trama psíquica subjacente à experiência que os seres humanos fazem do religioso;

(c) levando em conta que se trata de pessoas em processo de uma original e contínua evolução e amadurecimento;

(d) condicionadas, em parte, pelo contexto sociocultural (e econômico-político) em que cada qual é socializada e no qual define sua orientação existencial de fundo.

Ou, se preferir, o leitor elabore sua própria definição do que considera ser o objeto da psicologia da religião. Verá que tal tarefa topará com obstáculos quase insuperáveis e mostrar-se-á ingrata.

---

[27] VELASCO, A. *Psicología de la religión*, p. 75.

[28] FIZZOTTI, E. *Verso una psicologia della religione*, pp. 8-14.

[29] O suíço Th. Flournoy, em sua obra *Psicologia religiosa*, formulou, em 1910, dois princípios epistemológicos. Um deles – o da necessidade de se dar aos fenômenos religiosos uma interpretação biológica – não encontrou unanimidade, provavelmente pelo receio de se cair em reducionismos. O outro, porém, goza de ampla aceitação na comunidade científica da psicologia da religião. Cf. FIZZOTTI, op. cit., p. 98.

O espectro disciplinar da Ciência da Religião

Esboço histórico da psicologia da religião

Segundo Cazarotto,[30] traçar as grandes linhas da história da psicologia da religião esbarra, inevitavelmente, na dificuldade de estabelecer os critérios de referência a serem considerados, uma vez que inúmeros são os pontos de vista que poderiam ser tomados como ponto de partida, sejam eles internos (por exemplo, a dimensão inconsciente do comportamento religioso) ou externos (como a época ou o autor a serem considerados). Em uma exposição mais abrangente, o ideal seria tomar como referência a discussão substantiva que se foi se dando no seio da psicologia da religião, explorando as teorias, métodos, interesses e urgências em sua seqüência cronológica ou, então, em sua ubicação geocultural.

Na presente síntese, tomarei como critério a contextuação feita na parte I do presente texto e adotarei o critério dos conhecimentos psicorreligiosos produzidos pelos grupos lingüísticos dos pesquisadores. Deixarei parcialmente de lado a possibilidade de proceder a uma apresentação sistemática dos temas e tendências teóricas enquanto tais, como faz Hood,[31] mas não deixarei de mencionar as idiossincrasias lingüístico-culturais, pois elas têm peso.

Os nomes dados à psicologia da religião

Pode-se começar o esboço da história da psicologia da religião pela enumeração dos nomes que lhe são ou foram dados de acordo com a concepção que dela se tinha e das finalidades que a ela se atribuíam.

Os psicólogos que deram início ao estudo propriamente científico da psicologia da religião muito cedo passaram a privilegiar a expressão "psicologia da religião". O uso do genitivo lhes parecia mais

---

[30] Cazarotto, J. L. *A experiência religiosa como experiência de alteridade*, p. 49.

[31] Hood et alii., op. cit. Hood trata dos seguintes temas: a socialização e a evolução do pensamento religioso; a religião na vida adulta; a religião e a morte; a experiência religiosa; a conversão; a psicologia social das organizações religiosas; religião e moral; religião, *coping* e adaptação; religião e distúrbios mentais.

A psicologia da religião

apropriado ao que pretendiam fazer ao criar este ramo da psicologia. Foi esta a designação que acabou prevalecendo no estudo psicológico de cunho científico. É a que prefiro e julgo mais adequada ao que faz a psicologia da religião.

Já os psicólogos mais vizinhos às Igrejas, especialmente à Católica,[32] cunharam e usaram durante largo tempo o termo "psicologia religiosa", adjetivando simplesmente o termo psicologia. Subjacente a essa formulação estava provavelmente a hipótese de que era possível e desejável elaborar uma psicologia "religiosa" que se oporia, ao menos em certo sentido, a outra, supostamente "não-religiosa". A intenção era, provavelmente, criar uma psicologia adaptada às concepções e interesses diretos da religião e/ou da Igreja. Por trás existe, provavelmente, uma postura redutiva que entende submeter o conhecimento psicológico aos objetivos da confissão religiosa enquanto tal.[33]

Pargament[34] sugeriu, há não muito tempo, que, em vez de "religião", se passasse a usar o termo "espiritualidade"[35] para designar a psicologia da religião. A nova designação seria: "psicologia da espiritualidade". Segundo ele, dois ganhos seriam obtidos: evitar-se-ia a palavra "religião", uma expressão carregada de conotações históricas, institucionais, ideológicas e socioculturais ambíguas, e indicar-se-ia que à psicologia da religião compete estudar os aspectos mais pessoais, experienciais e criativos do ser humano questionado pelo sentido último das coisas. A sugestão de Pargament talvez corresponda à sensibilidade hoje existente em boa parte do Ocidente em virtude da crise das grandes religiões cristãs. Sem entrar no mérito do debate,[36] deve-se

---

[32] Expressões análogas são encontradas igualmente em autores protestantes. W. Grüehn, por exemplo, fala de *Frömmigkeit*, ou seja, de piedade (GRÜEHN, W. *Die Frömmigkeit der Gegenwart*).

[33] Outros, atando os resultados da psicologia da religião ainda mais diretamente aos interesses e problemas "pastorais" de suas respectivas Igrejas, falavam de uma "psicologia pastoral". É um modo de falar mais aceitável para a psicologia da religião, assim como, analogamente, se pode falar de uma psicologia médica como um saber mais restrito elaborado em função de objetivos mais delimitados e parciais.

[34] PARGAMENT, K. I. The Psychology of religion in spirituality? Yes and No. *International Journal for the Pychology of Religion*, p. 5.

[35] Para se entender adequadamente o sentido psicológico de "espiritualidade", veja a obra coletiva editada por AMATUZZI, M. (org.). *Psicologia e espiritualidade*. Neste livro, estendo-me mais sobre o que penso deva ser o ponto de vista do psicólogo da religião ao falar de "espiritualidade". Cf. VALLE, E. Religião e espiritualidade: um olhar psicológico, pp. 83-108.

[36] PARGAMENT, op. cit, pp. 88-106.

135

O espectro disciplinar da Ciência da Religião

dizer que, apesar do aumento dos "sem religião" e do surgimento de uma religiosidade subjetiva e menos institucionalizada, a busca da espiritualidade, a busca do religioso, não desapareceu nas modernas sociedades ocidentais. O conceito de "religiosidade" não é idêntico ao de "espiritualidade". Daí o interesse da psicologia da religião por esse tema que não exclui, e, sim, complementa e explicita em termos de hoje o que a psicologia da religião buscou fazer também no passado. O mais oportuno parece ser não separar a religiosidade da espiritualidade, embora distinguindo-as. É o que faz, por exemplo, a notável obra coletiva de Paloutzian e Park.[37] Abandonar, pois, um termo em favor de outro não é a melhor via. O mais indicado é mantê-los em sua dinâmica de tensão e aproximação.

Parsons e Jonce-Pace,[38] observando algumas mudanças que ocorrem na sociedade e na cultura norte-americanas, julgaram preferível falar de "psicologia *e* religião", acentuando a preposição conjuntiva. É um prisma diferente do indicado pelas outras designações. Afasta-se do que era acentuado pelo genitivo da designação mais comumente empregada, acentuando a autonomia tanto de um quanto de outro prisma de estudo. Cada um desses dois prismas, desde o que lhes é próprio, tem sua especificidade e é a partir dessa independência que pode e deve ser entabulado o diálogo de um com o outro, um pouco como fazem, por exemplo, não sem embaraços, a sociologia com a antropologia da religião.

P. Vitz,[39] há 30 anos, tentou caminhar em outra direção, fazendo uma proposta ancorada no que ele observava no campo religioso norte-americano da década de 1970. À medida que via aumentar o interesse da psicologia pelo religioso e do religioso pela psicologia, Vitz julgou ser válido inventar uma designação diferente, que usou como título de um de seus livros: *Psicologia como religião*. Se antes, supunha ele, o psicólogo rigoroso tomava distância do religioso, àquela época começava a aparecer em psicólogos de peso um interesse novo pelas possíveis funções e aplicações que a religiosidade poderia ter para a

---

[37] Op. cit.

[38] PARSONS, W. B. et alii. *Religion and Psychology*, pp. 2ss.

[39] VITZ, P. *Psychology as religion*.

A psicologia da religião

psicologia. Sintomaticamente, observava-se nos consultórios de psicologia um uso cada vez mais freqüente de termos, conceitos e mesmo comportamentos e rituais de tipo religioso. As terapias "espirituais" entravam na ordem do dia e, segundo alguns, davam resultados mais práticos e diretos que os ligados a terapias de divã. Os fatos que se seguiram nas décadas de 1980 e 1990 mostraram que Vitz tinha razão ao falar de "psicologia *como* religião". Mais ainda e vice-versa, hoje é válido falar também, e cada vez mais, de "religião *como* psicologia". Líderes religiosos que arrastam massas estão se apropriando, em seus cultos multitudinários, de técnicas psicológicas e psicoterápicas de ajuda, embora mantendo um linguajar religioso. Passam, assim, a exercer papéis que são mais próprios dos psicólogos. Deixam até em segundo plano as atribuições classicamente atribuídas aos "pastores da alma". Suas práticas religiosas tornaram-se verdadeiras sessões de terapia, em geral coletivas. Há cultos e livros religiosos de ajuda dos quais é difícil dizer onde termina o religioso e onde começa o terapêutico. E vice-versa.

Tendências e paradigmas presentes na evolução histórica da psicologia da religião

A psicologia da religião foi, sem dúvida, um dos embriões dos quais nasceu a própria psicologia moderna. Algumas grandes obras dos pioneiros da psicologia[40] foram dedicadas a temas expressamente religiosos. As relações entre a teologia e a psicologia não tinham, naquele primeiro momento, a agressividade que passou a caracterizá-las em inícios do século XX. No século XIX, as relações chegavam a ser até cordiais, diferenciando-se do que se passava nas demais ciências humanas. Entre os pais da psicologia da religião norte-americana, J. H. Leuba[41] foi um dos poucos que adotaram um tom cáustico com relação à religião em si. Sua posição teórica o levava a pensar que a experiência religiosa devia ser explicada unicamente pela via dos prin-

---

[40] Wundt, W. *Elements of folk Psychology*; Stanley-Hall, G. *Adolescence*; James, W., op. cit.

[41] Leuba, J. H. *A psychological study of religion*.

137

O espectro disciplinar da Ciência da Religião

cípios gerais da psicologia. Para ele, a religião e a religiosidade, como comportamentos, nada tinham, portanto, de original.

Até meados do século XX, o behaviorismo e a psicanálise contribuíram muito para exacerbar o estranhamento entre a psicologia e a religião. Levaram as questões especificamente religiosas a, no mínimo, serem tratadas como subprodutos da "grande" psicologia. Só ocasionalmente autores de prestígio consagravam seu tempo e atenção à religião e à religiosidade. Quando o faziam era quase sempre desde um viés polêmico e negativo. Fraas[42] diz que só poucos ousaram romper essa barreira do silêncio. Entre esses, ele, com razão, dá destaque especial a Gordon Allport, psicólogo da personalidade que conferiu *status* à psicologia da religião nos Estados Unidos. Para Fraas, a psicologia social e a psicologia de profundidade (nome alemão para as psicanálises em geral) são os outros dois setores nos quais a psicologia da religião se firmou.[43] Alguns dos responsáveis pelos estudos psicanalíticos e psicoterapêuticos sobre a espiritualidade (e a religião) foram, mais tarde, rotulados com o nome genérico de "humanistas" (A. H. Maslow, E. Fromm, C. Rogers, E. H. Erikson, Rollo May, V. Frankl etc.).

Simplificando um quadro bem mais complexo, pode-se afirmar terem sido três os paradigmas propriamente psicológicos[44] que tiveram maior influência nos rumos que a psicologia da religião tomou (ou deixou de tomar) no século XXI.[45] Um era o *experimental comportamentista* que teve em B. F. Skinner seu expoente máximo. Explicava a dimensão psicológica segundo os mecanismos do estímulo e da resposta. Não abria nenhuma brecha à psicologia da religião, conseqüente com o princípio de que não há nenhum valor no estudo do que se passa "dentro" do indivíduo.

---

[42] FRAAS, H-J. *A religiosidade humana*, p. 19.

[43] Ibid., p. 9.

[44] Lembre-se o leitor/a de que a psicanálise não está sendo contemplada neste texto.

[45] Não se pode olvidar que quase todas as escolas clássicas da psicologia trataram, de algum modo, do tema da religião. Assim, o estruturalismo (de Wundt e Titchner), o associanismo (W. James), o funcionalismo (de Dewey, Carr e Woodworth), a gestalt (de Wertheimer e Kofka), o introspeccionismo (da escola de Dorpat), e, *last but not least*, o behaviorismo (de Tolman, Watson e Skinner) e a psicanálise (de Freud, Jung e Adler). No Brasil, a psicologia dialética teve e tem influência: cf. ROSA, E. et alii. Psicologia sócio-histórica: uma tentativa de sistematização epistemológica e metodológica. In: KAHHALE, Edna M. Peters (org.). *A diversidade da psicologia*; uma construção teórica, pp. 259-288.

A psicologia da religião

Em uma vertente parcialmente vizinha ao comportamentismo – *o funcionalismo* –, houve uma relativa abertura para a religião, mas, em princípio, mantinha a mesma postura positivista e empiricista que negava ou negligenciava a possibilidade de uma psicologia da religião *científica* que se interessasse primariamente por assuntos como o inconsciente, a introspecção ou os processos cognitivos e afetivos.

O outro paradigma era o *fenomenológico,* preocupado com o sentido último da experiência e da consciência humana ante o que R. Otto chamou de sagrado ("das Heilige"). A psicologia fenomenológica opunha-se tanto ao reducionismo comportamentista quanto à insistência psicanalítica nos processos inconscientes de natureza biopulsional. Sem negar a conflitividade do processo psicorreligioso e existencial, tendia mais a uma visão integrativa do desenvolvimento no nível da consciência. Nos Estados Unidos ela se associou parcialmente à psicologia humanista. Os humanistas gozaram de imediata simpatia nos meios religiosos que se sentiam bem agasalhados por suas teorias sensíveis ao existencial e transcendente, mesmo quando não ao religioso. Essa abordagem se popularizou. Aliou essa visão a dados da psicanálise e à problemática filosófica e social da época. E. Fromm e Rollo May foram *best-sellers* mundiais. Tiveram êxito e souberam conquistar espaço também nos meios acadêmicos.

O terceiro componente desse trio foi o paradigma *genético-estruturalista-cognitivista,* que teve um representante de relevo em Jean Piaget. Nos países de língua inglesa, alguns neopiagetianos fizeram aplicações inovadoras da teoria cognitivista do mestre suíço à evolução do senso moral e/ou da religiosidade infantis. D. Elkind, R. Goldman e L. Kohlberg são três nomes dessa escola.[46] Não é despropositado dizer que a teoria das inteligências múltiplas de H. Gardner[47] (entre as quais, a inteligência "existencial") pode ser contada entre os frutos decorrentes da teoria piagetiana.

Com intuito didático, julgo conveniente diferenciar melhor as correntes e autores segundo seus grupos lingüísticos que, por sua vez,

---

[46] Hood et alii. op. cit., especialmente capítulo 3.
[47] Cf. Gardner, H. *Inteligências múltiplas;* a inteligência na prática.

retratam as sensibilidades e problemáticas socioculturais e religiosas que preocupavam os cientistas da psicologia da religião de cada época e região geolingüística.

A psicologia da religião nos distintos países

Nos Estados Unidos, a trajetória inicial da psicologia da religião foi brilhante. Ocupou por decênios um lugar central. Alguns historiadores chegam a batizar o período de *Psychology of Religion Movement*.[48] Entre americanos e ingleses houve, desde o princípio, um intercâmbio produtivo. Grande foi, por exemplo, a influência do sensismo de D. Hume e do evolucionismo de C. Darwin sobre os rumos da psicologia norte-americana. Sir Francis Galton foi outro cientista cujas concepções repercutiram nos Estados Unidos. As conferências de W. James na Inglaterra, na virada do século XIX, por sua vez, deixaram um rastro fundo na Inglaterra.

São muitos os grandes nomes da época. Merecem ressalto os de William James, E. D. Starbuck, J. B. Pratt, Edward Ames, J. H. Leuba e G. Stanley Hall, fundador da Universidade Clark (que levou Freud e Jung aos Estados Unidos) e o primeiro presidente da American Psychological Association, além de fundador do *The American Journal of Religious Psychology*. Eles são marcos miliares da grande tradição da psicologia da religião anglo-americana e mundial.

Essa pujante fase inaugural da psicologia da religião, como se insinuou anteriormente, entrou em recesso após uma ou duas gerações. Recentemente, os estudos da religião, em geral, e os da psicologia da religião, em particular, retomaram um novo alento, deixando aparentemente para trás uma fase de apatia que durou ao menos de trinta a quarenta anos.[49]

---

[48] As bases do "movimento" encontravam-se especialmente na Inglaterra e Estados Unidos, países entre os quais houve intenso intercâmbio. Alemanha e França entraram na mesma onda, mas correndo por caminhos autônomos, os alemães mantendo sua linha reflexiva e analítica e os franceses pendendo mais para a patologização do religioso, o que, naturalmente, conduzia a becos sem saída. (cf. CAZAROTTO, J. L. *A experiência religiosa como experiência de alteridade*, p. 54).

[49] Uma prova segura da aceitação da psicologia da religião nos meios científicos foi a criação, na Associação Americana de Psicologia, de um grupo especial para estudo da Psicologia da religião. Um outro sinal de que

A psicologia da religião

Entre os temas dos pioneiros destacavam-se alguns de grande atualidade na conjuntura então vivida. O leque era extenso, como se pode depreender da leitura do índice da obra seminal de W. James, *Variedades da experiência religiosa*.[50] Os temas da conversão, da experiência religiosa, da crise religiosa da juventude, entre outros, foram por eles amplamente estudados. Devido à relativa despreocupação teórica e à índole pragmática reinante em alguns ambientes da psicologia dos Estados Unidos, sempre se deu prioridade à quantificação psicométrica e à observação experimental dos fenômenos e comportamentos em estudo. A criatividade dos métodos de observação e controle foi sempre uma marca registrada da produção estadunidense. É extraordinária a quantidade de inventários e questionários que a psicologia da religião norte-americana[51] criou para aferição dos principais aspectos da religiosidade. Outro traço forte da psicologia da religião de língua inglesa é a aproximação entre psicologia, sociologia e antropologia. Em fins do século XX, no mesmo sulco, a psicologia da religião deixou-se influenciar pela genética, pela neurologia, pela bioquímica e até pela física quântica, dando ênfase a provocativas abordagens neodarwinistas.

Ao tomar em mãos introduções norte-americanas bem atualizadas à psicologia da religião – como as de R. W. Hood Jr. e outros[52] e de Wulff[53] –, percebe-se imediatamente que está havendo, nos países de língua inglesa, um reflorescimento em todos os setores da psicologia da religião. Nos doze capítulos da preciosa obra de Hood Jr. e outros, por exemplo, a pauta temática é extensíssima e os autores ci-

---

a religião passa a ser vista como algo "específico" foi a inclusão do "problema religioso ou espiritual" como categoria diagnóstica do DSM IV, famoso manual de classificação de distúrbios mentais, usado nos Estados Unidos.

[50] Interessante que o livro principal de James comece tratando de religião e neurologia, cf. op. cit., pp. 15-28. Trata, depois, da "realidade do invisível" (pp. 44-58) da função de "equilibração" mental da religião (pp. 59-88), da "alma doente" (pp. 89-111), do *eu* dividido e sua unificação (pp. 112-125), da conversão (pp. 126-166), da "santidade" (pp. 167-236), do "misticismo" (pp. 237-268) para arrematar, como filósofo que era, tocando em um série de assuntos de natureza filosófica (pp. 268-283).

[51] Cf. HILL, P. et alii. (eds.). *Measures of religiosity*.

[52] Op. cit.

[53] Op. cit.

O espectro disciplinar da Ciência da Religião

tados contam-se às centenas.[54] Da bibliografia constam mais de mil e quinhentos trabalhos. É uma prova evidente de que a psicologia da religião está saindo do silêncio obsequioso que lhe foi imposto sem que houvesse uma sentença formal neste sentido.

Alemanha, Suíça e Áustria foram outro grande centro propulsor da psicologia da religião. Fraas[55] oferece um bom panorama do que aconteceu nos países de língua alemã, indicando as fontes, teorias e métodos desenvolvidos nas pesquisas cuja peculiaridade é a de emprestar ênfase à teoria. Fraas exemplifica bem este modo germânico de fazer ciência. Em suas exposições tem sempre presente a relação entre as teorias da psicologia da religião e a teologia protestante. A escolha dos autores que ele comenta tem a ver com esse critério. Ele cita W. Wobbermin e J. Scharfenberg que, no fundo, são teólogos, mas fala igualmente dos psicólogos iniciadores da psicologia da religião alemã (W. Stählin, K. Girgensohn e W. Gruehn), mostrando suas vinculações com as escolas psicológicas de Würzburg e de Dorpat, que deixam de lado as idéias de F. Schleiermacher para enfatizar a pesquisa psicológica empírica, parcialmente inspirada no que se fazia nos Estados Unidos. Além disso, Fraas[56] dá realce ao grupo que, depois de 1914, se uniu em torno do *Archiv für Religionspsychologie*,[57] do qual constavam, além de W. Stählin, K. Krenn, H. Petri, S. Hirschlehner e W. Keilbach.

---

[54] Em torno da metade do século passado, multiplicaram-se os periódicos dedicados ao estudo empírico da religião e da religiosidade: *Journal for the Scientific Study of Religion; Journal of Religion and Health; Review of Religious Research; Journal for Psychology and Theology*. Um pouco depois vieram a ser editados outros de igual seriedade: *International Journal for the Psychology of Religion; Journal of Psychology of Religion; Research in the Social Scientific Study of Religion; Annual Review of Psychology Religious Research*. Hoje em dia, se fossem listadas todas as revistas que no mundo inteiro publicam textos sólidos de psicologia da religião, seria necessário ao menos uma página. Eis algumas que parecem mais imprescindíveis: *Archiv für Religionspsychologie; British Journal of Medical Psychology; British Journal of Religious Education; Eranos Jahrbuch; Journal of Humanistic Psychology; Journal of Psychology and Christianity; Journal of Transpersonal Psychology; Lumen Vitae; Social Compass; Psychological Reports, Orientamenti Pedagogici; Religious Development in Childhood and Adolescence; Supplément de la Vie Spirituelle; Zeitschrift für Religionspsychologie; Zygon: Journal of Religion and Science etc.*

[55] Op. cit, pp. 13-23.

[56] Ibid., p.17.

[57] Indicações bibliográficas exatas sobre as obras desses autores podem ser encontradas em FRAAS, H-J., op. cit., pp. 135-142.

A psicologia da religião

Outros autores que merecem a atenção de Fraas são M. Scheler, R. Otto, O. Gründler e A. Pfänder, todos voltados para preocupações de índole fenomenológica e interessados em sublinhar que a psicologia da religião não é uma ciência natural, e, sim, como propunha M. Scheler, uma ciência do espírito (uma *Geisteswissenschaft*). Rudolf Otto, mais bem divulgado entre nós do que os demais, define a religião como uma experiência do "sagrado" enquanto tal; Gründler dedica-se a aprofundar o sentido psicológico de comportamentos religiosos como o arrependimento, a humildade e a confiança em Deus; Pfänder estuda o sentimento de abandono comum em místicos cristãos e não-cristãos. No fluxo de tais estudos, dá-se a transição da fenomenologia para o método hermenêutico praticado por E. Spranger e aperfeiçoado, mais tarde, na França, por P. Ricoeur. Fraas desconhece a influência da ontologia heideggeriana que norteará L. Binswanger e M. Boss.[58] A essa listagem é de justiça que se acrescentem F. Heiler, G. Mensching, J. Wach e, sobretudo, G. Van der Leew.

O leitor deve ter percebido que os autores da psicologia da religião alemã, com exceção dos grandes nomes da psicanálise, são pouco divulgados no Brasil. Mais desconhecida, todavia, é a produção alemã contemporânea, hoje bastante associada ao que se tenta fazer no restante do mundo (leia-se, na prática, nos Estados Unidos). Sirvo-me aqui de um ótimo livro de Michael Utsch[59] para ao menos informar o leitor brasileiro sobre alguns nomes da psicologia da religião alemã de nossos dias: B. Grom (1992); H. Moosgruber, C. Zwingmann e D. Frank (1996), que adotam uma posição empírica, fundada na observação e na pesquisa clínica ou de campo; H. Zinser (1988) e F. Stolz (1988), mais vizinhos de preocupações originadas nas ciências da religião; D. Wyss (1991) e H. F. Wit (1993), que adotam uma perspectiva fenomenológica; U. Popp-Baier (1990) e J. A. Belzen (1997), ambos voltados para a antropologia cultural; H. Thomae (1991) e G. Theissen (1983), interessados em elaborar uma psicologia da religião hermenêutica, e, finalmente, H. Henseler (1995), para citar um psicanalista.

---

[58] Para uma informação sobre a *Daseinsanalyse* e a tendência fenomenológica na psicoterapia, cf. POMPÉIA, J. A. et alii. *Na presença do sentido*. A revista *Natureza Humana*, publicada pela Editora EDUC, da PUC-SP, de orientação winnicottiana e heideggeriana, é outra fonte importante para a compreensão da fenomenologia nas ciências psicológicas, com a imensa vantagem de ser escrita no Brasil.

[59] Op. cit.

143

O espectro disciplinar da Ciência da Religião

A lista de Utsch[60] poderia ser ampliada, mas a apresentada anteriormente basta para indicar que a psicologia da religião está viva no país que mais gerou teorias e metateorias no campo da psiquiatria, da psicanálise e da psicologia. É oportuno que os psicólogos brasileiros tomem consciência de que os Estados Unidos não possuem exclusividade neste imenso e complexo campo do estudo psicológico da religião e da religiosidade.

A França celebrizou-se no início da psicologia da religião pela liderança de seus especialistas em psiquiatria (J. M. Charcot e P. Janet), que atribuíam os comportamentos religiosos predominantemente à neurose histérica e/ou à psicastenia e oligofrenia. A escola francesa exerceu influxo decisivo sobre alguns conceitos de S. Freud e mesmo de O. Pfister, o que, por si só, já é suficiente para que a psicologia da religião a leve em consideração.[61]

Até 1970, aproximadamente, a psicologia da religião foi forte na França. Daquele momento em diante, experimentou um recuo, talvez como resultado de mudanças internas ocorridas no campo religioso francês. Especialistas católicos que haviam sido, durante anos, impulsionadores do diálogo entre as ciências psicológicas e a teologia (a religião e a moral) retiraram-se do cenário acadêmico, uns pela idade, outros por uma aparente falta de motivação. À França a psicologia da religião deve obras e iniciativas marcantes. A famosa coleção *Études Carmélitaines* fez história. Dando seqüência ao que aquele grupo fazia, surgiu, mais tarde, a revista *La Vie Spirituelle – Supplément,* cuja característica era tentar superar os limites decorrentes da teoria freudiana no enfoque da espiritualidade e da religiosidade e, simultaneamente, criar uma abordagem científica ampla e dinâmica, capaz de assumir o todo da problemática psicológica presente na religiosidade do homem contemporâneo.

Começando lá atrás, merecem ser recordados: Th. Flournoy, A. Sabatier, Th. Ribot, E. Murisier, luminares da primeira psicologia

---

[60] A indicação completa das obras dos autores alemães citados pode ser encontrada em: Utsch, M., op. cit.

[61] Sobre Oskar Pfister, cf. Wondracek, K. (org.). *O futuro e a ilusão.* É sabido que também a medicina brasileira adotou essa mesma visão francesa (e em parte alemã) que patologicizava a religiosidade e a religião. Cf. Ramos, A. *Psychiatria e psychanálise.*

A psicologia da religião

da religião francesa. Mesmo após o eclipse da religião e da teologia na França, os interessados na psicologia da religião não desapareceram de todo. A gama temática e o enquadramento teórico adotados continuaram sendo preponderantemente psicanalíticos, com o adendo do estruturalismo e da psicanálise de J. Lacan. Autores como G. Lapassade (Análise Institucional[62]), M. Foucault, J. Derrida e outros fizeram sentir seu peso nas discussões e encaminhamentos.

Apesar do clima de inverno (ainda) reinante na França, J. F. Catalan[63] relembra um sem-número de autores franceses antigos e novos de importância na psicologia da religião. Entre os antigos (alguns deles belgas): Ch. Baudoin, P. Bovet, A. Hesnard, P. Ricoeur, L. Beirnaert, M. Oraison, A. Plé, A. Godin, M. de Certeau, M. Meslin, R. Hostie. Entre os mais recentes, embora alguns já mais antigos: A. Vergote, J. Vernette, M. Hébrard, A. Ravier, P. Solignac, D. Widlöcher, X. Thévenot, N. Fabre, T. Anatrella etc. É um longo elenco que pode facilmente ser ampliado.

Por conhecer pouco o que se faz nos países da América Latina (Argentina, Chile e México, em especial), prefiro não tocar na psicologia da religião aí praticada. Limito-me a algumas pinceladas sobre a psicologia espanhola da religião.

Na Espanha, também ela afetada por um relativo inverno religioso, uma recente tradução de um livro de Carlos D. Morano[64] é uma boa amostra da vitalidade da psicologia da religião neste país, ao menos no tocante ao diálogo de alto nível entre a psicanálise freudiana e a fé cristã.[65] Desfila neste livro um expressivo número de autores: A. Tornos, E. Freijó, J. Rof Carballo, A. Vasquez, J. M. Uriarte, P. F. Villamarzo etc.[66]

---

[62] Cf. PEREIRA, W. C. C. *A formação na vida religiosa*, um psicólogo especializado na análise institucional da Igreja Católica.

[63] CATALAN, J-F. *O homem e sua religião.*

[64] Cf., especialmente, MORANO, C. D. *Crer depois de Freud.* Cf., também, MORANO, C. D. *El psicoanálisis freudiano de la religión.*

[65] Refiro-me especialmente ao livro: MORANO, C. D. *Crer depois de Freud.* Cf. Também, do mesmo autor, *El psicoanálisis freudiano de la religión.* Madrid, San Pablo, 1991.

[66] MORANO, C. D. *Crer depois de Freud,* p. 96.

145

A introdução à psicologia da religião escrita por Antonio Ávila[67] complementa essa lista com outros nomes: J. M. Aragó Mitjans, J. Cordero, S. Ayestarán, J. Font, E. Aguilar Galindo, J. Garrido, M. Velasco, C. Medrano, E. Perez-Delgado, R. Garcia-Ros, X. Zubiri etc.[68] Falando em psicologia da religião na Espanha, não há como silenciar os clássicos da mística: Juan de la Cruz, Tereza de Ávila e Inácio de Loyola, cujas obras mereceram extensos comentários psicológicos por parte de estudiosos espanhóis.[69]

A Itália, talvez por sua história religiosa intimamente conectada com a do catolicismo, não desempenha um papel saliente na história da psicologia da religião. Esteve presente, porém, desde os albores da psicologia, que teve em R. Ardigó e G. Sergi dois importantes pais fundadores. Em 1905 aparecia a *Rivista di Psicologia*, provocando reações por parte da psicologia escolástica ensinada nas academias eclesiásticas de Roma, segundo o modelo aristotélico-tomista.

Valli e Petazzi são dois nomes expressivos do que produzia a psicologia da religião àquela época. O primeiro tinha como certo existir um dualismo sem solução entre fé e ciência, enquanto o segundo perseguia objetivos quase exclusivamente apologéticos. Os dois princípios epistemológicos e metodológicos que Th. Flournoy proclamou no VI Congresso Internacional de Psicologia (Genebra, 1909) tiveram repercussão na Itália. Foram esclarecimentos que ajudaram a diminuir as tensões da nascente psicologia da religião italiana, conturbada pela dura polêmica entre católicos e leigos.

Alguns psicólogos italianos compreenderam que a "exclusão da transcendência e de toda e qualquer apologia da imanência" propiciava um espaço de discussão bem mais fecundo que os antagonismos sem trégua então dominantes. Sante de Santis foi quem melhor aplicou a metodologia de Flournoy (inclusive seu segundo princípio epistemológico de se observar e interpretar a religiosidade como um processo ou disposição do organismo psicofísico) em uma pesquisa famosa, de 1924, sobre a conversão religiosa.

---

[67] Op. cit.

[68] Em Ávila, op. cit., pp. 181-200, podem ser encontrados os livros destes e de outros autores.

[69] Cf., por exemplo, Alemany, C. et alii, *Psicologia y ejercícios ignacianos*.

A psicologia da religião

Do lado católico, a Universidade Católica de Milão, com A. Gemelli e L. Ancona, trouxe uma contribuição significativa, reorientando o enfoque dos estudos. Além de suas obras escritas, esses dois cientistas foram mentores diretos e fundadores da Associação Internacional de Estudos de Medicina, Psicologia e Religião. Essa Associação, com o Centro de Estudos de Gallarate, foi destacada promotora da psicologia da religião crítica na Itália.[70] Várias universidades católicas dispõem hoje de excelentes faculdades de psicologia. Atualmente existe na Società Italiana di Psicologia uma divisão científico-profissional de "psicologia e religião" que funciona como lugar de encontro e confronto entre as ciências psicológicas e a religião.

Entre os psicólogos mais atuantes em anos mais recentes, Mario Aletti, um nome de peso, cita:[71] R. Titone, P. G. Grasso, G. Lorenzini, E. Fizzotti, A. Ronco, G. Milanesi, A. Arto etc., todos da Pontifícia Universidade Salesiana. Também N. Galli e o próprio M. Aletti têm vinculações com o mesmo grupo. R. Zavalloni, G. Zunini, G. Stickler, G. Giordani, R. Vianello e L. Pinkus são outros nomes obrigatórios em qualquer elenco de cultores da psicologia da religião na Itália. Em torno do psiquiatra jesuíta L. M. Rulla, da Pontifícia Universidade Gregoriana, constituiu-se em um outro grupo de pesquisadores. F. Imoda, A. Cencini, A. Manenti, A. Ravaglioli estão entre os que vão introduzindo novos horizontes às impostações da escola rulliana.

Temendo decepcionar o leitor/a, não tenho mais que umas poucas linhas sobre a psicologia da religião no Brasil. Não é que não exista. É que ela carece de uma busca mais rigorosa antes de ser submetida ao público. O que já se tem são pesquisas sobre a história da psicologia e da psiquiatria no Brasil[72] que fornecem boas pistas para a psicologia da religião. Servem como uma bússola enquanto não dispomos de uma verdadeira história do desenvolvimento da psicologia da religião propriamente dita. A história da psicologia da religião em nosso país, no entanto, é ainda um capítulo em aberto.

---

[70] FIZOTTI, E. op. cit., pp. 115ss.

[71] A lista está calcada em uma resenha de ALETTI, M. *La psicologia della religione in Italia: storia, problemi e prospettive*; introduzione all'edizione italiana. In: HOOD, R. W. et alii. pp. xi-xxxii.

[72] Cf. COSTA, J. F. *História da psiquiatria no Brasil*. No campo da psicologia, ver GUEDES, M. C. et. alii. (eds.). *Estudos em história da psicologia*; ANTUNES, M. A. M. *A psicologia no Brasil*. MASSIMI, M. (org.). *História da psicologia no Brasil do século XX*; CAMPOS, R. H. F. (org.). *Dicionário biográfico da psicologia no Brasil*.

Na década de 1960, em São Paulo, chegou-se à fundação de uma Sociedade Brasileira de Psicologia da Religião. Contava com o apoio da Faculdade de Psicologia da PUC-SP, de médicos dedicados à psicoterapia e de alguns pastores e padres interessados em temas de psicologia. Não foi adiante porque, após a revolução militar de 1964, os interesses das ciências humanas orientaram-se mais para a leitura sociológica e política do que acontecia no Brasil.

Há algum tempo existe, no seio da ANPEPP (Associação Nacional de Pesquisa e Pós-Graduação em Psicologia), um grupo de cultores/as da psicologia da religião que tem se reunido com periodicidade.[73] Pertencem a diversas correntes de psicologia. Muitos são docentes em cursos de graduação e pós-graduação de universidades espalhadas por todo o País. Já foram realizados cinco seminários nacionais, cujos anais foram publicados.[74]

O ISER (Instituto de Estudos Superiores da Religião), do Rio de Janeiro, e o CER (Centro de Estudos da Religião), de São Paulo, por sua vez, têm tomado iniciativas interessantes no sentido de trazer ao público algo do que se estuda em psicologia da religião. Por várias razões, preponderam temas ligados à antropologia, à psicanálise e às psicoterapias.

Nos ambientes de psicologia há um notável interesse pela psicologia da religião. As teses de mestrado e doutorado sobre assuntos psico-religiosos têm-se multiplicado. Surgem grupos de estudo estribados nas mais diversas teorias. Nem sempre contam com base científica séria. Em São Paulo, o Conselho Estadual de Psicologia organizou, faz pouco, um seminário sobre "Psicologia e Religião". Foi surpreendente o número de inscritos: mais de quinhentos. A clareza não foi o ponto alto do encontro, que revelou uma enorme confusão nas idéias, enfoques e expectativas dos participantes.

---

[73] Os seminários da ANPEPP concentraram-se em torno do tema "Psicologia e senso religioso". Datam de 1997 e são realizados com regularidade, reunindo especialistas de psicologia da religião de todo o Brasil. Até agora foram realizados cinco seminários, respectivamente, em Ribeirão Preto, Belo Horizonte, São Paulo (duas edições) e Campinas.

[74] Nos Anais dos seminários da ANPEPP podem ser encontrados os nomes dos principais psicólogos da religião do Brasil. Seria longo citá-los todos aqui. O/a leitor/a poderá consultar diretamente os livros de ISHARA, S. (org.). *A psicologia e o senso religioso*; MASSIMI, M. et alii. (orgs.). *Diante do mistério*; PAIVA, Geraldo et alii. (orgs.). *A representação na religião*; AMATUZZI, M. M. (org.). *Psicologia e espiritualidade*.

A psicologia da religião

Grupos particulares ligados a escolas psicológicas e psicoterapêuticas e/ou a religiões têm realizado encontros mais restritos. Em alguns, o interesse científico é secundário, mas alguns (nem todos) trazem uma contribuição. Essas parcas indicações provam que, paulatinamente, a psicologia da religião ganha espaço no cenário das ciências psicológicas brasileiras. Mal tocamos aqui no que se passa no campo psicanalítico por julgá-lo não atinente à psicologia da religião como aqui foi definida. O avanço comprova-se também por um outro indicador: o do aumento de livros e revistas trazendo assuntos relativos à psicologia da religião.

Situação atual e temas emergentes

A situação atual da psicologia da religião: indicações

A atual situação da psicologia da religião no mundo mostra uma linha de pensamento que precisa ser acompanhada com cuidado. Está se firmando em alguns setores o *wishful thinking* de que já se inventou um paradigma novo para o estudo da consciência humana, o que abriria uma perspectiva inédita para o desvendamento do "mistério" das religiões. Seria um paradigma que tornaria obsoletas e sem sentido todas as abordagens do passado.[75]

O sonho "transpessoal" tem dois lados. Um é positivo. Demonstra a existência de um mal-estar com relação à impropriedade de certos enquadramentos que pecam por seu dogmatismo e reducionismo. O lado negativo reside na ingenuidade ilusória de acreditar na existência de um paradigma realmente revolucionário que, além do mais, nos autorizaria a passar uma borracha sobre tudo o que foi dito e pensado

---

[75] Cf. WULFF, D. M. op. cit., pp. 612-616; VALLE, E. *Psicologia e experiência religiosa*, pp. 201-229, para ter os elementos psicológicos do problema, e os seguintes autores para conhecer modalidades diversas da "psicologia transpessoal": WEIL, P. *A revolução silenciosa*; TABONE, M. *A psicologia transpessoal*; AUGÉ, M. *Les formes de l'oubli*; BACHELARD, G. *O ar e o sonho: ensaio sobre a imaginação do movimento*. CAPRA, F. *O tao da física*; GROF, S. *Psicologia do futuro*; WILBER, K. *A consciência sem fronteiras*.

149

O espectro disciplinar da Ciência da Religião

até agora. Mais que outras ciências da religião, a psicologia da religião vê-se desafiada pela utopia dessa corrente transpessoal que pode levá-la a "embarcar na canoa furada" de uma epistemologia que faz pouco da historicidade de todo conhecimento humano, seja ele científico, seja religioso.

Existe uma segunda linha de divulgação psicológica, igualmente preocupante, que interpreta as fascinantes descobertas científicas da neurologia, da genética e da bioquímica como um aval para retomar o velho "materialismo médico", denunciado com tanta veemência por W. James em suas conferências de Gifford, em 1896. Pelo que tudo indica, estamos diante do mesmo dilema que sempre dividiu os "religionistas" (de viés filosófico e/ou místico) dos "cientistas", que tendem a só aceitar como cientificamente legítimo o que pode ser medido e pesado, além de possivelmente aplicado.[76] Este último grupo sente-se escudado pelo fato de hoje poder mostrar nas telas dos computadores o que antes se pensava só poder acontecer no recesso sagrado e indevassável da consciência. Assim, julgam ter argumentos como os fornecidos pelas neurociências que tornariam ainda mais irrefutáveis suas hipóteses a respeito da possibilidade de a ciência do futuro ter condições para, como diz Terrin,

> dissecar o problema do sagrado com o bisturi da história, da sociologia ou da psicologia, a ponto de contestar todo tipo de "transcendentalidade", à qual se referem os religiosos com o objetivo declarado ou latente de reduzir a religião e as religiões a seu momento histórico-fatual e nada mais.[77]

Epistemólogos e historiadores dos dois lados do Atlântico discutem o impasse. Europeus, como F. Dosse, por exemplo, analisam o embate entre essas correntes à luz da hermenêutica de P. Ricoeur. Dosse postula uma tríplice parceria entre (a) uma transdisciplinaridade mais atenta ao conjunto do problema; (b) uma epistemologia capaz de incorporar também a dimensão subjetiva e experiencial da religião; e (c) a urgência de se ter uma fundamentação filosófica mais

---

[76] TERRIN, A. N. O sagrado off limits, pp. 17-42.

[77] Ibid., p. 18.

A psicologia da religião

refinada que concilie mais adequadamente as ciências "naturais" com as "do espírito", para voltar à terminologia de Dilthey.[78] Talvez não seja uma solução, mas é um caminho.

A psicologia da religião norte-americana, ao perceber o mesmo questionamento, segue mantendo sua costumada trilha experimental e empírica, mas começa a abrir-se à dimensão filosófica do impasse. De científica a polêmica, está se tornando político-religiosa. Nos Estados Unidos de hoje, fundamentalistas religiosos e adeptos dos postulados científicos fazem manifestações de rua pró ou contra o criacionismo. Em outros lugares, o fundamentalismo se expressa pela via do terrorismo. A psicologia da religião tenta lançar luz sobre o que acontece. Surgem trabalhos específicos atentos ao que se passa atualmente, reproduzindo, em parte, os laivos de dogmatismo e autoritarismo que tanto preocuparam a psicologia de meados do século XX.[79]

Wulff é um dos que tentam encontrar uma via média no entendimento das radicalizações que aparecem também no campo das ciências psicológicas.[80] Ele sintetizou em um grande gráfico sua visão das posições ocupadas pelas escolas de psicologia no tocante à afirmação ou negação do transcendente. Transcrevo, sem mais, o gráfico, deixando ao leitor, em um primeiro instante, o trabalho de tentar analisar o que ele diz. Noto que os termos "redutivo" e "restaurador", usados por Wulff, devem ser entendidos em seu sentido técnico.

---

[78] DOSSE, F. op. cit., pp. 403-434.

[79] Cf. HOOD JR., Ralph W.; HILL, Peter C.; WILLIAMSON, Paul (eds.). *The Psychology of religious fundamentalism*. New York, The Guilford Press, 2005. Quanto aos estudos sobre o dogmatismo e o preconceito religioso ou político do passado, cf. ADORNO, T. W. et alii. *The authoritarian personality*. New York, Harper, 1950. Em minha tese de doutorado (VALLE, João Edênio Reis. *A secularização das atitudes sociorreligiosas: sua conexão com algumas variáveis de personalidade e do ambiente sociocultural*. Roma, Pontificia Università Salesiana, 1974. Tese de doutoramento apresentada ao Instituto de Psicologia), usei a escala de dogmatismo de M. Rokeach para avaliar o grau de conservadorismo dogmático presente no clero paulista e revigorado pelas inovações do Concílio Vaticano II.

[80] Op. cit., pp. 631ss.

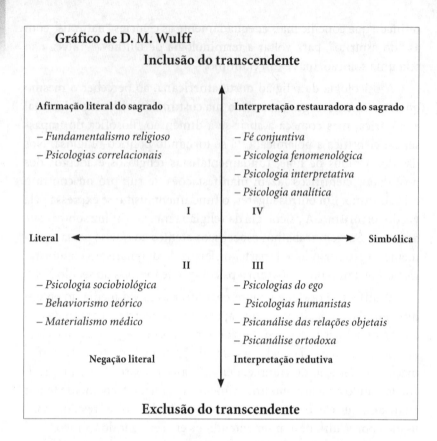

A afirmação e a negação *literais* do sagrado localizam-se, no gráfico, nos *quadrantes I e II,* respectivamente. O quadrante I representa a postura de quem afirma, de modo literal, a existência substantiva e fática do religioso. É a posição usualmente endossada pelos fundamentalismos. Wulff observa que essa postura fundamentalista não caracteriza somente os conservadores. Das centenas de trabalhos psicológicos analisados em seu livro, ele conclui que os estudos que mais evidentemente se colocam na perspectiva deste quadrante são os de natureza correlacional. São estudos baseados em metodologias quantitativas que correlacionam variáveis independentes julgadas importantes com a da religiosidade. Usam, em geral, questionários nos quais a variável dependente (a religiosidade) é definida, freqüentemente, por meio de formulações de sentido literal sobre as crenças, práticas,

A psicologia da religião

atitudes e comportamentos da amostragem em estudo. Acresce o fato de que os psicólogos que se põem nessa posição costumam fazê-lo desde pontos de vista conservadores, o que, para Hood, não pega bem em pesquisas de psicologia da religião. Há, porém, questionários que constituem exceções. A Escala de Misticismo, de Hood, e a Escala de Busca Religiosa (*Scale of Religious Quest*), de Batson, são dois deles.[81]

O quadrante II, na opinião de Wullf, se alicerça quase sempre em uma fraca sensibilidade do pesquisador quanto ao sentido religioso, que é o motivo que leva a pessoa a buscar a fé e a praticar atos religiosos. Psicólogos que se postam neste quadrante adotam uma postura de "negação literal" do sagrado. Wulff adverte que os "cientistas do comportamento e os cientistas sociais inclinam-se, ao que parece, para este erro".[82] E acrescenta, com T. Campbell, que eles incidem em um literalismo semelhante ao do Quadrante I, só que de sinal invertido: negam, ao invés de afirmar a literalidade do religioso. A saída seria a de aprender com epistemólogos como P. Ricoeur, que defendem uma compreensão interpretativa da linguagem metafórica humana, sobretudo a religiosa. Exemplos típicos de teorias deste quadrante II seriam as de G. B. Vetter e F. B. Skinner, ambos teóricos behavioristas. Outro exemplo é o do materialismo sociobiológico[83] de autores – como o prêmio Nobel F. Crick – que consideram a mente humana (e, *a fortiori*, a religiosidade) como resultado derivado exclusivamente dos circuitos e transmissores neurológicos e bioquímicos de mau ou bom funcionamento.

As designações que sintetizam os *quadrantes III e IV*, respectivamente, estão calçadas na palavra "interpretação", que pode ser de dois tipos: "redutiva" ou "restauradora". Essas designações se inspiram, de alguma maneira, na hermenêutica de Ricoeur, para quem as duas aproximações têm algo em comum com objetivos e pontos de vista específicos que tanto podem se complementar quanto se excluir. Uma das tarefas da interpretação é "reduzir" (no sentido de "liberar")

---

[81] WULFF, op. cit., p. 632.

[82] Ibid.

[83] Cf. as considerações críticas de BARBOUR, Ian G. *Quando a ciência encontra a religião*; inimigas, estranhas ou parceiras? São Paulo, Cultrix, 2004. p. 155ss.

os símbolos religiosos dos apêndices ilusórios com que costumam ser apresentados. A outra é "restaurar" o sentido original do símbolo, purificando-o conceitualmente de suas ambigüidades e potencializando sua capacidade de expressar o transcendente. Freud é um representante da "interpretação redutiva" (do quadrante III), embora o próprio Ricoeur o veja também como alguém que trouxe elementos de interpretação "restauradora" à análise do inconsciente religioso (quadrante IV).

Note-se que, para Wullf, também as psicologias humanistas e as psicanálises não-freudianas, como a de Jung, encontram seu lugar neste terceiro quadrante. Contudo, sua localização exata no espaço do Quadrante deve ser mais próxima ao ponto de intersecção dos dois eixos do que a da psicanálise ortodoxa – que se inspira no mestre de Viena.

Finalmente há o quadrante IV, que para Wulff seria o da "interpretação restauradora":

> a tarefa da hermenêutica da restauração é tratar os objetos da fé religiosa de uma maneira que permita-lhes falar da realidade transcendente para a qual apontam. A exemplo da afirmação literal, essa postura interpretativa coloca a dimensão do transcendente como algo real, só que não no mesmo sentido absoluto. Mais ainda, ela evita escrupulosamente identificar as idéias e objetos religiosos com a realidade (transcendente), o que a interpretação literal tende a fazer. O que ela busca é o sentido simbólico que reside dentro [da atitude e do objeto religioso que], em última instância, aponta para além do objeto religioso. E mais: este sentido é irredutível a termos meramente cognitivos; ele abrange a vida interior em seu todo.[84]

Wullf encontra dificuldade para indicar psicólogos que tenham trabalhado no nível da interpretação restauradora do símbolo religioso. Alude ao nome de James Fowler.[85] Considera alguns inventários de religiosidade como tentativas válidas nessa direção. Menciona a Escala Mitológica, de Hunt, a Escala de Busca Religiosa, de Batson, e a Escala de Descrença Iluminada (*Enlightened Disbelief Scale*), de Barron, como modelos que vão na direção do quadrante IV.

---

[84] Ibid., p. 634.

[85] FOWLER, J. *Estágios da fé*.

A psicologia da religião

Temas em discussão

Houve um evidente aumento de interesse pela psicologia da religião em todo o mundo, coincidentemente com a nova sedução que o sagrado exerce no contexto da modernidade em crise.[86] O inesperado reencantamento em que mergulhou o mundo das tecnologias avançadas trouxe consigo um retorno a temas psicológicos que pareciam ter sido superados pelas vertiginosas transformações do último quartel do século XX. Outros novos estão despontando.

Entre os "velhos" temas, são dignos de maior nota: as motivações e processos liminares e conscientes envolvidos na atitude e no comportamento religioso; seu desenvolvimento como processos de amadurecimento pessoal e grupal; a dinâmica da fé em suas duas faces, da crença e da descrença; o peso da culpabilidade e do perdão; os rituais e os mitos; as superstições e a magia; o milagre e a cura; as qualidades paranormais e xamânicas, em suas múltiplas formas; os vínculos que prendem as comunidades e que podem esgarçar-se em conflitos; o individualismo; a sinuosa construção da identidade religiosa definitiva; as manifestações da religiosidade popular (festas, romarias, benzimentos, devoções, lideranças etc.); as novas formas de religião e de religiosidade; a irreligiosidade: os estudos comparativos de tipo etnocultural; as dissensões e aproximações entre as religiões; a análise institucional religiosa[87] etc.

Avolumam-se os estudos sobre algumas questões mais recentes em que se mesclam o psicológico e o sociológico. Eis algumas delas: o marketing religioso; a mídia como fomentadora de necessidades religiosas; as conversões em massa; as novas linguagens dos cultos; as comunidades emocionais; a indefinição biográfica em sociedades pluralistas; as formas de interiorização/rejeição dos valores religiosos e éticos; a subjetividade como modo de ser religioso; as conseqüências da crise das religiões estabelecidas; as novas formas de adesão às

---

[86] CALIMAN, C. (org.). *A sedução do sagrado.*

[87] Um interessante trabalho sobre a análise institucional aplicada à vida religiosa católica é o da equipe de reflexão religiosa da Conferência dos Religiosos do Brasil, com o apoio do Instituo de Psicologia da PUC-MG na pessoa do pesquisador William César Castilho Pereira. Cf. PEREIRA, W. C. Analisadores institucionais na vida consagrada. In: CHITOLINA, A. L. et alii. (orgs.). *Análise institucional na vida religiosa consagrada*, pp. 131-134.

instituições; afetividade, emoção e símbolos; a organização interna das igrejas; a distribuição do poder religioso nas sociedades modernas e pós-modernas; o conflito e/ou o diálogo intergeracionais; a questão de gênero e o lugar e papel da mulher nas religiões institucionalizadas; as novas teologias alternativas (feministas, afro-indígenas, de minorias); a atração exercida pela espiritualidade e pelas práticas religiosas de origem oriental; o choque ou diálogo entre as concepções ocidentais e orientais no mundo; os fundamentalismos e os conflitos internos e externos dos grupos religiosos; os comportamentos típicos do "clero" nas diversas religiões; as alterações psicorreligiosas intrínsecas do próprio campo religioso; o exercício de papéis religiosos novos; a tipicidade da psicoterapia de indivíduos e grupos que se consagram de todo à religião etc.

Para arrematar a lista, sejam sublinhados alguns temas que já se anunciam como ocupantes do centro do palco da psicologia da religião, desenhando alguns de seus cenários mais importantes. As questões fundamentais de sempre permanecerão, com toda a certeza, começando por aquela de esclarecer, vez por vez, o que se entende por religião e religiosidade (Ela é uma ou múltipla? Quais são suas causas? Em que se diferencia de outros comportamentos de auto-expansão?).

Um segundo problema, correlacionado ao primeiro, é o de definir a diferença entre o estudo da religião pela psicologia (que não pode desviar-se do "sujeito" que estuda) e o realizado pela sociologia e a antropologia (que estudam a religião como construção histórica, social e cultural).

Um terceiro núcleo é o da complexidade do objeto próprio da psicologia da religião: a fé religiosa. Esta tem sua especificidade própria, mas é de difícil definição tanto filosófico-teológica quanto psicológica. É útil, neste contexto, transcrever um dito de P. Tillich:

> é difícil encontrar uma palavra na linguagem das religiões, seja popular, seja teológica, mais sujeita a mal-entendidos, distorções e definições discutíveis do que a palavra "fé" [...]. No estado atual, o termo "fé" [...] confunde e cria, alternadamente, ceticismo e fanatis-

A psicologia da religião

mo, resistência intelectual e emocional, rejeição da religião genuína e submissão a seus produtos secundários.[88]

O psicólogo da religião – por não ser nem filósofo, nem sociólogo, nem teólogo – continuará tendo que conciliar duas maneiras de abordar cada uma dessas questões: de um lado, pela via da observação e descrição *empíricas*, trabalhando com instrumentos e modelos adequados a tal; e, de outro lado, pela via das teorias e metateorias gerais que tenham condições de chegar a uma compreensão ampla do objeto estudado, indo além do que pode, mais restritamente, saber sobre "o" ser humano religioso, individual ou grupal, que tem diante de si.

Devido aos êxitos das modernas neurociências, há setores da psicologia da religião que defendem serem a religião e a religiosidade o resultado exclusivo do processo natural que, por meio de um desenvolvimento de milhões de anos, levou nossa espécie ao que ela é hoje. O aperfeiçoamento cortical do seu cérebro humano e sua atuação em conjunto com o sistema límbico e o tronco encefálico seriam os responsáveis pela capacidade mental humana de vivenciar estados místicos exclusivos à sua espécie. Por esse caminho é que D'Aquili e Newberg[89] chegam ao conceito de *mystical mind,* e Helminiak, ao de *scientific spirituality.*[90] Com base nos dados neuropsicológicos acumulados nos dois últimos decênios, todos esses cientistas julgam ser justo dar razão à hipótese de que o homem é, por natureza, não só *sapiens* e *habilis,* como também *religiosus.* A tese nada tem de original do ponto de vista da filosofia e da teologia. A novidade é que passou a ser defendida por neurologistas habituados ao rigor dos laboratórios e salas de neurocirurgia.

No Brasil, dispomos já de uma obra pioneira, da lavra de um competente especialista no campo das neurociências, Raul Marino Jr.[91] Ele assume, sem mais, o controvertido termo "neuroteologia", já

---

[88] TILLICH, P. apud HOOD, op. cit., p. 5.

[89] D'AQUILI, E. et alii. *The mystical mind; probing the biology of religious experience.*

[90] HELMINIAK, D. A scientific spirituality: the interface of Psychology and Theology. *The International Journal for the Psychology of Religion,* pp. 1-19.

[91] MARINO, R. *A religião do cérebro.*

no título mesmo de seu livro. Endossa as posições de M. Persinger[92] e de C. R. Albright,[93] que, resenhando os artigos publicados durante vinte e cinco anos pela revista americana *Zygon*, mostrou que as pesquisas realizadas na interface entre religião e neurociências permitem perfeitamente que a psicologia da religião de hoje já possa estabelecer relações entre cérebro e mente e entre processos biofísicos e elaborações do *self* consciente.[94] Em vez de especulações filosófico-teológicas, sempre passíveis de interpretações subjetivas, estes novos cientistas da mente julgam ter condições de comprovar suas afirmações com dados coletados em laboratórios altamente especializados. Seu modo de argumentar em defesa de suas hipóteses "neuroteológicas" funda-se na própria neurofisiologia, diferindo bastante do usado por psicólogos como o junguiano Erich Neumann, que postula a existência psicológica de um *mystical man*.[95] Os "neuroteólogos" de hoje pesquisam, com o auxílio de técnicas avançadas, o que vai na mente, por exemplo, de monges em meditação, de deprimidos que se sentem abandonados por Deus e de jovens drogados que, sob a influência de substâncias químicas, experimentam fortes experiências religiosas, mesmo não sendo religiosos em seu estado normal de consciência. Para tanto, esses modernos "pesquisadores da alma" mapeiam todos os recônditos do cérebro por meio de tomografias computadorizadas e de ressonância magnética. Insinuam que a explicação de nossos sentimentos religiosos mais profundos estaria não na psicanálise, mas nas neurociências, vistas como chave para o desvendar dos segredos da mente e da consciência humana.

Excusado é dizer que essas hipóteses encontram resistência nos meios psicanalíticos e também em grupos especializados na área da psiquiatria. Também os filósofos e teólogos terão sérias objeções a fazer quanto ao endosso apressado dessas novidades ainda muito hipo-

---

[92] PERSINGER, M. A. *Neuropsychological basis of God beliefs.*

[93] ALBRIGHT, R. & ASHBROOK, J. B. *Where God lives in the human brain.*

[94] A questão e o conceito do *self* são vistos de maneiras bem distintas entre si. António Damásio (DAMÁSIO, A. *O mistério da consciência*) concebe-o desde sua perspectiva estritamente neuropsicológica. Já Gilberto Safra (*A face estética do self,* teoria e clínica), apoiando-se em D. W. Winnicott, aproxima-se do *self* pela via de sua face estética, assim como esta emerge, em todo o seu modo singular de ser, no ser analítico.

[95] NEUMANN, E. Mystical man. In: CAMPBELL, Joseph (ed.). *The mystic vision*, pp. 375- 415.

A psicologia da religião

téticas. Pessoalmente, julgo apressada e infeliz a expressão "neuroteologia". Seu uso revela que, malgrado a inegável competência de seus
usuários no campo das neurociências, eles são pouco versados no que
diz respeito às atuais discussões do campo teológico. Imagino que a
teologia – e não só a cristã – terá inúmeras objeções de princípio contra o emprego da expressão "neuroteologia".

Não obstante, não se pode negar que há milhares de anos monges
de várias religiões vêm usando técnicas que disciplinam suas mentes
em direção a estados duradouros de compaixão, autocompreensão,
comunhão e tranqüilidade interior. Também as chamadas "novas
religiões" adotam práticas contemplativas que levam seus adeptos a
estados religiosos de alteração da mente. Sem ter argumentos senão
os de sua experiência, esses sábios religiosos estão seguros de que a
meditação e a ascese – mais do que as drogas e as decisões da vontade
e da razão – podem mudar os estados cerebrais e que o controle do
cérebro pode ter efeitos diretos sobre o corpo e o espírito. Hoje, para
surpresa das próprias ciências "duras", são os neurologistas de pesquisa que asseveram o mesmo. Será que a psique estaria saindo do divã e
retornando aos laboratórios, como nos tempos de W. Wundt?[96] Pede
esta novidade reconsiderações por parte da psicanálise e das psicoterapias que nela se inspiram?

Seja como for, eis aí um campo de estudos que seguramente irá
ocupar por decênios a próxima geração de psicólogos, de forma privilegiada os que buscam entender a religião e a religiosidade em todas
as suas dimensões.

O duplo fenômeno da perda de poder das religiões tradicionais
e da privatização da religiosidade tornou insuficiente as análises da
experiência religiosa que herdamos do passado. A corporeidade, os
estados alterados da mente e o psicodelismo são alguns dos aspectos
que precisam ser revistos para uma compreensão nova da experiência

---

[96] WULFF, op. cit., pp.163-199.

religiosa na contemporaneidade.[97] Sua presença e uso entre jovens e nos novos movimentos religiosos é uma incógnita a ser enfrentada.[98]

A plasticidade da mente e a capacidade de recuperação neurofisiológica do cérebro estão reforçando o que apregoa a psicologia transpessoal como sendo uma pista válida para o futuro da psicologia da religião. Há, aí, exageros. Os argumentos da psicologia transpessoal são ainda pouco convincentes, alguns delirantes até. Mas é uma pista que, se criticamente trabalhada, pode vir a abrir perspectivas.[99]

No entanto, não é só por aí que já transitam hoje os psicólogos da religião. Compulsando os principais autores da psicologia da religião, podemos levantar outros temas que serão os mais prováveis no futuro próximo:

Um tema que já atrai a atenção geral é o da mística e da espiritualidade.[100] Em resenhas como essa ou como na de Hood Jr.[101] retornam as velhas temáticas da conversão e do enfrentamento (*coping*) das dificuldades de cada fase da vida pela via da religião. O *counseling religioso*, lado a lado com as terapias propostas pelas ciências médicas e psicológicas, talvez venha a se tornar uma tarefa também de psicólogos especializados.[102]

Com a previsão de uma vida cada vez mais longa para todos os que gozam de um bom atendimento médico, o psicólogo ver-se-á confrontado com problemas ainda pouco explorados fora dos consultórios de psicoterapia. São eles: o estresse e o *burn-out*, a resiliência, os estados terminais de vida, o luto, o suicídio, a depressão, a morte, a solidão, a misantropia, a eutanásia etc.

A psicologia da religião continuará a estudar as relações da religião e da religiosidade com os distúrbios mentais em geral. Na inter-

---

[97] Ibid., cap. 4.

[98] Os rituais coletivos (religiosos e não religiosos) que se multiplicam nas modernas civilizações urbanas, hoje globalizadas e sujeitas à violência psicológica do marketing, oferecem um fascinante campo de estudo à psicologia da religião. Cf. DERSON, J. (ed.). *Religion in mind*; McCAULEY, R. N.; LAWSON, TH. E. *Bringing ritual to mind.*

[99] WULFF, op. cit., pp. 612-614.

[100] PALOUTZIAN, R. F & PARK, C. L. (eds.). *Handbook of Psychology of religion and spirituality.*

[101] Op. cit.

[102] Ibid., cap.1.

A psicologia da religião

face entre a psiquiatria e a religião há um vasto número de fenômenos a serem mais bem explorados e trabalhados. A psicoterapia de pessoas com senso religioso desenvolvido – pastores e padres, por exemplo – é um tema que só recentemente começou a ser pesquisado no Brasil.[103] Os valores religiosos em sua dimensão ética é um outro ponto a ser mais bem abordado. Ele se conecta a dois tipos de estudo. Um é psicossociológico; enfrenta questões como a dos conflitos originados da violência religiosa; outro vai na direção de uma antiga linha de pesquisa em psicologia da religião: a dos caminhos que levam ao amadurecimento religioso integral da pessoa e sobre as dúvidas e buscas que caracterizam cada uma das fases da vida humana, do nascimento à idade mais provecta. Não é à toa que a Igreja Católica tem-se preocupado com o que ela chama de "catequese com adultos". Em geral, a psicologia da religião tem pouco a dizer sobre o porquê das mudanças de religião e/ou dos afastamentos que se dão, com freqüência cada vez maior, em pessoas adultas, até já idosas. Entram aí inúmeros aspectos que exigem uma ampliação do campo da psicologia da religião em direção à psicossociologia e à psicologia social. São temas de grande importância para a psicologia da religião no Brasil.[104]

Por último, há que sublinhar – como se fez na presente Introdução – a importância crescente do esclarecimento da epistemologia subjacente à psicologia da religião. É uma área pouco explorada, mas cada vez mais importante. Não pode ser esquecida sob pena de invalidar a psicologia da religião como ciência e como um saber que interessa profundamente ao amadurecimento de uma humanidade mais solidária e mais sábia, porque mais aberta a uma dimensão da espiritualidade religiosa que nos torna mais definitivamente humanos.

---

[103] Cf. VALLE, E. O psicoterapeuta ante a vivência espiritual de seus clientes. In: EQUIPE DE REFLEXÃO PSICOLÓGICA, *Desafios contemporâneos à vida religiosa*, pp. 21-44; ANCONA-LOPEZ, M. Religião e psicologia clínica: quatro atitudes básicas. In: PRADO, A. et alii. *Diante do mistério*; psicologia e senso religioso, pp. 71-86; MASSIH, E. Eliana. Des-centrando a formação. *Convergência*, pp. 375-384.

[104] VALLE, op. cit., pp. 111-156.

Referências bibliográficas

ALBRIGHT, R. & ASHBROOK, J. B. *Where God lives in the human brain.* Illinois, Source Books and Pilgrim Press, 2001.

ALEMANY, C. & GARCIA-MONGE, J. *Psicologia y ejercícios ignacianos.* Madrid, Mensajero y Sal Terrae, 1990.

ALETTI, Mario. La psicologia della religione in Italia: storia, problemi e prospettive. Introduzione all'edizione italiana. In: HOOD JR., R. W., et alii. *Psicologia della Religione;* prospettive psicosociali ed empiriche. Torino, Centro Scientifico, 2001. pp. xi-xxxii.

_____. Teaching psychology of religion in Italy. In: ALETTI, M. & ROSSI, G. (eds.). *L'illusione religiosa;* rive e derive. Torino, Centro Scientifico, 2001. pp. 315-317.

ALLPORT, Gordon W. *The individual and his religion;* a psychological interpretation. New York, MacMillan, 1950.

AMATUZZI, Mauro M. (org.). *Psicologia e espiritualidade.* São Paulo, Paulus, 2005.

ANCONA-LOPEZ, Marília. Religião e psicologia clínica: quatro atitudes básicas. In: PRADO, Adélia et alii. *Diante do mistério;* psicologia e senso religioso. São Paulo, Loyola, 1999. pp. 71-86;

ANDERSON, J. (ed.). *Religion in mind;* cognitive perspectives on religious belief, ritual and experience. Cambridge, Cambridge University Press, 2001.

ANTUNES, Mitsuko A. Makino. *A psicologia no Brasil;* leitura histórica sobre sua construção. São Paulo, Unimarco/Educ, 1999.

AUGÉ, Marc. *Les formes de l'oubli.* Paris, Payot et Rivages, 1998.

ÁVILA, Antonio. *La psicologia de la religión.* Estella, Verbo Divino, 2003.

BACHELARD, Gaston. *O ar e o sonho;* ensaio sobre a imaginação do movimento. São Paulo, Martins Fontes, 1990.

BENKO, A. *Psicologia da religião.* São Paulo, Loyola, 1981.

BLASER, Dan. *Freud versus Deus;* como a psiquiatria perdeu a alma e o cristianismo perdeu a cabeça. São Paulo/Viçosa, Editorial Press/ Ultimato, 2002.

Caliman, Cleto (org.). *A sedução do sagrado*; o fenômeno religioso na virada do milênio. Petrópolis, Vozes, 1998.

Campos, Regina Helena F. (org.). *Dicionário biográfico da psicologia no Brasil.* Rio de Janeiro, Imago, 2001.

Capra, Fritjof. *O tao da física.* São Paulo, Cultrix, 1985.

Catalan, Jean-François. *O homem e sua religião*; enfoque psicológico. São Paulo, Paulinas, 1998.

Cazarotto, José Luiz. *A experiência religiosa como experiência de alteridade*; André Godin e a superação da visão freudiana como ilusão. Roma, Università Pontificia Salesiana, 1997. (Estrato de tese de doutrado.)

Clark, W. H. *The Psychology of religion*; an introduction to religious experience and behavior. New York, MacMillan, 1958.

Costa, Jurandir Freire. *História da psiquiatria no Brasil.* Rio de Janeiro, Campus, 1981.

D'aquili, Eugene & Newberg, Andrew B. *The mystical mind;* probing the biology of religious experience. Minneapolis, Fortress, 1999.

Damásio, António. *O mistério da consciência;* do corpo e das emoções ao conhecimento de si. São Paulo, Companhia das Letras, 2000.

Dosse, François. *O império do sentido*; humanização das ciências humanas. Bauru, Edusc, 2003.

Filoramo, Giovanni & Prandi, Carlo. *As ciências das religiões.* São Paulo, Paulus, 1999.

Fizzotti, E. *Verso una psicologia della religione.* Turim, Elle Di Ci, 1992.

Flournoy, Th. *Psicologia religiosa.* Pavia, Mattei Speroni e C., 1910.

Fowler, James. *Estágios da fé.* São Leopoldo, Sinodal, 1994.

Fox, D. & Prilleltensky, I. *Critical Psychology*; an introduction. London, Sage, 1997.

Fraas, Hans-Jürgen. *A religiosidade humana*; compêndio de psicologia da religião. São Leopoldo, Sinodal/IEPG, 1997.

Fuller, Andrew R. *Psychology and religion*; eight points of view. 2. ed. New York, University Press of America, 1988.

GARDNER, Howard. *Inteligências múltiplas*; a inteligência na prática. Porto Alegre, Artes Médicas, 1995.

GROF, S. *Psicologia do futuro*; lições das pesquisas modernas da consciência. Niterói, Heresis, 2000.

GROM, B. *Psicologia de la religión*. Barcelona, Herder, 1994.

GRÜEHN, Werner. *Die Frömmigkeit der Gegenwart*. Grundtatsachen der empyrischen Psychologie. 2. Verl. Konstanz, F. Bahn, 1960.

GUEDES, M. do Carmo & CAMPOS, Regina H. de Freitas (eds.). *Estudos em história da psicologia*. São Paulo, Educ, 1999.

HAVENS, J. (ed.). *Psychology and religion*; a contemporary dialogue. Princeton, D. Van Strand and Co., 1968.

HELMINIAK, Daniel A. A scientific spirituality: the interface of Psychology and Theology. *The International Journal for the Psychology of Religion*, 1: 1-19, 1996.

HOOD JR., Ralph W. & HILL, Peter (eds.). *Measures of religiosity*. Birmingham, Al, Religious Education, 1999.

_____. et alii. *The Psychology of religion*; an empirical approach. New York, The Guilford Press, 1996.

ISHARA, S. (org.). *A psicologia e o senso religioso*; anais do seminário. Ribeirão Preto, Salus, 1997.

JAMES, William. *As variedades da experiência religiosa*; um estudo sobre a natureza humana. São Paulo, Cultrix, 1995.

LÉONARD, A. Chronique de psychologie de la religion. *Supplément de la Vie Spirituelle*, 18: 212-231, 1950.

LEUBA, J. H. *A psychological study of religion*; its origins, function, and future. New York, MacMillan/Lindbeck, 1912.

MARINO JR., Raul. *A religião do cérebro*; as novas descobertas da neurociência a respeito da fé humana. São Paulo, Gente, 2005.

MASLOW, Abraham H. *Toward a Psychology of being*. New York, D. van Nostrand, 1968.

MASSIH, Eliana. Des-centrando a formação. *Convergência*, ano XL, 384: 375-384, 2005.

A psicologia da religião

Massimi, Marina (org.). *História da psicologia no Brasil do século XX.* São Paulo, EPU, 2000.

_____ & Mahfoud, M. (orgs.). *Diante do mistério.* São Paulo, Loyola, 1999.

McCauley, Robert N. & Awson, Th. E. *Bringing ritual to mind;* psychological foundations of cultural forms. Cambridge, Cambridge United Press, 2002.

Milanesi, Giancarlo & Aletti, Mario. *Psicologia della religione.* Turim, Elle Di Ci, Leumann, 1973.

Morano, C. Dominguez. *Crer depois de Freud.* São Paulo, Loyola, 2003.

_____. *El psicoanálisis freudiano de la religión.* Madrid, San Pablo, 1991.

Neumann, Erich. Mystical man. In: Campbell, Joseph (ed.). *The mystic vision.* Princeton, Princeton University Press, 1968. pp. 375-415.

Paden, William E. *Interpretando o sagrado;* modos de conceber o sagrado. São Paulo, Paulinas, 2001.

Paiva, Geraldo J. & Zangari, Wellington (orgs.). *A representação na religião;* perspectivas psicológicas. São Paulo, Loyola, 2004.

Pargament, K. I. The psychology of religion and spirituality? Yes and No. *International Journal for the Pychology of Religion, 1*: 3-16, 1999.

Parsons William B. & Jonte-Pace, Diane E. *Religion and psychology;* mapping the terrain. London, Routledge, 1980.

Paloutzian, R. F. & Park, C. L. (eds.). *Handbook of psychology of religion and spirituality.* New York, Guilford, 2005.

Pereira, William C. Castilho. *A formação na vida religiosa.* Petrópolis, Vozes, 2004.

_____. Analisadores institucionais na vida consagrada. In: Chitolina, Adalto Luiz et alii. (orgs.). *Análise institucional na vida religiosa consagrada.* Rio de Janeiro, Publicações CRB, 2005. pp. 131-134.

Persinger, M. A. *Neuropsychological basis of God beliefs.* New York, Praeger, 1987.

POMPÉIA, J. A. & SAPIENZA, T. B. *Na presença do sentido*; uma aproximação fenomenológica a questões existenciais básicas. São Paulo, Educ/Paulus, 2004.

RAMOS, Arthur. *Psychiatria e psychanálise*. Rio de Janeiro, Guanabara, 1933.

ROSA, Elisa Z. & ANDRIANI, Ana G. Psicologia sócio-histórica: uma tentativa de sistematização epistemológica e metodológica. In: KAHHALE, Edna M. Peters (org.). *A diversidade da psicologia*; uma construção teórica. São Paulo, Cortez, 2002. pp. 259-288.

SAFRA, Gilberto. *A face estética do self*; teoria e clínica. São Paulo, Unimarco, 1999.

STANLEY-HALL, G. *Adolescence*: *its psychology and relations to physiology, anthropology, sociology, sex, crime, religion and education*. New York, Appleton, 1904.

TABONE, Márcia. *A psicologia transpessoal*; introdução à nova visão da consciência em psicologia e educação. São Paulo, Cultrix, 1999.

TERRIN, Aldo N. *O sagrado off limits*; a experiência religiosa e suas expressões. São Paulo, Loyola, 1998.

USARSKI, Frank. *Constituintes da ciência da religião*; cinco ensaios em prol de uma disciplina autônoma. São Paulo, Paulinas, 2006.

UTSCH, Michael. *Religionspsychologie*. Voraussetzungen, Grundlagen, Forschungs-überblick, Stuttgart, Kohlhammer, 1998.

VERGOTE, A. *Psicologia religiosa*. Madrid, Taurus, 1969.

VALESCO, António. *Psicologia de la religión*. Estella, Verbo Divino, 2003.

VALLE, Edênio. *Psicologia e experiência religiosa*. São Paulo, Loyola, 1997.

_____. Ilusão e desejo: chaves para a compreensão do dilema ateísmo-devoção. In: PAIVA, Geraldo J. & ZANGARI, Wellington, (orgs.). *A representação na religião*; perspectivas psicológicas. São Paulo, Loyola, 2004. pp. 277-298.

_____. O psicoterapeuta ante a vivência espiritual de seus clientes. In: EQUIPE DE REFLEXÃO PSICOLÓGICA. *Desafios contemporâneos à vida religiosa*. Rio de Janeiro, Publicações CRB, 2004. pp. 21-44.

A psicologia da religião

VALLE, Edênio. Religião e espiritualidade: um olhar psicológico. In: AMATUZZI, Mauro (org.). *Psicologia e espiritualidade*. São Paulo, Paulus, 2005. pp. 83-108.

VITZ, P. *Psychology as religion*. Grand Rapids, William B. Eerdmans, 1977.

WEIL, Pierre. *A revolução silenciosa*. São Paulo, Pensamento, 1982.

WILBER, Ken. *A consciência sem fronteiras*. São Paulo, Cultrix, 1998.

WONDRACEK, Karin H. K. (org.). *O futuro e a ilusão*; um embate com Freud sobre psicanálise e religião. Petrópolis, Vozes, 2003.

WULFF, D. M. *Psychology of religion*; classic and contemporary views. New York, John Wiley, 1991.

WUNDT, W. *Elements of folk psychology*. London, Allen and Unwin, 1916.

PARTE 2
Subdisciplinas "complementares" da ciência da religião

A geografia da religião

Frank Usarski

A geografia
da religião

A geografia da religião

A dimensão do espaço no contexto de estudos da religião – um balanço

Embora a ciência da religião se defina como uma disciplina empírica – e, portanto, como um empreendimento intelectual que localiza seus objetos no contínuo espaço-tempo –, o estudo da relação entre religião e espaço, diferentemente das pesquisas feitas a partir de um olhar histórico, surgiu relativamente tarde em sua agenda acadêmica. Negligenciou tanto especulações geográficas primitivas quanto conceitos posteriores mais elaborados referentes à relação entre religião e espaço, a ponto de, até recentemente, registrarmos lamentos acadêmicos em relação a "uma relativa falta de interesse pela religião entre geógrafos e pela geografia do ponto de vista da ciência da religião, embora haja muitos pontos de contato interessantes e importantes entre as duas disciplinas".[1]

O "atraso" do reconhecimento da importância de estudos geográficos no âmbito da ciência da religião explica-se, em parte, pelo fato de que esta se caracteriza como uma "ciência *integrativa* das religiões"[2] que não apenas depende dos esforços realizados no seu próprio meio, como também do desenvolvimento teórico e empírico das suas disciplinas de referência. Vale a pena lembrar que a geografia da religião propriamente dita começou a adquirir seu próprio perfil como um subcampo da geografia cultural apenas a partir da segunda metade do século XX, graças a obras paradigmáticas de Paul Fickeler (1947)[3] e Pierre Deffontaines (1948)[4] lançadas na Alemanha e França, respectivamente. O fato de o primeiro manual da disciplina, de autoria do geógrafo norte-americano David E. Sopher,[5] ter sido lançado

---

[1] PARK, CH. Religion and geography. In: HINNELS, John R. *The routledge companion to the study of religion*, p. 454.

[2] FLASCHE, R. Religionswissenschaft als integrale Wissenschaft von den Religionen. In: *Religionen, Geschichte, Oekumene*, pp. 225-233.

[3] FICKELER, P. Grundfragen der Religionsgeographie. *Erdkunde*, pp. 121-144.

[4] DEFFONTAINES, Pierre. *Géographie et religions*.

[5] SOPHER, D. E. *Geography of religions*.

173

apenas em 1967 é sintomático da timidez com a qual a área se articulou nas décadas seguintes. Esta situação, apesar de ter melhorado sensivelmente nos últimos anos devido a um crescimento considerável de referentes projetos no sentido de uma "virada espacial" no âmbito do estudo das religiões,[6] continua a ser precária, especialmente em termos institucionais.

Tudo isso tem feito com que, comparada a outras subdisciplinas da ciência da religião (como a sociologia da religião ou a psicologia da religião), a geografia da religião ainda não seja considerada uma das "matérias óbvias" do ponto de vista da maioria das ciências da religião. Para verificar a adequação dessa avaliação relativamente pessimista, basta olhar a literatura programática na área de ciência da religião publicada no decorrer das últimas duas décadas.

As restrições formais do presente artigo permitem a citação de apenas algumas obras representativas como exemplos. A coletânea *Theory and method in religious study* foi lançada em 1995 com o intuito de representar uma síntese das "abordagens contemporâneas do estudo da religião" naquele momento, levando em conta a importância da história, da psicologia, da sociologia e da antropologia. A obra, no entanto, negligenciou completamente as possíveis contribuições da geografia.[7] O exemplo é sintomático para a maioria de publicações desse tipo, inclusive os dois volumes do livro *New approaches to the study of religion*, lançado em 2004,[8] no qual vários dos cientistas da religião mais citados atualmente em âmbito internacional delineiam, em cerca de mil páginas, o perfil contemporâneo da disciplina. Enquanto os autores partem unanimemente da relevância "natural" não apenas de aspectos antropológicos, sociológicos e psicológicos, mas também de questões jurídicas, filosóficas ou semióticas para o estudo da religião, nenhum dos 36 capítulos da obra mostra uma preocupação explícita com questões relacionadas à geografia da religião. Apenas dois artigos do segundo volume, isto é, os capítulos sobre "Urbanização e religião"

---

[6] LOSSAU, J. & LIPPUNER, R. Geographie und spatial turn. *Erdkunde*, pp. 201-211.

[7] WHALING, F. *Theory and method in religious studies.*

[8] ANTES, P. et alii (orgs.). *New approaches to the study of religion.* 2 v.

A geografia da religião

e "Religião e diáspora" poderiam ser interpretados como reminiscências à dimensão do espaço.

O mesmo vale para as introduções à ciência da religião com as quais os iniciantes da disciplina são regularmente confrontados já na primeira fase de sua formação. Conforme Giovanni Filoramo e Carlo Prandi, o campo disciplinar que constitui "as ciências das religiões" contém "escolas" históricas, sociológicas, psicológicas e antropológicas, bem como estudos lingüísticos. O que falta nesse espectro citado pelos autores italianos é a abordagem geográfica.[9] De maneira semelhante, a *Introdução ao estudo comparado das religiões*, de Aldo Natale Terrin, menciona a história, a antropologia e outras matérias como referências teóricas e metodológicas, mas omite a geografia,[10] um descuido presente até mesmo em uma obra tão densa como o *Dicionário enciclopédico das religiões*, cujas mais de 2.800 páginas trazem informações válidas apenas sobre as abordagens "comuns" ao objeto, mas ignora a importância de seu estudo a partir de uma perspectiva geográfica.[11]

Um outro indicador para o *status* ainda insatisfatório da geografia da religião é sua curta história como área específica institucionalizada no mundo acadêmico. As primeiras providências nessa direção foram tomadas mais de cem anos depois da inauguração da primeira cátedra em ciência da religião, em 1873,[12] ou seja, apenas em 1976, quando doze participantes do congresso dos geógrafos norte-americanos em Nova York fundaram, como sessão especializada da Association of American Geographers, o grupo Geography of Religions and Belief Systems (GORABS). Essa organização, que atua até hoje por meio de conferências nacionais e de um *newsletter* regular,[13] tem como objetivo "facilitar o desenvolvimento de um grupo ativo de pesquisadores inter-relacionados na área de geografia das religiões e de sistemas de crenças, de especialistas que geram juntos uma sinergia em prol da

---

[9] FILORAMO, G. & PRANDI, C. *As ciências das religiões.*
[10] TERRIN, A. N. *Introdução ao estudo comparado das religiões.*
[11] SCHLESINGER, H. & PORTO, H. *Dicionário enciclopédico das religiões.*
[12] USARSKI, F. *Constituintes da ciência da religião*, p. 24.
[13] <http://gorabs.org/> Acesso em 12 de maio de 2006.

175

O espectro disciplinar da Ciência da Religião

expansão do descobrimento e da disseminação do novo saber"[14] relacionado àquela subdisciplina. Logo depois, algo semelhante aconteceu na Alemanha, quando em 1983, por ocasião da conferência anual da *Deutsche Gesellschaft für Geographie* (DGG) na cidade de Münster, um pequeno grupo de pesquisadores interessados na dinâmica entre religião e espaço constituiu-se como o *Arbeitskreis Religionsgeographie* dentro da DGG, um círculo que, embora composto por poucos membros, destacar-se-ia nos anos seguintes por uma seqüência de publicações lançadas como volumes da série *Geografia Religionum*.[15] Apesar dos esforços de pequenos grupos e protagonistas individuais, a disciplina, como entidade institucionalizada, continua a desempenhar um papel marginal nas universidades, uma vez que possui atualmente apenas uma única cátedra na Universidade de Cracóvia (Polônia). O programa foi instalado em 1989 e concentra-se na pesquisa sobre as peregrinações na Polônia, ou seja, um fenômeno cuja importância voltou a crescer depois da queda da chamada "Cortina de Ferro".

A situação no Brasil não difere muito da dos outros países. A geografia da religião não desempenha um papel expressivo no âmbito nacional de estudo das religiões, mas há esforços notáveis de alguns acadêmicos na área. Além de projetos temáticos pontuais de representantes de diversas outras disciplinas, inclusive da ciência da religião,[16] são sobretudo geógrafos que contribuem, por meio de núcleos e linhas de pesquisas,[17] dissertações,[18] publicações[19] e painéis em simpósios,[20] para a investigação das múltiplas relações entre a religião e o espaço.

---

[14] GORABS. *Newsletter*, 27(1): 5, primavera/verão 2005.

[15] <http://www.religionsgeographie.de/> Acesso em 12 de maio de 2006.

[16] Por exemplo, ABUMANSSUR, E. S. (org.). *Turismo religioso*.

[17] Destacam-se nesse universo as atividades de Sylvio Fausto Gil Filho no Departamento de Geografia da Universidade Federal do Paraná e as do Núcleo de Estudos e Pesquisas sobre Espaço e Cultura no Departamento de Geografia da Universidade Estadual do Rio de Janeiro, coordenado por Zeny Rosendahl.

[18] Por exemplo, SANTOS, A. P. dos. *Geografia do In(visível)*; o espaço do kardecismo em São Paulo.

[19] Por exemplo, ROSENDAHL, Z. *Espaço e religião*.

[20] Por exemplo, a composição do simpósio "Espaço, Religião e Identidade" realizado no âmbito do II Simpósio Internacional sobre Religiões, Religiosidades e Culturas, 23-26 de abril de 2006, em Dourados (MS).

A geografia da religião

Expressões primitivas do pensamento geográfico sobre religião

Conforme o rumo principal da formação histórica do mundo acadêmico ocidental, as origens da geografia da religião como disciplina acadêmica moderna remontam ao processo de emancipação gradual das premissas teológicas.[21] Até a época do iluminismo, a maioria dos geógrafos definia como sua tarefa mais sublime "provar", mediante a observação e descrição das "espantosas" peculiaridades naturais, a providência divina manifesta nas formações terrestres. Negava-se que a distribuição inteligente de zonas climáticas e paisagens, com suas floras e faunas específicas "milagrosamente adaptadas", pudesse ser mera coincidência. Era tido como garantido que nosso planeta, bem como o restante do universo, não existiria se não houvesse uma força transcendental criadora e organizadora responsável por toda aquela beleza e grandiosidade.[22] Uma das expressões paradigmáticas dessa abordagem, já antecipada na Antiguidade por pensadores como o grego Anaximandro (610–546 a.C. – datas aproximadas) – que viram na organização espacial da terra uma manifestação de princípios divinos –, era a chamada *físico-teologia*, intelectualmente bastante influente a partir do século XVII, dedicada a interpretações teológicas dos descobrimentos recentes das ainda novas ciências naturais a fim de diminuir as tensões entre os dois campos de saber potencialmente antagônicos.[23]

O fato de que, ainda nas décadas próximas à virada do século XVIII para o século XIX, geógrafos alemães, como o pastor luterano Gottlieb Kasche (em seu livro *Idéias sobre a geografia religiosa*, de 1795) ou Carl Ritter (entre 1820 e 1859, o primeiro professor catedrático de geografia do país), pudessem afirmar, com muita naturalidade, que a disciplina visava demonstrar um "plano divino" manifesto na Terra, exemplifica a influência duradoura dessa linha de pensamento.[24]

---

[21] Büttner, M. Geographie und Theologie im 18. Jahrhundert. In: *Religion/Umwelt-Forschung im Aufbruch*, pp. 6-16.

[22] Schaefer, J. Appreciating the beauty of earth. *Theological Studies*, pp. 23-52.

[23] Krolzik, U. Physikotheologie. *Religion in Geschichte und Gegenwart*, colunas 1328-1330.

[24] Büttner, M. Religion and geography. Impulses for a new dialogue between Religionswissenschaftlern and geographers. Numen, pp. 165-179.

O espectro disciplinar da Ciência da Religião

Além da curiosidade pela físico-teologia, havia interesse em dois outros assuntos. O objetivo principal do primeiro campo de pesquisa, comprovado desde a Idade Média como uma espécie de "geografia de missão", consistia, por um lado, no mapeamento da expansão do cristianismo, e, por outro, no levantamento das condições espaciais das regiões na mira de futuras missões cristãs. Quanto ao último aspecto, é notável que, nesse ramo, um saber sobre outras religiões desempenhasse um papel, porém, apenas na medida em que ajudava os mensageiros da "boa nova" a aperfeiçoar suas campanhas entre os povos alheios. O segundo assunto, abordado a partir da Modernidade primitiva, pode ser caracterizado como "geografia bíblica", que buscava mapear as paisagens e lugares mencionados nos textos bíblicos, um tema que, embora pareça *exaurível*, não deixa de atrair um ou outro autor contemporâneo.[25]

A ruptura coerente com a teologia promovida pelo iluminismo significava um salto epistemológico para a geografia na direção de uma atitude "controlada" diante de seus objetos de pesquisa, inclusive o da religião. Porém, desde a abertura da primeira cátedra de geografia na Universidade de Sorbonne, em 1809, foram necessários grandes esforços intelectuais até que a geografia da religião chegasse a um nível digno de um empreendimento intelectual submetido ao rigor acadêmico moderno.[26]

Desenvolvimento conceitual da geografia da religião

Os desenvolvimentos conceituais que finalmente capacitariam a geografia da religião a desempenhar um papel construtivo no âmbito da ciência da religião "gravitaram ao redor de três tarefas centrais resumidamente indicadas pelos seguintes verbetes: *teoria de divulgação*, *teoria de dependência do ambiente* e *teoria de modulação do ambien-*

---

[25] Por exemplo, AHARONI, Y. *The land of the Bible.*

[26] WUNDER, E. *Religion in der postkonfessionellen Gesellschaft.*

A geografia da religião

te".[27] Trata-se de uma tripla programática freqüentemente citada na literatura introdutória da disciplina.[28] Menos consensuais, porém, são as respostas à pergunta sobre a relação entre as três "teorias" e uma possível quarta área, caracterizada como *geopiedade*,[29] *geoteologia*[30] ou *geografia mítica*,[31] nomenclaturas que apontam conceitos espaciais que, diferentemente de abordagens construídas no ambiente acadêmico por fins analíticos, representam perspectivas doutrinárias tomadas por determinadas tradições religiosas sobre o espaço. Como será elaborado mais adiante, as referidas preocupações são válidas apenas à medida que o próprio geógrafo, em suas descrições e interpretações, assuma e se identifique com tais visões religiosas em vez de analisá-las na condição de representante de uma disciplina empírica conforme suas normas epistemológicas.

Vale a pena lembrar que as três tarefas "clássicas" da geografia da religião não nasceram simultaneamente, mas, sim, de maneira gradual na seqüência indicada pela citação inicial do parágrafo. O leitor já sabe que as primeiras expressões de interesse na divulgação espacial de religiões remontam às fases da "geografia bíblica" e da "geografia de missão", cujos pesquisadores privilegiavam as manifestações da tradição judaico-cristã, aproximando-as, bem como os representantes da físico-teologia, em um espírito geoteológico no sentido problemático da palavra. Tal postura foi posteriormente superada à medida que a geografia se abriu a um estudo imparcial tanto do cristianismo quanto de outras tradições religiosas em suas relações com o espaço.

No que diz respeito à segunda das três tarefas "clássicas" da geografia da religião, devemos levar em consideração que, entre a primeira parte do século XIX e as primeiras décadas do século XX, negligen-

---

[27] Schwind, Martin. Einleitung: Über die Aufgaben der Religionsgeographie. In: *Religionsgeographie*, p. 2.

[28] Por exemplo, Hoheisel, K. Religionsgeographie und Religionsgeschichte. In: Zinser, H. (org.). *Religionswissenschaft*, pp. 114-130; Borsdorf, A. Religionsgeographie. 4. ed. *Religion in Geschichte und Gegenwart*, colunas 315-318; Hock, K. *Einführung in die Religionswissenschaft*.

[29] Tuan, Y.-F. Geopiety: a theme in man's attachment to nature and to place. In: Lowenthal, D. & Bowden, M. *Geographies of the mind*, pp. 11-39.

[30] Thoma, C. Clemens. Das Land Israel in der rabbinischen Tradition. In: Eckert, W. et alii. (org.). *Jüdisches Volk – gelobtes Land*, pp. 37-51.

[31] Cf. Singh, J. P. & Khan, M. Saptadvîpâ Vasumatrî: the mythical geography of the Hindus. *GeoJournal*, pp. 269-278.

179

O espectro disciplinar da Ciência da Religião

ciava-se o caráter dialético da relação entre religião e espaço. Em vez disso, defendia-se a hipótese de que as especificidades religiosas são resultado das condições formativas inerentes aos respectivos ambientes. Mais tarde essa abordagem foi criticada como expressão de um *geodeterminismo* cuja unilateralidade manifestava-se em afirmações como a seguinte:

> O país natal do budismo é a Índia, onde a terra úmida do Ganges, sob o intenso calor abafado de céu tropical, deixa crescer, em seu seio, profusamente, o arroz nutritivo em abundância, sem que o homem tenha de dar-se muito a este trabalho. Para o povo conquistador, que tinha sido educado pela natureza rústica do seu lar original do noroeste [...], o esplendor opulento da terra ganha causava um enlevo e a este enlevo seguia o fastio da alma saciada.

Neste processo de depravação, "também as vívidas e ativas figuras do antigo panteão védico decaíam até seres meio fantasmagóricos: o céu desaparecia com o prazer pelo mundo exterior". Os conquistadores

> retiravam-se para o interior, abstraíam-se da matizada multiplicidade das coisas, cismavam e sonhavam e os sonhos estendiam-se junto à voluptuosidade da vegetação ao redor. Não por acaso: nisto se revela a verdadeira essência do indiano, para quem a vivência interior significa consideravelmente mais do que a exterior, que tem uma inclinação imensa para a contemplação e especulação profundas.[32]

Apesar das distorções conceituais causadas pelo *geodeterminismo*, a idéia óbvia de que os fenômenos religiosos ganham forma sob a influência de circunstâncias ambientais não mais perdeu sua relevância para a pesquisa geográfica, mas foi desafiada, nas décadas entre as duas guerras mundiais, por um paradigma alternativo concentrado em efeitos de religiões sobre os territórios em que estão localizadas. Essa virada conceitual foi estimulada por desenvolvimentos teóricos na área da sociologia interessados na capacidade da religião de se manifestar em outras esferas de vida, por exemplo, na economia.

---

[32] BERTHOLET, A. *Der Buddhismus und seine Bedeutung für unser Geistesleben*, S.2.

A geografia da religião

Hoje é consenso que nenhuma das duas abordagens, de *per se*, é capaz de satisfazer a curiosidade geográfica. Em vez disso, enfatiza-se a complexidade do campo de pesquisa a ser analisado conforme o princípio da divisão de trabalho e da complementaridade de perspectivas em prol de um levantamento mais abrangente possível de aspectos dialeticamente inter-relacionados. Segundo Büttner, em um artigo publicado em 1974:

> Já faz tempo que se tem abandonado o conceito de dependências unilaterais, não apenas nas disciplinas ao seu redor, mas também na própria geografia. Em vez disso, cada vez mais atenção tem sido dada ao estudo de aspectos recíprocos contextualizados em uma determinada rede de relações.[33]

Em 1988, Hoheisel confirmou: "Grupos religiosos deixam múltiplas marcas no espaço geográfico. *Ao mesmo tempo*, constelações especiais repercutem de maneira múltipla em grupos religiosos".[34]

A programática heurística da geografia da religião

Religiões disseminam-se no espaço

Diversos livros introdutórios às grandes religiões trazem mapas que localizam cada uma das tradições em diferentes partes do mundo. Países no sul da Ásia e no Extremo Oriente são normalmente apresentados em vermelho, indicando que nessas regiões o budismo prevalece. O Oriente Médio costuma ser matizado em verde, como referência ao islã. O amarelo identifica a Índia como predominantemente hindu. O azul é a cor privilegiada do cristianismo. Nos casos em que as religiões tribais africanas foram respeitadas, encontram-se também al-

---

[33] Büttner, *Religion and geography*, cit., pp. 163 e 166.

[34] Hoheisel, K. Religionsgeographie und Religionsgeschichte. In: Zinser, Hartmut (org.). *Religionswissenschaft. Eine Einführung*. p. 121. Grifo meu.

gumas faixas laranjas no mapa. Baseadas em uma escala desse tipo, as mais importantes diferenciações confessionais são simbolizadas em nuanças daquela cor em que a referida religião principal aparece. No que diz respeito à suborganização visual do islã, por exemplo, um verde-escuro sugere que em um país como os Emirados Árabes a maioria da população é sunita, enquanto o verde-claro do Irã e do Iraque significa que nesses países o xiismo é mais forte. Analogicamente, os países católicos da América Latina surgem em azul-escuro, diferentemente dos Estados Unidos, que, devido à sua orientação protestante, aparecem em azul-claro.[35]

Do ponto de vista de um estudante novato da ciência da religião, fontes desse gênero são, muitas vezes, os primeiros indícios de contribuição da geografia para o estudo das religiões de acordo com a primeira tarefa "clássica" dessa subdisciplina. Porém, é óbvio que mapas tão generalizados como os anteriormente citados devem servir apenas como pontos de partida a fim de uma representação especial mais realista do mundo religioso, especialmente no que diz respeito às condições contemporâneas cada vez mais complexas desde a Segunda Guerra Mundial, ou seja, em uma situação da história humana caracterizada pela intensificação e aceleração de fatores associados a verbetes como "pluralização", "diversificação" ou "globalização". Nesse sentido, além de omitir religiões chinesas, como o taoísmo, ou religiões indianas, como o jainismo ou o siquismo, um mapa generalizante do tipo citado sofre limitações "técnicas" diante da exigência de levar em consideração fenômenos como a existência de diásporas, modificações do campo religioso devido a migrações, por deslocamentos de refugiados, ou processos de transplantação religiosa para novos contextos culturais e de adesão de determinadas camadas sociais a religiões alheias antigamente inacessíveis. Ao mesmo tempo, uma faixa azul ou verde em um mapa não diz nada sobre os graus do compromisso religioso característicos de diferentes segmentos da população no respectivo território. Em outras palavras: o mundo

---

[35] JUERGENSMEYER, M. Thinking globally about religion. In: *Global religions*. p. 3.

A geografia da religião

do século XXI tem se transformado em um cenário de tendências muito contrastantes no que diz respeito à religião. Isso inclui a secularização, a revitalização religiosa e o surgimento de religiões de imigrantes [...]. Conseqüentemente, a paisagem religiosa tradicional está se modificando de maneira profunda e o campo religioso contemporâneo mostra uma variedade notável.[36]

Tudo isso significa que representações cartográficas generalizantes nada mais são que "instantâneos em um filme que passa continuamente"[37] e cujo valor heurístico não deveria ser superestimado.

Diante dos problemas anteriormente esboçados, os geógrafos da religião têm reagido em quatro sentidos para aperfeiçoar a pesquisa referente à disseminação de religiões no espaço. Primeiro, não se contentam mais com o mero registro da presença geográfica de religiões, mas entendem-no como pré-requisito para uma análise mais profunda à luz da teoria da dependência das religiões de seus ambientes e da teoria da modulação do ambiente por religiões presentes no respectivo território. Segundo, para evitar generalizações inadequadas diante da dinâmica e mobilidade do campo religioso contemporâneo, o foco mudou para os estudos de "escala menor". Em vez de se abordar, em grande estilo, zonas trans-nacionais ou continentes inteiros, observa-se um crescente interesse por manifestações espaciais mais limitadas, como bairros metropolitanos, e pela dispersão de fenômenos mais específicos, como os monastérios de uma determinada ordem monástica. Respectivos exemplos de esforços afins encontram-se no *Atlas da filiação religiosa e indicadores sociais no Brasil*,[38] que tem seus paralelos também em outros países,[39] e em estudos como aquele sobre a dispersão da comunidade religiosa do *Amish people*, cujos assentamentos típicos e imediatamente identificáveis são mais densos no estado norte-americano da Pensilvânia.[40]

---

[36] Apresentação de KNIPPENBERG, H. (org.). *The changing religious landscape of Europe.* <http://www.fmg.uva.nl/english/object.cfm/objectid=CF245DA5-09A6-437D-836602EF754A7CC7/templateid=F821C31C-33A6-4163-88B11FFF751C3C5B>.

[37] PARK, op. cit., p. 441.

[38] JACOB, C. R. et alii. *Atlas da filiação religiosa e indicadores sociais no Brasil.*

[39] HENKEL, R. *Atlas der Kirchen und der anderen Religionsgemeinschaften in Deutschland.*

[40] CROWLEY, W. K. Old order Amish settlements; diffusion and growth. *Annals of the Association of American Geographers*, pp. 249-264.

Uma terceira modificação da prática de pesquisa associada à *teoria de divulgação* tem a ver com a maior concentração nos pré-requisitos e mecanismos responsáveis para a crescente diversificação religiosa de cada vez mais espaços antigamente distantes entre si. Entre os aspectos considerados encontram-se tipologias de religiões conforme sua relação com um determinado espaço, por exemplo, no sentido da classificação "religiões étnicas" tradicionalmente ligadas a um território específico *versus* "religiões universais" potencialmente sem restrições espaciais, ou conforme a semelhante distinção de Jonathan Z. Smith, entre "religiões locativas" e "religiões utópicas".[41] Categorias geográficas relevantes relacionadas a religiões potencialmente sem restrições espaciais encontram-se na diferenciação entre suas regiões de origem e as partes do mundo para as quais se expandiram. A partir daí, pergunta-se por que caminhos tais religiões se espalharam e como se estabeleceram em novos contextos geográficos.[42] Montgomery, por exemplo, aponta para várias possibilidades, entre elas: a) a difusão mediante a adoção de uma camada social predestinada a uma religião alheia em seguida transmitida de "cima" para "baixo", sendo popularizada, assim, no novo ambiente; e b) a difusão mediante relocação dada quando portadores de uma determinada fé, por exemplo missionários ou trabalhadores estrangeiros contratados, migram para outros países onde sua religião se espalha por meio de contatos com a população indígena.[43]

A quarta reação à lacuna referente ao levantamento da presença espacial de fenômenos religiosos consta da crescente sensibilidade a formas tradicionalmente negligenciadas por seu caráter sincrético que resiste a operacionalizações não-ambíguas. Geógrafos favoráveis à inclusão desses fenômenos como objetos de análise justificam sua insistência na redefinição do campo de pesquisa com argumentos como:

> Ninguém pode mais se aproximar das grandes religiões como se elas fossem um sistema fechado ou uma tradição inequivocamente defi-

---

[41] SMITH, J. Z. *Map is not territory.*

[42] PARK, op. cit., p. 439.

[43] MONTGOMERY, R. L. *The diffusion of religions – a sociological perspective.*

A geografia da religião

nida. Todas têm tido um impacto sobre as outras, o que fez com que se modificassem bastante. Em alguns casos, o encontro entre elas e sua penetração mútua causaram o surgimento de novos movimentos religiosos. Não se entenderá movimentos sul-americanos [afro-brasileiros] como a umbanda [...] se não se levar em consideração os respectivos espaços geográficos [...]. Caso se queira saber melhor o caráter específico dessas novas formas religiosas, tem-se que olhar não apenas para elas, mas também para seu ambiente, [...] uma vez que novas condições espaciais possibilitam que tradições de diferentes origens se amalgamem em algo novo.[44]

O impacto do ambiente sobre a religião

Pesquisas contemporâneas sobre o impacto do ambiente sobre a religião justificam sua rejeição de uma perspectiva geodeterminista com o argumento de que a hipótese de uma "causalidade geográfica [...] provoca, na maioria dos casos, interpretações simples demais, pobres, distorcidas ou, até mesmo, erradas, na medida em que existam condições e causas completamente diferentes, isto é, não-geográficas".[45]

Não se nega que componentes espaciais desempenhem um papel importante na formatação do caráter de uma religião. É óbvio, por exemplo, a íntima relação entre a religiosidade da *ayahuasca* e seu ambiente original, onde crescem as plantas usadas para a preparação do chá em torno do qual as práticas das referidas correntes se desenvolveram. Pode-se assumir também que a "monocultura" no planalto do Himalaia, que não tem muito a oferecer aos sentidos humanos, tenha promovido uma atitude de introspecção típica do budismo tibetano. Há, também, boas razões para se acreditar que a "pobreza", no que diz respeito a recursos naturais, tenha contribuído para o costume de famílias com mais de um filho de mandar o mais velho para um mosteiro, para que este pudesse desfrutar uma vida espiritual assegurada por um suprimento básico em termos de alimentação e alojamento, diminuindo, assim, as preocupações de seus pais quanto

---

[44] Bürkle, Horst. Religionsgeographie; ein interdisciplinäres Forschungsfeld zwischen Religionswissenschaft und Geographie. In: Büttner, Manfred et alii. (org.). *Religion and Environment / Religion und Umwelt*, pp. 109-110.

[45] Fickeler, P. Grundfragen der Religionsgeographie. In: Schwind, op. cit., p. 49.

185

O espectro disciplinar da Ciência da Religião

ao futuro material de cada membro da família. Também é evidente que nas roupas usadas por monges budistas em várias partes da Ásia refletem-se as condições climáticas das referidas regiões. O mesmo vale para os materiais de construção de templos, utensílios fornecidos em abundância pelo respectivo ambiente cujo uso acaba se tornando obrigatório até mesmo em novos territórios remotos, como no caso do *Swaminarayan Mandir*, no bairro de Neasden, em Londres, cuja construção foi feita basicamente com uma espécie rara de madeira manufaturada na Índia e de lá exportada para a Inglaterra.

Apesar de fatos inegáveis como estes, geógrafos contemporâneos evitam o reducionismo geodeterminista em suas análises e chamam atenção para a totalidade de aspectos formativos, dos quais fatores ambientais apenas fazem parte entre muitos outros. Isso significa que, como Hoheisel afirma, religiões

> apropriam-se de maneira abundante de elementos fornecidos pelos espaços geográficos em que elas surgem. [...] Sempre, porém, esses elementos são sacralizados, ritualizados ou incorporados ao universo simbólico de uma religião de maneira seletiva [...], uma vez que um ambiente geográfico fornece apenas condições básicas que não determinam as decisões e ações humanas a partir de sua mera existência física, mas conforme elas são interpretadas.[46]

Desse ponto de vista, um determinado lugar, uma montanha, uma caverna, uma rocha, uma árvore, um rio ou um lago, ou qualquer outro fenômeno venerado como "sagrado", desfruta seu *status* uma vez que tal qualidade lhe é *atribuída*. Essa atribuição constitui uma realidade empírica social na medida em que existe, entre os membros de uma comunidade religiosa, um consentimento no caráter "extraordinário" de um objeto ou lugar considerado sagrado. Esse consentimento é produto de um processo de transmissão no decorrer do qual as construções de uma geração anterior são internalizadas pela próxima. Nesse sentido, Park salienta duas características interligadas de um lugar sagrado: primeiro, uma vez identificado, ele não precisa ser redefinido. A partir da sua "identificação" inicial, ele se

---

[46] HOHEISEL, op. cit., pp. 121 e 122.

A geografia da religião

"reproduz" na memória coletiva. Segundo: uma vez "identificado", é intransferível e continua a estar ligado a uma determinada paisagem. Isso pode valer até mesmo no sentido de um lugar sagrado fixo tornar-se, para a referente comunidade religiosa, uma orientação universal para qualquer ponto da terra. Isso se mostra, por exemplo, no "nicho de oração" (*quibla*) apontando para Meca com o qual qualquer mesquita no mundo é equipada, ou no direcionamento de sinagogas e antigas igrejas cristãs ocidentais para Jerusalém.

Pergunta-se quais as causas que fazem com que lugares ou itens específicos adquiram seu significativo especial. Entre as possíveis razões, destacam-se motivos históricos, político-religiosos e topográficos. Quanto aos motivos históricos, percebe-se que, do ponto de vista das referentes comunidades religiosas, os lugares sagrados desfrutam um alto grau de "credibilidade". Pode-se dizer que eles são símbolos da autenticidade da referente religião, uma vez que foi lá que seu fundador ou uma personalidade importante, mitológica ou não, supostamente nasceu, divulgou pela primeira vez uma doutrina-chave, inaugurou uma instituição crucial, resistiu a uma tentação, triunfou ou morreu. Por isso, por exemplo, Lumbini (nascimento de Siddhartha Gautama), Bodhgaya (iluminação), Sarnath (primeiro sermão do iluminado) e Kushinagara (*Parinirvana*) são marcas altamente auspiciosas no mapa e alvos privilegiados de peregrinação para budistas de todas as correntes.

Um exemplo paradigmático dos motivos político-religiosos da "definição" de um lugar sagrado é a *Caaba*, em Meca, santuário politeísta localizado na cidade economicamente mais importante da Península Arábica pré-islâmica, que foi conquistado pelas tropas de Mohamed, "purificado" de seus ídolos e redefinido pelo profeta como um memorial da fé monoteísta estabelecida por Abraão. Processos semelhantes, porém menos espetaculares, encontram-se nos casos de igrejas cristãs construídas em cima de antigos lugares de culto pagãos.

No que diz respeito às razões topográficas que fazem com que determinados espaços sejam venerados, deve-se lembrar o seguinte: uma subclasse dos motivos consta na consagração posterior de fenômenos naturais escassos na respectiva região, como a água, ou "mira-

187

O espectro disciplinar da Ciência da Religião

culosos", como determinadas plantas nativas funcionais para a cura. Não é por acaso que um povo cuja sobrevivência dependa dos caprichos da monção considere sagrados sete rios, cercados por milhares de santuários.

Uma outra razão para atribuir o *status* religioso a uma paisagem ou a um determinado item é sua beleza, sua aparência incomum ou sua localização em pontos auspiciosos ou perigosos. Entre os exemplos encontram-se a famosa "rocha de ouro", em Myanmar, venerada pelos adeptos do espiritismo birmanês, à qual foi dada uma camada de tinta dourada regularmente renovada, isto é, uma formação bizarra que parece colada a uma montanha, dando a impressão de que pode cair a qualquer momento, bem como inúmeras *chörten* na região da Himalaia, ou seja, pequenos monumentos budistas, diante de barrancos, em cumes ou perto de pontes.

O impacto da religião sobre o ambiente

Geógrafos da religião cujos trabalhos dedicam-se ao aperfeiçoamento da *teoria de modulação do ambiente* – que representa a terceira tarefa clássica da subdisciplina – partem da hipótese de que o ser humano, mediante suas "externalizações", transforma a natureza a seu redor em ambientes "culturais". Partem também da hipótese de que as crenças, normas e atitudes religiosas de uma determinada comunidade deixam suas marcas em uma respectiva paisagem e devem ser levadas em consideração como uma das dimensões da relação dialética entre espaço e religião. Trata-se, portanto, de questionar o impacto sensível de orientações religiosas internalizadas, ou seja, do estudo de ambientes culturais como "cristalizações" de cosmovisões e de suas respectivas manifestações comportamentais.

A partir dessas proposições, abre-se um horizonte amplo, cheio de potenciais objetos de pesquisa, como cemitérios e complexos arquitetônicos eclesiásticos, jardins e bosques sagrados, antigas rotas missionárias e caminhos há séculos palmilhados por peregrinos, princípios espirituais de planejamento urbano e peculiaridades demográficas como conseqüência de uma determinada crença.

A geografia da religião

Quanto à cronologia em que se tem abordado os temas anteriormente mencionados, vale a pena lembrar as contribuições de um grupo de geógrafos alemães, ativo entre as duas guerras mundiais, especificamente interessado na arquitetura religiosa do Extremo Oriente e da Indochina.[47] Uma leitura retrospectiva das referidas obras chama a atenção para seu caráter descritivo, uma limitação superada por trabalhos sobre o fenômeno da peregrinação que ganharam visibilidade nas décadas seguintes.[48] O assunto tornou-se atraente por seu potencial analítico, uma vez que as pesquisas revelaram a complexidade do campo também no sentido de suas múltiplas funções "colaterais", econômicas ou políticas, que não se limitam a um determinado santuário ao qual os devotos se dirigem e não acabam com o fim da época definida por um calendário religioso.

Com relação aos efeitos demográficos causados ou, pelo menos, influenciados por religiões, pode-se citar um estudo de Erich Isaac, publicado em 1959, sobre a expansão da plantação de limões em regiões mediterrâneas que se explica pelo impacto de comunidades judaicas e das privilegiadas atividades econômicas de grande parte de seus integrantes.[49] Outro exemplo notável no mesmo sentido é uma pesquisa detalhada de Thomas G. Alexander e Jessé L. Embry (1983) sobre a densidade populacional significativamente alta em Utah, promovida pela moral sexual e ética em favor de famílias com muitos filhos, ou seja, valores defendidos pela Igreja de Jesus Cristo dos Santos dos Últimos Dias (mórmons), tradicionalmente forte nesse estado norte-americano.[50]

Um outro tópico citado na literatura mais recente, a fim de demonstrar possíveis impactos de princípios religiosos sobre determinados espaços, refere-se aos assentamentos dos *Herrnhuter*,[51] corrente religiosa fundada por Nikolaus Ludwig Graf von Zinzendorf (1700-

---

[47] Cf., por exemplo, MECKING, Ludwig. Kult und Landschaft in Japan. *Geographischer Anzeiger*, 30 (1929), pp. 137-146; LAUTENSACH, Hermann. Religion und Landschaft in Korea. *Nippon*, 8 (1942), pp. 204-219; CREDNER, Wilhelm. Kultbauten in der hinterindischen Landschaft. *Erdkunde*: 1 (1947), pp. 48-61.

[48] Cf. IMBRIGHI, Gastone. *Lineamenti di geografia religiosa*.

[49] ISAAC, Erich. The citron in the Mediterranean; a study in religious influences. *Economic Geography*, pp. 71-78.

[50] ALEXANDER, TH. G. & EMBRY, Jesse L. (eds.). *After 150 years*; the latter-day saints in sesquicentennial perspective.

[51] VOLLMAR, R. *Wohnen in der Wildnis*.

1760), teólogo luterano que, influenciado por idéias do iluminismo e do pietismo, não se contentava com uma religiosidade introspectiva na busca da salvação pessoal, mas defendia um engajamento ativo no mundo em prol da divulgação do Evangelho. Na busca de um sucesso máximo do seu pequeno grupo de seguidores economicamente autárquicos e altamente comprometidos e dispostos a desempenhar, em um "espírito de lutadores", o papel de "soldados de Cristo", Zinzendorf criou uma rigorosa organização subdividida em unidades menores, semelhante a um exército. Conforme uma leitura geográfica, essa ideologia reflete-se nos assentamentos padronizados de *Herrnhuter* reproduzidos onde quer que seus missionários se estabeleçam. Um visitante certamente associará as ruas retangulares ou a praça central quadrada, cercada por casas compridas em estilo de caserna, a aquartelamentos e a um pátio de exercícios militares.[52]

Observações referentes à relevância empírica de construções geoteológicas

Conceitos geoteológicos são construções religiosas sobre espaços supra-sensíveis. Para ilustrar essa classe de doutrinas, cita-se aqui apenas os seguintes exemplos: expectativas de um paraíso no sentido de um "lugar-além"; concepções budistas sobre as seis esferas de renascimento dos quais quatro representam "mundos" extra-empíricos (duas esferas celestiais, uma composta por diferentes tipos de infernos e uma habitada por espíritos famintos); especulações hindus sobre a existência de uma *axis mundi* em forma de uma gigantesca montanha transcendental (*Meru*); e afirmações tibetanas sobre o reino místico de *Shambala*.

Embora os conceitos geoteológicos sejam de "natureza" diferente da de propostas e conclusões comprometidas com as normas científicas modernas, seria precoce desvalorizá-los como inúteis ou irrelevantes para a pesquisa no âmbito da geografia da religião. Isso já se mostra em alguns dos casos anteriormente citados cujas sim-

---

[52] BÜTTNER. *Religion and geography*, cit., pp. 169ss.

A geografia da religião

bolizações são ligadas a fenômenos reais, seja no sentido de que: a) os últimos servem como inspirações para as primeiras; ou, b) que os últimos representam artefatos feitos conforme o material imaginário fornecido pelas primeiras.

No que diz respeito à primeira relação, afirma-se que não é por acaso que o Corão apropria-se de metáforas como água fresca, frutas suculentas, sombra refrescante e grama verde para antecipar as alegrias paradisíacas a serem gozadas pelos verdadeiros muçulmanos. Trata-se de promessas de abundância em fenômenos ausentes ou escassos no mundo concreto dos árabes na época da compilação do livro sagrado muçulmano. No que diz respeito à segunda relação, vale a pena lembrar as peculiaridades arquitetônicas de monumentos comemorativos budistas (*stupa*), cujas proporções e formas refletem algumas das especulações cosmológicas imaginárias daquela religião.[53]

Esses exemplos demonstram que as mentalizações de configurações espaciais estão abertas a uma interpretação em termos da segunda e terceira tarefas "clássicas" da geografia da religião e deveriam chamar a atenção quando se dedica a uma análise ou sobre o impacto do ambiente sobre a religião, que corresponde à "relação" anteriormente indicada, ou sobre o impacto de fenômenos religiosos sobre o ambiente, que tem a ver com a "relação b".

Tendências e problemas recentes no âmbito da geografia da religião

Devido à crescente dinâmica no âmbito da geografia da religião dos últimos anos, foi acrescentada uma série de aspectos na busca de um aperfeiçoamento de paradigmas provados ou, até mesmo, foram articuladas dúvidas sobre a suposta evidência de alguns dos padrões disciplinares até então estabelecidos. No último parágrafo do presente artigo serão abordados, de maneira sucinta, três aspectos inter-relacionados considerados essenciais e representativos para a respectiva discussão em andamento.

---

[53] GOVINDA, L. A. *Psycho-cosmic symbolism of the Buddhist stupa.*

Primeiro, há esforços para adaptar o perfil da disciplina à crescente "difusão" do campo de pesquisa. As preocupações apontam em duas direções. Por um lado, procura-se aprofundar o conceito do espaço apropriando-se não apenas de elementos acumulados pela própria geografia, mas também de reflexões oriundas de outras disciplinas, inclusive da filosofia.[54] O espaço, conforme os advogados de sua reconceptualização, não é uma realidade ontologicamente dada, estável ou, até mesmo, inerte, que abrange seus objetos como se fosse um *container*, mas uma entidade "vital" constituída e estruturada conforme os múltiplos interesses que nela se articulam.[55] Ao mesmo tempo, problematizam-se as limitações de definições "convencionais" de religião incapazes de levar em consideração tendências religiosas modernas fora das instituições estabelecidas e associadas a verbetes como "des-tradicionalização" ou "sincretismo". Sabe-se do risco de reduzir a religião e suas manifestações externas a algo explicitamente confessional, que se articule por uma membresia definitiva ou um sistema formalizado.[56] Em vez disso, *tem que se abrir* a novos desafios, por exemplo, a chamada *cyber-religião*,[57] vagando em "espaços virtuais" ou formas de uma religiosidade do *self* caracterizada por uma ênfase no "sagrado" interior e uma desvalorização de espaços concretos a serem procurados por adeptos na esperança de uma relação mais "direta" com a transcendência.[58]

Segundo, em reação ao reconhecimento da crescente complexidade e da precariedade de um instrumentário conceitual antigamente tido como garantido, observa-se uma maior abertura para a colaboração com representantes de outras disciplinas, entre elas a economia ou as ciências políticas.[59] Do ponto de vista da ciência da religião, é um

---

[54] Knott, K. *The location of religion*. Uma versão sucinta da abordagem da autora encontra-se em: Space. *REVER – Revista de Estudos da Religião*, pp. 108-114.

[55] Wunder, op. cit, pp. 191ss.

[56] Kong, Lily. Geography and religion: trends and prospects. *Progress in Human Geography*, p. 367.

[57] Dawson, L. L. Researching religion in cyberspace: issues and strategies. In: Hadden, J. K. & Cowan, D. (orgs.). *Religion on the internet*, pp. 25-54.

[58] Usarski, F. Abraçando árvores no espírito zen; reflexões sobre o movimento *Caminhada no Parque*. *Religião e Cultura*, pp. 125-138.

[59] Por exemplo, Rosendahl, Z. Espaço, cultura e religião: dimensões de análise. In: Corrêa, R. & Rosendahl, Z. (orgs.). *Introdução à geografia cultural*, pp. 449-224.

A geografia da religião

sinal auspicioso de que geógrafos da religião lamentam uma espécie de "isolacionismo geográfico" na própria comunidade científica no sentido de um "diletantismo", no que diz respeito ao mundo religioso em suas múltiplas manifestações, um déficit por vezes gritante que exige uma maior proximidade com especialistas nessa área.[60]

Terceiro, critica-se o uso ingênuo de conceitos implicitamente religiosos por parte de geógrafos da religião, o que poderia pôr em risco a emancipação da disciplina "teologia" ou implicar a reteologização. Esse perigo é mais evidente em casos como o da Christian Geographers' Fellowship, fundada em 1998, e posteriormente renomeada como Christians in Geography, com o objetivo de criar uma coalizão de geógrafos britânicos que compartilham a mesma fé e que estão motivados a responder à pergunta: Como a crença comum pode estimular a pesquisa geográfica?[61] Os problemas são mais sutis no que diz respeito à negligência dos prejuízos epistemológicos causados pela adoção de conceitos implicitamente religiosos. Isso se mostra particularmente no uso "natural" do termo do "sagrado" sem noção de suas conotações criptoteológicas.[62]

Os cientistas da religião estão preparados para ajudar os colegas especializados em geografia a preencher algumas lacunas do seu conhecimento e a resolver determinados problemas epistemológicos. Ao mesmo tempo, o presente artigo deve ter deixado claro em que sentido a ciência da religião depende, em seu trabalho acadêmico, das análises, *insights* e resultados da geografia da religião. Um futuro de contatos mútuos trará lucro para ambos os lados.

---

[60] WUNDER, op. cit, p. 243.

[61] Ibid., pp. 235ss.

[62] USARSKI, F. *Constituintes da ciência da religião*, pp. 29ss.

Referências bibliográficas

ABUMANSSUR, Edin Sued (org.). *Turismo religioso*; ensaios antropológicos sobre religião e turismo. Campinas, Papirus, 2003.

AHARONI, Yohanan. *The land of the Bible*; a historical geography. Philadelphia, Westminster Press, 1979.

ALEXANDER, Thomas G. & EMBRY, Jesse L. (eds.). *After 150 years*; the latter-day saints in sesquicentennial perspective. Midvale: Utah, Charles Redd Center for Western Studies, 1983.

ANTES, Peter et alii. (orgs.). *New approaches to the study of religion.* Berlin, Walter de Gruyter, 2004. v. 1: Regional, critical and historical approaches; v. 2: Textual, Comparative, sociological and cognitive approaches.

BERTHOLET, Alfred. Der Buddhismus und seine Bedeutung für unser Geistesleben. Tübingen/Leipzig, Mohr,1904.

BORSDORF, Axel. Religionsgeographie. *Religion in Geschichte und Gegenwart.* Tübingen, Mohr Siebeck, 2004. colunas 315-318; v.VII,

BÜRKLE, Horst. Religionsgeographie; ein interdisciplinäres Forschungsfeld zwischen Religionswissenschaft und Geographie. In: BÜTTNER, Manfred et alii (org.). *Religion and Environment / Religion und Umwelt,* Anais do Simpósio do 18º Congresso Internacional de História da Ciência, Hamburg-Munich, 1-9 Aug. 1989. Bochum, Brockmeyer, 1990, pp. 107-111. v. II.

BÜTTNER, Manfred. Religion and geography; impulses for a new dialogue between Religionswissenschaftlern and geographers. *Numen,* 21: 165-179, 1974.

_____. Geographie und Theologie im 18.Jahrhundert. In: *Religion/Umwelt-Forschung im Aufbruch.* Bochum, Brockmeyer, 1989. pp. 6-16.

CREDNER, Wilhelm. Kultbauten in der hinterindischen Landschaft. *Erdkunde,* 1: 48-61, 1947.

CROWLEY, William K. Old order Amish settlements; diffusion and growth. *Annals of the Association of American Geographers,* 68: 249-264, 1978.

A geografia da religião

DAWSON, Lorne L. Researching religion in cyberspace; issues and strategies. In: DEFFONTAINES, Pierre. *Geógraphie et religions*. Paris, Gallimard, 1948.

FICKELER, Paul. Grundfragen der Religionsgeographie. *Erdkunde*, 1: 121-144, 1947.

FILORAMO, Giovanni & PRANDI, Carlo. *As ciências das religiões*. São Paulo, Paulus, 1999.

FLASCHE, Rainer. Religionswissenschaft als integrale Wissenschaft von den Religionen. In: *Religionen, Geschichte, Oekumene. In Memoriam Ernst Benz*. Leiden, E. J. Brill, 1981. pp. 225-233.

GOVINDA, Lama Anagarika. *Psycho-cosmic symbolism of the Buddhist stupa*. Berkely, Dharma, 1976.

HADDEN, Jeffrey K. & COWAN, Douglas (orgs.). *Religion on the internet*. New York, JAI, 2000. pp. 25-54.

HENKEL, Reinhard. *Atlas der Kirchen und der anderen Religionsgemeinschaften in Deutschland*; eine Religionsgeographie. Stuttgart, Kohlhammer, 2001.

HOCK, Klaus. *Einführung in die Religionswissenschaft*. Darmstadt, Wissenschaftliche Buchgesellschaftt, 2002.

HOHEISEL, Karl. Religionsgeographie und Religionsgeschichte. In: ZINSER, Hartmut (org.). *Religionswissenschaft. Eine Einführung*. Berlin, Reimer, 1988. pp. 114-130.

IMBRIGHI, Gastone. *Lineamenti di geografia religiosa*. Roma, Studium, 1961.

ISAAC, Erich. The citron in the Mediterranean; a study in religious influences. *Economic Geography*, 35: 71-78, 1959.

JACOB, Cesar Romero et alii. *Atlas da filiação religiosa e indicadores sociais no Brasil*. São Paulo, Loyola, 2003.

JUERGENSMEYER, Mark. Thinking globally about religion. *Global religions*; an introduction. Oxford, University Press, 2003. pp. 3-13.

KNIPPENBERG, Hans. (org.). *The changing religious landscape of Europe*. Amsterdam, Het Spinhuis, 2005.

KNOTT, Kim. *The location of religion*: a spatial analysis. London/ Oakville, Equinox, 2005.

_____. Space. *REVER – Revista de Estudos da Religião*, 4: 108-114, 2005. Disponível em: <http://www.pucsp.br/rever/rv4_2005/p_knott.pdf>.

KONG, Lily. Geography and religion; trends and prospects. *Progress in Human Geography* 14: 355-367, 1990.

KROLZIK, Udo. Physikotheologie. *Religion in Geschichte und Gegenwart*, v. 6, Tübingen, Mohr Siebeck, 2003. colunas 1328-1330.

LAUTENSACH, Hermann. Religion und Landschaft in Korea. *Nippon*, 8: 204-219, 1942.

LOSSAU, Julia & LIPPUNER, Roland. Geographie und spatial turn. *Erdkunde*, 58: 201-211, 2004.

MECKING, Ludwig. Kult und Landschaft in Japan. *Geographischer Anzeiger*, 30: 137-146, 1929.

MONTGOMERY, Robert L. *The diffusion of religions*; a sociological perspective. Lanham, Maryland University Press of America, 1996.

PARK, Chris. Religion and geography. In: HINNELS, John R. *The Routledge companion to the study of religion*. London/New York, Routledge, 2005. pp. 439-455.

ROSENDAHL, Zeny. *Espaço e religião*. Rio de Janeiro, UERJ/NEPEC, 1996.

_____. Espaço, cultura e religião: dimensões de análise. In: CORRÊA,RobertoLobato&ROSENDAHL,Zeny(org.).*Introduçãoàgeografia cultural*. Rio de Janeiro, Bertrand-Brasil, 2003. pp. 449-254.

SANTOS, Alberto Pereira dos. *Geografia do in(visível)*; o espaço do kardecismo em São Paulo. São Paulo, Universidade de São Paulo, 1999. Dissertação de mestrado em geografia humana.

SCHAEFER, Jame. Appreciating the beauty of earth. *Theological Studies*, 62: 23-52, mar. 2001.

SCHLESINGER, Hugo & PORTO, Humberto. *Dicionário enciclopédico das religiões*. Petrópolis, Vozes, 1995.

SCHWIND, Martin. Einleitung: Über die Aufgaben der Religionsgeographie. In: *Religionsgeographie*. Darmstadt, Wiss. Buchgesellschaft, 1975. pp. 1-29.

SINGH, Jai Pal & KHAN, Mumtaz. Saptadvîpâ Vasumatrî: the mythical geography of the hindus. *GeoJournal*, 48 (4): 269-278, dec. 1999.

SMITH, Jonathan Z. *Map is not territory*; studies in the history of religions. Chicago, University of Chicago Press, 1993.

SOPHER, David E. Geography of religions. Englewood Cliffs: N.J., Prentice-Hall, 1967.

TERRIN, Aldo Natale. *Introdução ao estudo comparado das religiões*. São Paulo, Paulinas, 2003.

THOMA, Clemens. Das Land Israel in der rabbinischen Tradition. In: ECKERT, Willehad et alii., org. *Jüdisches Volk – gelobtes Land*. Die biblischen Landverheißungen als Problem des jüdischen Selbstverständnisses und der christlichen Theologie. München, Kaiser, 1970. pp. 37-51.

TUAN, Yi-Fu. Geopiety: a theme in man's attachment to nature and to place. In: LOWENTHAL, David & BOWDEN, Martyn. *Geographies of the mind*. New York, Oxford University Press, 1976. pp. 11-39.

USARSKI, Frank. Abraçando árvores no espírito zen; reflexões sobre o movimento "Caminhada no Parque". *Religião e Cultura*, 5 (9): 125-138, jan./jun. 2006.

_____. Constituintes da ciência da religião; cinco ensaios em prol de uma disciplina autônoma. São Paulo, Paulinas, 2006.

VOLLMAR, Rainer. *Wohnen in der Wildnis*. Siedlungsgestaltung und Identität deutscher Auswanderer in den USA. Berlin, Reimer, 1995.

WHALING, Frank. *Theory and method in religious studies*; contemporary approaches to the study of religion. Berlin, Mouton de Gruyter, 1995.

WUNDER, Edgar. *Religion in der postkonfessionellen Gesellschaft*; ein Beitrag zur sozialwissenschaftlichen Theorieentwicklung in der Religionsgeographie. München, Franz Steiner, 2005.

A estética da religião

STEVEN ENGLER

A estética da religião

A estética da religião não é um campo de estudos bem definido ou uma disciplina específica. Religião e estética são conceitos complexos, tanto do ponto de vista filosófico quanto do sociológico, e a relação entre essas duas áreas é ainda mais complicada. De maneira ampla, "a estética" refere-se ao estudo e à avaliação de modos da sensação humana. Segundo essa definição, todos os aspectos físicos e sensoriais da religiosidade caberiam no âmbito geral deste capítulo: da teologia de ícones ortodoxos ao uso do incenso em templos hindus; dos sofrimentos da automortificação aos êxtases da oração mística; das relações transcendentais entre a Verdade e a Beleza aos efeitos psicológicos da presença de instrumentos de percussão nos rituais. Este capítulo não tratará dos aspectos estéticos dos fenômenos religiosos, mas do papel do pensamento sobre a estética e os sentidos nas ciências da religião. Isto é, não cabe considerar a beleza das e nas religiões do mundo, assunto importante e vasto. Neste curto espaço, só poderemos falar um pouco sobre o lugar das discussões *sobre* a beleza e das que se *referem* aos sentidos dentro deste campo acadêmico específico.

O capítulo divide-se em três partes. A primeira aborda a estética clássica: do pensamento filosófico ocidental sobre a arte e o belo ("a estética" no seu senso mais limitado e formal) e da importância da estética na história da teologia cristã. A filosofia e a teologia, ao longo dos últimos milênios, têm discutido consistentemente os paralelos entre as experiências estéticas e religiosas, entre a natureza e as percepções da beleza e do sagrado. Desde Platão, os conceitos ditos "transcendentais" (verdade, bom, beleza etc.) foram relacionados à percepção do absoluto. As ciências da religião podem aprender muito das reflexões profundas e rigorosas dos filósofos e teólogos nesta área. A segunda parte do texto apresenta uma série de exemplos de como as ciências da religião estão mais atentas, nas últimas décadas, às imagens, à arquitetura e a outras fontes não textuais. Nesta segunda parte aparecem as religiões não-cristãs e surge um momento importante de reflexividade por parte das ciências da religião. A terceira parte aborda um ramo relativamente desconhecido do estudo das religiões: a história antropológica e sociológica dos sentidos. A "estética", aí, é apresentada no seu sentido mais básico e amplo, já que este con-

O espectro disciplinar da Ciência da Religião

ceito diz respeito às maneiras como os seres humanos percebem seu mundo. Em geral, este capítulo propõe que as ciências da religião deveriam estar mais atentas à estética, de seu sentido mais limitado ao mais amplo. Afinal, a religião tem sempre seu lado sensitivo, físico e corporal. As religiões também variam de uma cultura para outra, e essas variações revelam-se mais nitidamente para quem está atento às percepções e sentidos dos religiosos.

A estética clássica

Existem várias definições de "estética" na literatura filosófica e teológica. "Estética" pode ser definida como:[1]

- o estudo geral da sensação e imaginação, como fontes de conhecimento não-discursivo;

- o estudo do belo (seja da arte, seja da natureza) e do gosto;

- o estudo do estético (campo que inclui o feio, o horrível, o monstruoso etc., além do belo);

- o estudo das artes, em geral, e das artes finas, em particular.

Em todos esses casos existem paralelos entre os pensamentos sobre o belo na área da estética e do sagrado, na teologia e nas ciências da religião.

Estética filosófica e religião[2]

Existem argumentos filosóficos (especialmente entre os pensadores positivistas e analíticos) segundo os quais nada se pode dizer rigorosa ou formalmente sobre a beleza e, tampouco, sobre o sagrado: ambos são subjetividades irracionais e quaisquer conceitos ditos "es-

---

[1] VILADESAU, R. *Theological aesthetics*, pp. 7-8; SUASSUNA, A. *Iniciação à estética*, pp. 19-23.

[2] Para introduções gerais à estética, ver SUASSUNA, op. cit. e NUNES, B. *Introdução à filosofia da arte*. Existem ótimas coletâneas das fontes primárias (por exemplo, LAMARQUE, P. & OLSON, S. H. *Aesthetics and the philosophy of art*; CAVEAUX, C. *The continental aesthetics reader*).

A estética da religião

téticos" ou "religiosos" são vazios, e não existe seu suposto referente, ou, ao menos, nunca se poderia verificar se os conceitos de fato corresponderiam, ou não, a qualquer realidade. Deste ponto de vista, não pode existir nem uma "ciência" do estético, nem da religião. No outro extremo estão aqueles que vêem a estética de uma maneira quase religiosa, sendo ambos uma abertura em uma realidade infinita:

> Os conceitos metafísicos são aqueles que pretendem nos representar não o aspecto observável, mas a própria essência das coisas, e isto pelo que estas possuem de mais fundamentalmente comum. De acordo com os (estetas) metafísicos, a Arte é, portanto, a revelação de uma realidade superior, que não se pode atingir pelos métodos científicos e que se afirma em virtude de um pensamento que busca o Absoluto e a unidade última.[3]

No entanto, não é preciso escolher uma única posição nesse tipo de debate. O valor da estética, como sub área da filosofia, para as ciências da religião, fica na variedade de tentativas de entender a natureza do belo e as faculdades humanas que a percebem. Todos os grandes argumentos filosóficos sobre a natureza do belo (as distinções entre racionalismo e irracionalismo, entre objetivismo e subjetivismo, entre a recepção ou apreensão do belo e a criação ou constituição dele, entre os objetos belos e as experiências deles, e entre a possibilidade ou impossibilidade de um estudo científico deste objeto) têm seus paralelos no estudo da religião, ou seja, do sagrado.

A estética filosófica muitas vezes tem deixado a religião de lado.[4] A palavra "estética" foi introduzida por Alexander Gottlieb Baungarten em 1750, e ele a definiu como a parte "baixa" da epistemologia, e tratava do conhecimento pelos sentidos, mesmo que também englobasse a beleza. Segundo Hans Urs von Balthasar, esta autonomia da estética teve como efeito colateral sua separação da ética, da lógica e, a partir das obras de Kierkegaard, da teologia (temos aqui mais um legado da distinção cartesiana entre mente e corpo, com a estética ligada a este último e baseada nos sentidos). Especificamente, a influência de

---

[3] BRUYNE apud SUASSUNA, op. cit., p. 31.
[4] VILADESAU, R. *Theological aesthetics*, pp. 6ss.

Schleiermacher deixou uma distinção cada vez mais aguda, em círculos teológicos alemães, entre a religião e a estética – uma distinção que criou as condições para a afirmação de Otto de que o sagrado é uma categoria *sui generis*.[5]

Outra pista de que a estética está mais perto da teologia passa pelo romantismo. Kant introduziu uma distinção importante entre o prazer desinteressado na beleza pura e o interesse utilitário na beleza aderente. Assim, ele argumentava que os juízos estéticos têm universalidade e peso normativo. Com Kant, Schiller, Schelling e Hegel, a idéia do sublime entra na estética. E, a partir do sublime, a religião romântica desenvolve a idéia de uma experiência mais interiorizada de Deus:

> O sublime não está presente em qualquer coisa da natureza, mas somente na mente humana [...] É somente pela pressuposição desta idéia dentro de nós, pela referência a ela, que podemos chegar à idéia da sublimidade do que causa respeito profundo em nós [...]. Somente se uma pessoa estiver consciente do fato de que sua atitude é sincera e que agrada Deus, esses efeitos da força divina terão a capacidade de despertar nela a idéia da sublimidade de Deus, à medida que ela reconhece em sua própria atitude uma sublimidade que se conforma com a vontade de Deus, e que fica, assim, acima de qualquer medo de tais efeitos naturais [...][6]

O conceito do sublime faz parte de uma série de desenvolvimentos ligada a um movimento geral de individualização e interiorização. Este é um tema importante para a experiência estética e para a experiência religiosa moderna:

> O sagrado, na Modernidade, refugiou-se na figura do indivíduo e na sua capacidade de integrar em si mesmo apelos e realidades distintas. [...] A experiência estética, assim como a religiosa, tende a buscar nos suportes materiais [...] a motivação para uma experiência centrada no observador, ou no crente, e não mais na obra de arte ou no espaço religioso.[7]

---

[5] GOLD, D. *Aesthetics and analysis*, p. 40.

[6] KANT, I. *Crítica do juízo*, §28, apud THIESSEN, G. E. *Theological aesthetics*, p. 189. Todas as traduções do inglês e do francês são do autor.

[7] ABUMANSSUR, E. S. A arte, a arquitetura e o sagrado. *Ciencias Sociales y Religión*, pp. 189-190.

A estética da religião

Este movimento pode ficar associado ao purismo estético, que insiste na autonomia, no estado *sui generis* do estético. O perigo aqui é duplo: uma estética purista não alcança as particularidades de obras individuais, e, portanto, de experiências individuais (riscamos aqui um paradoxal individualismo homogêneo); e uma estética purista é sistemática, formalista e autônoma, negando relações profundas com outros fenômenos, incluindo a religião, a teologia e as ciências da religião.[8] Existe, por outro lado, uma tentação de comparar a estética e a religião de uma maneira utilitária. James Alfred Martin Jr., por exemplo, diz que a finalidade da arte é a beleza e o fim da religião é o sagrado.[9] Entre essas pistas divergentes existe a possibilidade de uma aproximação mais íntima entre a estética e a religião.

Em geral, como Martin afirma corretamente, existem paralelos não somente entre a forma dos argumentos filosóficos sobre o estético e a forma dos argumentos teológicos sobre o religioso, mas uma simultaneidade histórica na elaboração dessas idéias semelhantes. Embora as obras introdutórias sobre a estética filosófica façam pouca referência explícita à religião, essa relação é muito importante, tanto do ponto de vista filosófico quanto do ponto de vista dos estudos da religião, graças aos paralelos entre os argumentos e as experiências estéticas e religiosas.

Teologia e estética

As relações entre a teologia e a estética no cristianismo começaram cedo. Justino Mártir, Irineu, Orígenes, Basílio e Agostinho enfatizaram a visão da glória de Deus, insistindo na pureza do olho da alma. Com Lactâncio, Ambrósio e Hilário, escreveram que a luz da Verdade divina brilha pelo Filho, Jesus Cristo. Plotino propôs que a beleza da alma, em seu desejo de ver as formas, é a fonte da ascensão intelectual. Esse simbolismo atingiu seu ápice na obra do Dionísio (Pseudo-Areopagita), *Dos nomes divinos*. Na Idade Média,

---

[8] Brown, F. B. *Religious aesthetics*, pp. 30-33.
[9] Martin Jr., J. A. *Beauty and holiness*.

Bonaventura e Tomás desenvolveram a idéia do Dionísio, de uma ascensão do belo até Deus, salientando a perfeição de Deus como causa da existência e inteligibilidade de tudo, e ligando o belo, o bom e a verdade.

A Reforma Protestante, com suas tendências iconoclastas, retornou das imagens ao texto, tirando ênfase da estética, com a exceção importante da doxologia, em que a beleza da música e dos hinos tornou-se assunto importante.[10] No pensamento de teólogos como Jonathan Edwards, a beleza começou a ter uma dimensão fortemente moral. Essa tendência recebeu ainda mais ênfase no pensamento romântico:

> É, portanto, uma das tarefas mais importantes da cultura subjetivar o homem à forma, mesmo em sua vida puramente física, e fazê-lo estético o tanto quanto pode alcançar a reino da beleza, sendo que a condição moral pode se desenvolver somente na base da estética e não da condição física [...].[11]

Outra pista de grande importância na estética teológica foi a elaboração do conceito de analogia. Entre as várias coisas que a arte e a religião têm em comum destaca-se a função de criar metáforas, esta podendo até servir como característica definitiva das duas áreas.[12] Segundo são Tomás, a beleza, a verdade e o bom, tanto como a própria existência, têm suas características decorrentes de uma participação analógica, quase platônica, em Deus. Essa idéia continua sendo a chave de várias teorias estético-teológicas. Karl Rahner, por exemplo, escreveu que

> a analogia cria a possibilidade de compreender uma realidade como a revelação misteriosa de uma outra, mais alta e mais compreensiva realidade. Tudo que se exprime na arte é uma atualização particular

---

[10] A música continuou a ser fonte central do pensamento estético na teologia protestante: segundo o teólogo Karl Barth, as obras de Mozart tiveram um elemento teológico; e o fenomenologista luterano da religião Gerardus van der Leeuw chamou Bach de padre e teólogo.

[11] SCHILLER, J. C. F. von. 23ª *Carta*, citado em ELLISON, D. *Ethics and aesthetics in European modernist literature*, p. 124.

[12] AUSTIN, M. Art and religion as metaphor. *The British Journal of Aesthetics*.

A estética da religião

da transcendência humana, por meio da qual uma pessoa, como um ser espiritual e livre, é orientada à plenitude de toda realidade [...]. Somente porque a pessoa humana é um ser transcendental, podem existir a arte e a teologia em seus significados reais.[13]

Seguindo este caminho da transcendência analógica, chegamos à conclusão de que a teologia tem, necessariamente, que se preocupar com a estética: "A própria percepção da natureza do divino e da potência do humano é profundamente condicionada pelas formas da mediação estética religiosa que nos enfrentam por dentro e por fora da religião institucionalizada".[14]

Logo no começo do pensamento cristão sobre a revelação divina surgiu uma ambigüidade que deixou sua marca nas ciências da religião até hoje. O Evangelho segundo João (1:14) diz que Jesus é o Verbo e que "o Verbo se fez carne"; a Epístola aos Colossenses (1:15) diz que "Ele é a imagem do Deus invisível". Existe uma tensão aqui entre texto e imagem. Como também no judaísmo e no islamismo, o cristianismo teve sempre mais confiança na univocidade das escrituras que das imagens, como indica a controvérsia iconoclasta do século VIII.[15] A suspeita de que uma imagem artística não pode representar a "imagem" verdadeira da pessoa de Cristo e a negação implícita de que o texto da Bíblia necessariamente enfrente esses mesmos problemas de mediação e interpretação têm contribuído para a marginalização da estética na teologia cristã. Essa negação do papel essencial da imaginação e da interpretação é visível na confiança fundamentalista de que a Bíblia continua sendo a verdade literal e unívoca de Deus, mesmo passando por traduções com estilos e métodos os mais variados, do acadêmico ao popular.[16]

O legado para as ciências da religião deste *status* privilegiado do texto é uma ênfase nas escrituras religiosas como fontes primárias e nas crenças como manifestações básicas da religiosidade, no estudo das religiões do mundo. Veremos a seguir como as ciências da reli-

---

[13] RAHNER apud THIESSEN, *Theological aesthetics*, p. 222.

[14] MARTIN JR., op. cit., p. 158.

[15] BESANÇON, A. *A imagem proibida*; SAHAS, D. J. *Icon and logos*; VILADESAU, op. cit., p. 66.

[16] ALLERT, C. D. Is translation inspired? In: *Translating the Bible*.

O espectro disciplinar da Ciência da Religião

gião estão prestando mais atenção a fontes não textuais e não visuais. Terminamos esta parte do capítulo notando um movimento paralelo na teologia.

O teólogo John W. Dixon acha que a teologia contemporânea perdeu o poder do Verbo por tê-lo tratado literalmente demais. O dogma rígido e o discurso autoritário, para a maioria dos cristãos, perderam seu significado único: espalharam-se na sala de espelhos da Modernidade e Pós-Modernidade, em que as reflexões, interpretações e *simulacra* abalam qualquer autoridade baseada em visões únicas. Segundo Dixon, a teologia tradicional põe muito peso na possibilidade da significação literal e unívoca da escritura, do texto e do verbo: "o princípio da heresia e das perseguições baseia-se no pressuposto de que uma afirmação verbal pode exprimir o sagrado tão precisamente que a negação de tal é uma ofensa contra o próprio Espírito Santo".[17] Mas, esta maneira de pensar interpreta erroneamente a vida humana. Vivemos em um mundo espacial, não intelectual:

> Toda a nossa vida e todas as nossas vidas associativas são vividas além das palavras. As palavras insinuam-se na vasta rede reverberante de nossa vida comum, perturbando-a e dando forma às relações interativas de nossa vida corporal. Por sua vez, as palavras são tomadas pelas forças de nossa vida e são emendadas a suas expressões necessárias. As palavras são ferramentas indispensáveis do ser humano e do processo de tornar-se humano. Mas nossa vida não está somente nas palavras.[18]

A resposta a esta situação é uma abertura à arte: a arte "não é um enfeite para um mundo já existente [...] [mas é] a maneira elementar de formar este mundo".[19] Uma vez que o pensamento teológico reconhece o papel da interpretação e da imaginação, ele se distancia do significado literal, e, assim, a diferença entre verbo e imagem começa a se dissipar.

---

[17] Dixon, J. W. *Art and the theological imagination*, p. 2; cf. Austin, M. Art and religion as metaphor. *The British Journal of Aesthetics.*

[18] Dixon, op. cit., p. 6.

[19] Ibid., p. 15.

A estética da religião

Essas pistas teológicas nos levam não só para além do texto, mas para além da visualidade para os outros sentidos. Wolfhart Pannenberg nota que o Logos bíblico tem um aspecto mitológico ligado ao fato de ser uma palavra tanto falada quanto escrita: "a idéia cristã da encarnação do Logos divino pode ser até descrita como uma representação do conceito básico da palavra mítica como manifestação simbólica do objeto denominado na mídia sensível do som".[20] Devemos lembrar que foi uma voz que disse "Tolle, lege!" a Agostinho, e que ele mesmo não sabia como ler em silêncio.[21] Afinal, a idéia cristã da encarnação tem implicações sensoriais além da visualidade.

Trilhas da estética nas ciências da religião

A beleza e o sagrado na produção científica das ciências da religião

Os cientistas da religião habitam um "canto esquisito" das ciências sociais.[22] Isto ocorre principalmente em decorrência da natureza do objeto de seus estudos. De um lado, os fenômenos religiosos são (do ponto de vista dos sujeitos religiosos cujas crenças e práticas formam o material do campo) uma mistura de natural e sobrenatural. "Religião" é rótulo de um conjunto de fenômenos caracterizados por uma crença fundamentalmente não científica: segundo dizem os religiosos, estes fenômenos têm um pé neste mundo e um pé no céu. De outro lado, para cumprir o papel de uma ciência social, as ciências da religião devem usar métodos e teorias naturalistas e reducionistas, negando ou afastando essa crença fundamental que caracteriza o objeto de estudo.

Sendo esta a situação dos estudiosos que tentam entender a religião, já era de esperar a presença de uma divisão nítida entre os teólo-

---

[20] Apud Viladesau, op. cit., p. 66.

[21] Saenger, P. Silent reading. In: *Viator.*

[22] Cf. Pierucci, A. F. Sociologia da religião: área impuramente acadêmica. In: *O que ler nas ciências sociais.*

O espectro disciplinar da Ciência da Religião

gos (que aceitam, como precondição de suas pesquisas, a existência de dois mundos, natural e sobrenatural) e os cientistas da religião (que aceitam somente o mundo natural). Curiosamente, o caso não é esse. Este fato é, ao menos em parte, um efeito de vínculos entre fatores políticos, institucionais e metateóricos.[23]

Porém, o especialista americano em hinduísmo, Daniel Gold, escolheu uma outra pista muito reveladora para analisar este fato. Ele se aproximou do assunto do ponto de vista retórico, concluindo que a natureza ambígua do fenômeno da "religião" também caracteriza as obras publicadas no campo que a estuda:

> Respondendo aos seus objetos religiosos esteticamente, muitos cientistas da religião em sua escrita transformam suas reações em objetos estéticos de sua própria criação. Agindo assim, os escritores interpretativos importantes geralmente conseguem manejar uma síntese imaginativa dos pólos opostos do campo. O conhecimento explícito que eles oferecem está no molde do iluminismo: analítico, fundado em uma concepção de mundo naturalista, orientado por meio de uma grande pergunta acadêmica. Mas os detalhes da tradição que eles nos mostram levam a uma visão romântica: maravilhar-se no poder de mito, ritual e vida religiosa, e também com a sensação de que estes podem nos levar aos discernimentos mais profundos sobre a humanidade. A maior parte dos cientistas da religião que tiveram impacto neste campo articula um argumento naturalista, mas também demonstra uma larga visão humana.[24]

Temos aqui uma ligação entre a estética e a religião que poderia até ser constitutiva do próprio campo das ciências da religião. Já que não podem enfrentar o sagrado sem pô-lo entre aspas, os cientistas da religião traduzem-no em termos estéticos:

> Atraídos por seus objetos de estudo de maneiras diferentes, os cientistas da religião encontram neles significados muitas vezes impressionantes ou, pelo menos, com nuanças mais variadas e interessantes do que suas próprias tradições (ou falta delas). Oferecendo estes significados a pessoas que não os encontram facilmente no mundo ocidental moderno, a história das religiões os apresenta de

---

[23] Cf. ENGLER, S. Religious studies in Canada and Brazil. *Studies in Religion/Sciences Religieuses.*

[24] GOLD, op. cit., pp. 40-41.

A estética da religião

uma maneira duplamente refrangida. Primeiro, apresenta-os pelas religiões de outros (distante seja no espaço cultural, seja no tempo histórico, seja em ambos). [...] Segundo, a história das religiões não apresenta seus objetos diretamente às imaginações religiosas de leitores (cuja existência eles até negam), mas à sua sensibilidade estética, que pode assimilar estes grandes significados de um modo teologicamente neutro.[25]

Existem várias maneiras de entender este fato interessante da apresentação pública das pesquisas no campo das ciências da religião. Poderíamos dizer que os cientistas da religião estão fugindo da verdade religiosa por um apelo ardiloso ou até malicioso, ou que isso é um sinal de que a disciplina acadêmica das ciências da religião está ainda em fase de formação, e que não se tem livrado ainda das crenças não científicas, que não chegou ainda a dar aquele passo de distância que separa o observador do crente. Poderíamos dizer que este estratagema retórico é simplesmente uma reação à ambivalência da audiência que se interessa por religião, ou que a amostra de obras escolhidas por Gold representa uma mistura de teologia, criptoteologia e ciências da religião.[26] O que significa que esta aproximação aparente entre os cientistas da religião e os teólogos pode ser interpretada do ponto de vista dos teólogos, dos cientistas, ou de quem quer negociar um compromisso entre os dois.

Existe, aliás, uma outra interpretação possível, segundo a qual esta retórica híbrida indica que as ciências da religião estão na trilha de algo bem característico da Modernidade. David Ellison esboça uma linha histórica da estética romântica à ética moderna, dizendo que o conceito do "sublime", no romanticismo, torna-se o conceito do *uncanny* (esquisito) no modernismo.[27] Prolongando este argumento de maneira hipotética, existe a possibilidade de que vejamos aqui certa presença do sagrado no centro da modernidade dita "secular". Isto é (mesmo se levando em conta o ponto de vista naturalístico e

---

[25] GOLD, op. cit., pp. 37-38.

[26] Para a crítica de que certas tendências teóricas nas ciências da religião contemporânea são mais teológicas do que científicas, veja: ENGLER, S. Teoria da religião norte-americana. *Rever*; FITZGERALD, T. *The ideology of religious studies*; McCUTCHEON, R. T. *Manufacturing religion*; WIEBE, D. *The politics of religious studies*.

[27] ELLISON, D. *Ethics and aesthetics in European modernist literature*.

O espectro disciplinar da Ciência da Religião

afastando as crenças sobrenaturais), talvez as escrituras acadêmicas sobre a religião devam estudar mais profundamente suas próprias expressões acadêmicas. As ciências da religião poderiam ser, em parte, seu próprio objeto. Esta tendência de celebrar o sagrado em termos estéticos poderia ser interpretada de maneira sociológica, como uma compensação intelectual em resposta a certos fatores que se resumem pelo conceito vago de secularização.[28]

Além dos textos

As ciências da religião têm ampliado suas fontes nas últimas décadas estudando as imagens, a arquitetura, a música, os odores e os gostos. Antropólogos notam que os sons percussivos e os odores demarcam o começo e o final dos rituais, demarcando o tempo e o espaço liminal.[29] A diferença entre as maneiras de "ler" textos e imagens está sendo criticada.[30] Análises de teorias filosóficas da estética oriental estão sendo traduzidas e estudadas no Ocidente.[31] Uma rica variedade de obras trata dos assuntos mais variados nesta nova abertura da "estética", uma abertura além das categorias tradicionais do belo, da arte fina e das culturas ocidentais: descrições das interações entre os sentidos, os rituais e a arquitetura;[32] vínculos entre a visualidade do Ocidente e o colonialismo;[33] análises da circulação dos objetos e

---

[28] É preciso distinguir vários sentidos e aspectos da secularização e analisá-la em contextos históricos e nacionais distintos. Veja: DOBBELAERE, K. Assessing secularization theory. In: *New approaches to the study of religion*; PIERUCCI, A. F. *O desencantamento do mundo*; PIERUCCI, A. F. Reencantamento e dessecularização. *Novos Estudos CEBRAP*; RIVERA, P. B. Desencantamento do mundo. *Ciencias Sociales y Religión*.

[29] NEEDHAM, R. Percussion and transition. *Man*; HOWES D. Olfaction and transition. *Canadian Review of Sociology and Anthropology*.

[30] BAL, M. *Reading "Rembrandt"*.

[31] CAUVEL, J. The transformative power of art: Li Zehou's aesthetic theory. *Philosophy East and West*; INADA, K. K. A theory of Oriental aesthetics. *Philosophy East and West*.

[32] KONDO, D. The way of tea. In: *Empire of the senses*; DROBNICK, J. Volatile effects. In: *Empire of the senses*.

[33] BRUCE, B. Colonialism's afterlife. *Cultural Geographies*; MITCHELL, T. *Colonising Egypt*; MITCHELL, T. The world as exhibition. *Comparative Study of Society and History*; LITTLE, K. On safari. In: *The varieties of sensory experience*; TAUSSIG, M. *Mimesis and alterity*, pp. 70-87; LANDAU, P. & KASPIN, D. D. *Images and empires*; cf. SCOTT, D. The cultural poetics of eyesight in Sri Lanka. *Dialectical Anthropology*.

A estética da religião

valores estéticos;[34] explorações das funções sociais e rituais do gosto;[35] e obras que começam o trabalho de sintetizar os campos da história e antropologia dos sentidos.[36] O cristianismo, o judaísmo e o islamismo são religiões escriturais que definem a adesão e a identidade em termos de crenças. Tendo as ciências da religião emergido do contexto europeu e colonial, não surpreende que esta área acadêmica tenha tido, e ainda tenha, forte tendência a dar muito mais atenção aos textos e crenças do que, por exemplo, às imagens e práticas. Mas isso está mudando.

Gregory P. Grieve, por exemplo, analisa o uso ritual de imagens dos deuses hindus e conclui que a ênfase nos textos (escrituralismo) está ligada à negação da cultura ritual e material:

> O escrituralismo baseia-se em uma compreensão transcendental do divino como supersensível, não-material, dualístico e autocriativo. Ele se diferencia acusando outros de idolatria: da veneração de construções materiais humanas. [...] Nas ciências humanas o conhecimento "letrado" geralmente privilegia o lingüístico, o discursivo e o cognitizado acima do visceral e do tácito. [...] Estas cautelas sobre o escrituralismo são mais apropriadas ainda para as ciências da religião; a moldagem sutil do nosso conhecimento alcançado pelo livro transforma toda a religião em uma reflexão pobre de um cristianismo protestante.[37]

Grieve encontra na história e na prática das imagens que pesquisa uma maneira alternativa de estudar as religiões:

> para compreender bem as crenças e práticas hindus é preciso entender a prática localizada e cotidiana. [...] Para o praticante diário do hinduísmo, as deidades são mais do que conceitos transcendentais

---

[34] Dois exemplos dos extremos deste tipo de análise são uma história de ex-votos mineiros e paulistas, com ênfase na troca simbólica entre os fiéis e os oragos (SCARANO, J. *Fé e milagre*) e uma crítica pós-moderna do dinheiro como dom da falsa redenção (TAYLOR, M. C. *Confidence games*).

[35] MENNELL, S. *All manners of food*; FLANDRIN, J.-L. La diversité des gouts. *Revue d'Histoire Moderne et Contemporaine*.

[36] HOWES, D. *Sensual relations*; CLASSEN, C. *Worlds of sense*; cf. CORBIN, A. Histoire et anthropologie sensorielle. *Anthropologie et Sociétés*.

[37] GRIEVE, G. P. Symbol, idol and mūrti. *Culture, Theory & Critique*, p. 61; cf. HUMPHREY, C. & LAIDLAW, J. *The archetypal actions of ritual*.

213

O espectro disciplinar da Ciência da Religião

a serem imaginados. São práticas tangíveis: os deuses devem ser vistos, ouvidos, tocados a até degustados.[38]

A história dos sentidos[39]

O significado básico da "estética" é o estudo dos sentidos (afirmação bastante naturalista). Em sentido mais amplo, qualquer consideração sobre a estética da religião deve considerar o lugar dos sentidos nos fenômenos religiosos e em seu estudo. Várias perguntas surgem sobre esse tema. Que variedades de fenômenos sensoriais são qualificadas como fenômenos religiosos? Como religiões diferentes acentuam sentidos diferentes? Como essas diferenças refletem influências históricas e culturais? O estudo da religião priorizou algum dos sentidos? Nesse caso, quais são as implicações epistemológicas gerais que enfatizam um sentido e não o outro?

Existe uma vasta literatura que aborda esses tipos de perguntas. As contribuições feitas pela história, antropologia e sociologia dos sentidos podem ser divididas em dois grupos. No primeiro, muitas afirmações são descritivas. Neste contexto limitado podemos distinguir entre afirmações feitas quanto à natureza de um ambiente sensorial específico e afirmações quanto à importância relativa de um sentido ou sentidos. O segundo grupo é mais ambicioso e, muitas vezes, duvidoso.[40] Todos estes trabalhos tendem a ser comparativos, variação diacrônica em uma dessas dimensões e/ou para diferenças síncronas entre culturas, classes, gêneros ou regiões. Este enfoque comparativo tem muito valor para as ciências da religião. Como os exemplos a seguir indicam, essas afirmações mais limitadas oferecem informação muito útil e interessante sobre o lugar dos sentidos na experiência religiosa e sobre as diferenças entre culturas. Por outro lado, as afirmações mais ambicio-

---

[38] GRIEVE, op. cit., p. 69; cf. WINTER, I. J. The eyes have it. In: *Visuality before and beyond the Renaissance*; TRAINOR, K. *Relics, ritual, and representation in Buddhism.*

[39] Agradeço ao prof. David Howes (Universidade de Concórdia, Montreal) por ter-me introduzido à antropologia dos sentidos e pelas muitas sugestões de obras relevantes.

[40] Um terceiro tipo de afirmação é sobre a maneira como as relações entre os sentidos se modificam. Por exemplo, Marshall McLuhan diz que o uso da impressora de letras móveis causou a separação entre a visão e os outros sentidos (McLuhan, 1969). Por razões de espaço, não tentarei avaliar a complexa discussão que continua sobre tais efeitos dos meios de comunicação modernos.

A estética da religião

sas são feitas sobre o significado epistemológico e cultural de diferenças na ênfase relativa dos sentidos. Essas afirmações são mais difíceis de serem apoiadas e, muitas vezes, enganosas. As ciências da religião devem ser cautelosas sobre essas conclusões que vão além da evidência. A antropologia e a história dos sentidos têm implicações nas ciências da religião de vários modos. Os fenômenos religiosos são citados como exemplos que apóiam afirmações quanto à importância relativa dos sentidos. Isso enriquece nossa compreensão de outras culturas religiosas e chama nossa atenção a uma mais larga variedade de evidências. As tentativas de se entender a importância relativa dos sentidos, especialmente a visão e a audição, dão-nos o discernimento no lugar da Sagrada Escritura e ritual. Mais freqüentemente, os sentidos podem ser concebidos de dois modos: como órgãos fisiológicos neutros de valor ou funções; ou como modos culturalmente condicionados de percepção. O último modo pode ter valor para as ciências da religião.

O primeiro tipo de afirmação mais limitada (quanto à natureza de ambientes sensoriais específicos) acrescenta detalhes ao nosso quadro de períodos históricos e outras culturas. Guy Thuillier, por exemplo, tenta reconstruir o ambiente sônico de uma aldeia francesa do século XIX, evocando os sons de sinos e de ferreiros, couraças e cascos.[41] Como Alain Corbin indica, Thuillier não vai além da catalogação da presença e sonoridade dos sons em um ambiente dado; ele negligencia o significado quanto ao contexto cultural específico.[42] Por exemplo, os sons de sinos de Igreja significavam muitas coisas diferentes antes do século XVI na Europa. Os sinos eram tocados para afastar tempestades, avisar sobre eventos horrendos e intimar o fiel à oração. Eram tocados na Noite de Todas as Almas, para os mortos que viessem andar entre os vivos; e os homens que os tocavam recebiam remuneração extra, compensação pelo perigo de sua proximidade com os mortos. Além disso, na chamada à oração islâmica, o repique dos sinos estabelecia os limites audíveis de comunidades.[43] Naturalmente,

---

[41] THUILLIER, G. *Pour une histoire du quotidien*, pp. 230-244.

[42] CORBIN, A. Histoire et anthropologie sensorielle. *Anthropologie et Sociétés*, p. 14.

[43] MUCHEMBLED, R. *La violence au village*, pp.128ss; BOSSY, J. *Christianity in the West*, p. 33; cf. NEEDHAM, R. Percussion and transition. *Man*.

O espectro disciplinar da Ciência da Religião

a significação cultural de sinos permanece uma questão importante antes do século XX.[44]

O segundo tipo de afirmação, quanto à importância relativa dos sentidos, é uma rica fonte de informações sobre as culturas religiosas. Donald Lowe, por exemplo, considera que, "na Idade Média, ouvir e tocar era mais seguro do que ver; ao passo que, no Oeste moderno, a visão predominou".[45] Georges Duby e Philippe Braunstein citam cartilhas cristãs bem como livros históricos e diários de viagem para apoiar sua conclusão de que o sentido da visão era menos importante do que outros sentidos durante a Idade Média tardia.[46] Por outro lado, Margaret Miles aponta para a elevação do anfitrião como evidência da importância da visão para práticas devotas medievais e sugere que a grande importância da visão nas práticas devotas medievais devia-se à prevalência da teoria do raio da visão – segundo o qual o olho alcança e toca o objeto da visão, assim permitindo ao crente entrar em contato imediato com a eucaristia elevada ou com uma relíquia.[47] Não que essas afirmações sejam contraditórias, mas elas interpretam tipos variáveis de evidência segundo critérios distintos, resultando em um quadro muito confuso. Quanto mais distantes das afirmações descritivas básicas, mais cuidadosos devemos ser.

Uma pergunta importante surge: que tipo de evidência pode ser usada para apoiar esses tipos de afirmações? Thorleif Boman faz uma afirmação cultural e quase sincrônica, segundo a qual "[...] no hebraico [antigo] o mais importante dos sentidos para ter uma experiência da verdade era a sua audição [...], mas para o grego, era a visão".[48] Boman usou como evidência o vocabulário de palavras re-

---

[44] Cf. CORBIN, op. cit., p. 15.

[45] LOWE, D. *History of bourgeois perception*, p. 167.

[46] DUBY, G. & BRAUNSTEIN, P. The emergence of the individual. In: *A history of private life*.

[47] MILES, M. *Image as insight*, p. 96; cf. BELTING, H. *The image and its public*, pp. 80ss.

[48] BOMAN, T. *Hebrew thought*, p. 206. Boman também sugere que a cultura ocidental moderna seja mais como a grega antiga neste sentido, mas ele não apresenta um argumento, embora os outros o tenham: "a mente foi para onde a visão apontou" (JONAS, H. The nobility of sight. *Philosophy and Phenomenological Research*, p. 519). Vários autores consideram que as metáforas visuais são prevalentes na terminologia epistemológica ocidental e que há uma correlação forte entre este fato e certas qualidades dos nossos modos de pensamento (p. ex., ONG, W. J. 'I see what you say'. *Human Inquiries*; DE NICOLAS, A. *Four dimensional man*; KELLER, E. F. & GRONTKOWSKI, C. R. The mind's eye. In: *Discovering reality*; HINMAN, L. M. Nietzsche, metaphor and truth. *Philosophy and Phenomenological Research*; JAY, M. In the empire of the gaze. In: *Foucault: a critical*

A estética da religião

ferente a cores e o uso metafórico de palavras dos órgãos do sentido. Ele argumenta que, em comparação com o hebraico antigo, a língua grega antiga indica uma maior sensibilidade para a visão e uma maior confiança metafórica em metáforas visuais. A relevância de tal evidência baseia-se na pressuposição de que "o caráter único de um povo se expressa na sua própria língua".[49] Contudo, a natureza exata desta relação entre caráter e língua é pouco nítida no livro de Boman; é pouco nítido se Boman está afirmando qual dos dois determina o outro, ou se a relação é constante ou intermitentemente recíproca.[50] Boman também sugere que o ambiente visual dos gregos, bem como sua maior variedade de formas e cores, resultou em uma visão mais sensível do que a dos israelitas antigos. Isto se refletiu em sua língua e, assim, em seu caráter. Contudo, o reverso parece contido pela citação anteriormente mencionada de sua suposição básica acerca da relação entre caráter e língua. Isto é, a dimensão causal dessas afirmações é difícil de ser apoiada.

A questão da evidência em estudos como estes é importante. Naturalmente, alguns tipos de evidência histórica sobrevivem à passagem do tempo melhor do que outros. Por exemplo, pedras esculpidas duram mais tempo do que papel; a tecnologia de registro sonoro permite-nos o acesso a apenas um século e meio; e os odores são transitórios. O tipo mais comum de evidência é a textual, mas essa evidência é limitada na sua capacidade de descrever experiências sensoriais próprias e reflete certos segmentos de sociedades mais do que outros. Além do mais, o vocabulário é mais adequado para alguns sentidos do que para outros: a falta de uma grande variedade de conceitos do cheiro torna difícil encontrar e analisar evidências históricas relevantes.

As afirmações explícitas acerca da importância relativa dos sentidos são outra forma relevante e freqüentemente citada de evidência.

---

reader; Crary J., *Techniques of the observer*; Levin, D. M. *Modernity and the hegemony of vision*). Mais especificamente, alguns consideram que a predominância da visão no Oeste moderno deve-se às qualidades deste sentido que refletem os novos valores do iluminismo e da ciência (p. ex., Jay, M. Scopic regimes of modernity. In: *Vision and visuality*, p. 5; Rorty, R. *Philosophy and the mirror of nature.*; cf. Mandrou, R. *Introduction to modern France*, p. 54).

[49] Boman, op. cit., p. 18.

[50] Barr, J. *The semantics of biblical language*, p. 25.

217

O espectro disciplinar da Ciência da Religião

Por exemplo, diz Calvino, "a ênfase deve ser posta somente na fé, cuja natureza deve aguçar o ouvido e fechar o olho".[51] Com tais afirmações é importante esclarecer os critérios específicos evocados para avaliar a importância relativa dos sentidos, como evitar deturpar a fonte pelo uso seletivo de citações. Por exemplo, embora a citação de Calvino antes mencionada seja apenas um dos muitos pensamentos da Reforma que realçam a importância do ouvir, Calvino também diz "neste espelho [...] do corpo imaculado de Cristo [...] observamos o espelho vivo da ressurreição" e que a raça humana é "um espelho brilhante das obras do Criador".[52]

A arquitetura é também uma fonte útil de evidência para a história dos sentidos. Miles analisa as características físicas de igrejas da Reforma protestante tirando conclusões sobre a importância da audição.[53] Boman interpreta o uso de pedras coloridas na arquitetura grega antiga como evidência da importância da visão naquela cultura.[54] Corbin sugere que as modificações em ventilação e desenho das salas refletem a importância na variação do odor.[55]

A ausência relativa de certo sentido pode ser importante, mas de difícil interpretação. Por exemplo, David Freedberg argumenta que a cultura ocidental moderna é visual de uma maneira diferente de outras culturas, inclusive do Oeste medieval e antigo.[56] Segundo Freedberg, a maioria das civilizações tem reações emocionais e físicas ligadas à presença de imagens. O mesmo acontecia no Ocidente antigo e medieval. Porém, no Ocidente moderno perdemos essa característica e chamamos de "primitivas" ou "animistas" as culturas que apresentam esse tipo de reação às imagens. Existem exemplos abundantes e intrigantes: uma estátua da Virgem esbofeteando um devoto; os oferecimentos votivos (em que uma imagem realista de uma parte de

---

[51] Calvino, J. *Institutos* 3.12.4; cf. Miles, M. "The rope breaks when it is tightest", *Harvard Theological Review*, p. 248.

[52] Apud Miles, M. Theology, anthropology, and the human body. *Harvard Theological Review*, pp. 320, 313.

[53] Miles, M. *Image as insight*, pp. 95ss.

[54] Boman, op. cit., p. 114.

[55] Corbin, A. *The foul and the fragrant*, p. 95.

[56] Freedberg, D. *The power of images*.

A estética da religião

corpo curada é colocada em um relicário);[57] e *tavolettas* (pinturas das figuras religiosas colocadas diante dos olhos de homens condenados à forca em seu trajeto até a execução). Seu argumento básico é que a visão ficou desconectada do corpo e dos outros sentidos (especialmente do tato) no Ocidente moderno. Contudo, há um problema com o argumento de Freedberg: sua afirmação de que a visão ficou separada da emoção baseia-se e é, ao mesmo tempo, baseada na afirmação de que as emoções funcionam cognitivamente na experiência estética. Seus exemplos tanto fornecem evidências dessa afirmação como são interpretados à luz dela. Este argumento circular aponta novamente para a relação dialética entre reclamações e métodos que podem resultar quando olhamos nossos próprios modos de olhar.

Tanto nas fontes primárias como nas secundárias, é comum encontrar afirmações de que os sentidos variam quanto à sua importância. Por exemplo, Albrecht Dürer afirma que "[...] visão é o sentido mais nobre [...] [É] mais fácil crer naquilo que você observa do que naquilo que você ouve".[58] Por outro lado, Meister Eckart afirma que "a audição traz mais para dentro do homem, enquanto a visão distribui mais, mesmo no próprio ato do olhar. E por isso seremos todos abençoados mais na vida eterna pelo nosso poder auditivo do que pelo nosso poder visual".[59]

Essas duas citações ilustram os critérios mais freqüentemente invocados na ordenação dos sentidos segundo suas respectivas contribuições para o conhecimento e/ou a fé. Os filósofos Hans Jonas e Richard Rorty acreditam que a visão está estreitamente ligada a conceitos modernos do conhecimento.[60] Miles está mais interessado no papel histórico que os sentidos desempenham em relação à fé. Acredita que a audição tenha um papel fundamental, dada a ênfase cristã no Verbo de Deus.[61] Miles sugere que, antes da Reforma, "a visão foi [...]

---

[57] Cf. Scarano, J. *Fé e milagre.*

[58] Dürer, A. apud Miles, *Image as insight*, cit., p. 116.

[59] Eckart, M. *Meister Eckart*, p. 108; cf. Miles, "The rope breaks...", op. cit., p. 248.

[60] Jonas, H. The nobility of sight. *Philosophy and Phenomenological Research*; Rorty, R. *Philosophy and the mirror of nature*; cf. Ong, op. cit.

[61] Miles, M. *Image as insight*, cit.; Theology..., cit.; "The rope breaks...", When it is Tightest, *Harvard Theological Review*; cf. Bossy, J. *Christianity in the West*, pp. 100-101; Mandrou, R. op. cit., p. 50.

O espectro disciplinar da Ciência da Religião

o modo de acesso mais poderoso a um objeto da devoção. [...] a presença ativa da visão nunca havia sido tão forte".[62] Com a Reforma, na visão de Miles, a audição passou a ocupar a posição de destaque entre os sentidos. Segundo Lutero, "as orelhas são os únicos órgãos de um cristão".[63] Segundo Miles, no período da Reforma houve uma transformação da Idade Média visual ao tempo moderno auditivo.

Os sentidos também desempenham papéis importantes no reforço e modificação dos limites sociais. O sotaque, o vestuário e o odor são todos modos eficazes de distinguir as pessoas de determinados agrupamentos sociais. Miles analisou o papel da arquitetura das igrejas durante a Reforma. Ele sugere que "a eliminação da barreira tradicional entre clero e leigos deva ter causado grande impacto nas pessoas acostumadas a rezar em edifícios que visualmente reforçavam diferenças sociais, eclesiásticas e espirituais".[64] O odor tem também um papel importante no estabelecimento e conservação de limites sociais. Marcando tanto limites sociais quanto morais, parece ser um meio eficaz para distinguir indivíduos de culturas, gêneros, classes e profissões diferentes.[65] Um dos limites sociais mais interessantes marcados pelo odor era a diferença entre o santo e o mundano. No mundo cristão, especialmente durante os períodos antigos e medievais, acreditava-se que a respiração e os cadáveres de pessoas sagradas emitiam um odor doce.[66]

Essas várias maneiras de prestar atenção aos sentidos na história, nos contextos sensíveis, no desenvolvimento de tecnologias sensuais, nas mudanças da importância relativa dos sentidos e em suas implicações epistemológicas (especialmente da visão e da audição) nos aju-

---

[62] MILES, M. *Image as insight*, cit., pp. 96, 98; cf. BELTING, H. *The image and its public*, pp. 55, 57, 80ss.

[63] Apud MILES, M. *Image as insight*, cit., p. 95; cf. DESPLAND, M. *Christianisme*, p. 76; FEBVRE, L. *Le problème de l'incroyance*, pp. 471-473.

[64] MILES, M. *Image as insight*, cit., p. 105.

[65] CLASSEN, C. The odor of the other. In: *Ethos*; GUÉRER. A. Le. Le déclin de l'olfactif. *Anthropologie et Sociétés*; CORBIN, *The foul...*, cit.; CLASSEN, C.; HOWES, D.; SYNNOTT, A. *Aroma: the cultural history of smell*; SYNNOTT, A. A sociology of smell. *Canadian Review of Sociology and Anthropology*; LARGEY, G. P. & WATSON, D. R. The sociology of odors. *American Journal of Sociology*; DROBNICK, J. Volatile effects. In: *Empire of the senses*, pp. 277-288; HOWES, D. Olfaction and transition. *Canadian Review of Sociology and Anthropology*; DUBY G. & BRAUNSTEIN, P. The emergence of the individual. In: *A history of private life*, p. 614; MUCHEMBLED, R. *l'invention de l'homme moderne*, pp. 46-54.

[66] CLASSEN, C. Heaven's scent. *Journal of Religion and Culture*; cf. CAMPORESI, P. *The incorruptible flesh*.

dam a entender melhor os fenômenos religiosos de uma maneira mais ampla.

Conclusão

Seja do ponto de vista da filosofia, da teologia, das ciências da religião ou da história e antropologia dos sentidos, a estética tem muito a ver com a religião. Existem paralelos fortes entre as experiências estéticas e religiosas, entre os argumentos sobre a natureza do belo e do sagrado e entre as trajetórias de marginalização dessas duas áreas de pensamento na Modernidade. Podemos aprender algo importante do fato de que a estética e a religião passaram ambas por uma fase de insistência na autonomia, na importância de o belo e o sagrado serem considerados fenômenos *sui generis*. De um lado, essa manobra intelectual pode ter oferecido uma vantagem na busca de um nicho institucional autônomo. Porém, de outro lado, a estética e a religião perderam, assim, uma boa parceria potencial. O crescimento do interesse, nos últimos anos, por várias disciplinas e de vários pontos de vista, nas relações entre arte e religião, pode ser sinal de uma nova intimidade entre as duas áreas. E a disciplina das ciências da religião, como a nossa retórica híbrida sugere, está bem posicionada para fazer parte e para entender, de maneira reflexiva, este desenvolvimento.

Referências bibliográficas

ABUMANSSUR, E. S. A arte, a arquitetura e o sagrado. *Ciencias Sociales y Religión/Ciências Sociais e Religião*, 2: 177-190, 2000.

ALLERT, C. D. Is translation inspired? The problems of verbal inspiration for translation and a proposed solution. In: PORTER, Stanley E. & HESS, Richard S. (orgs.). *Translating the Bible: problems and prospects*. Sheffield, Sheffield Academic Press, 1999. pp. 85-113.

AUSTIN, M. Art and religion as metaphor. *The British Journal of Aesthetics*, 35(2): 145-153, 1995.

BAL, M. *Reading "Rembrandt"*; beyond the word/image opposition. Cambridge/New York, Cambridge University Press, 1991.

BARR, J. *The semantics of biblical language*. Glasgow, Oxford University Press, 1961.

BELTING, H. *The image and its public in the Middle Ages*. Trad. Mark Bartusis & Raymond Meyer. New York, Aristide D. Caratzas, 1990.

BESANÇON, A. *A imagem proibida; uma história intelectual da iconoclastia*. Rio de Janeiro, Bertrand Brasil, 1997.

BOMAN, T. *Hebrew thought compared with Greek*. Philadelphia, Westminster Press, 1960.

BOSSY, J. *Christianity in the West 1400-1700*. Oxford, Oxford University Press, 1985.

BROWN, F. B. *Religious aesthetics*; a theological study of making and meaning. Princeton, Princeton University Press, 1989.

BRUCE, Braun. Colonialism's afterlife: vision and visuality on the Northwest coast. *Cultural Geographies*, 9 (2): 202-247, 2002.

CAMPORESI, P. *The incorruptible flesh*. Cambridge, Cambridge University Press, 1988.

CAUVEL, J. The transformative power of art: Li Zehou's aesthetic theory. *Philosophy East and West*, 49 (2): 150-173, 1999.

CAVEAUX, C. (org.). *The continental aesthetics reader*. New York/London, Routledge, 2000.

CLASSEN, C. Heaven's scent: the odour of sanctity in christian tradition. *Journal of Religion and Culture*, 4 (2): 87-92, 1990.

_____. The odor of the other: olfactory symbolism and cultural categories. *Ethos*, 20 (2): 133-166, 1992.

_____. *Worlds of sense*; exploring the senses in history and across cultures. New York, Routledge, 1993.

CLASSEN, C.; HOWES, D. & SYNNOTT, A. *Aroma*; the cultural history of smell. New York, Routledge, 1994.

CORBIN, A. *The foul and the fragrant*: odor and the french social imagination. Trad. M. L. Kochan, R. Porter & C. Prendergast. Cambridge, Harvard University Press, 1986.

A estética da religião

CORBIN, A. Histoire et anthropologie sensorielle. *Anthropologie et Sociétés*, 14 (2): 13-24, 1990.

CRARY, J. *Techniques of the observer:* on vision and modernity in the nineteenth century. Cambridge, MIT Press, 1990.

DE NICOLAS, A. *Four-dimensional man*; meditations through the Rg Veda. Stony Brook, NY, Nicolas Hays, 1976.

DESPLAND, M. *Christianisme, dossier corps*. Paris, Cerf, 1987.

DIXON, J. W. *Art and the theological imagination*. New York, Seabury, 1978.

DOBBELAERE, K. Assessing secularization theory. In: ANTES P.; GEERTZ, A. W.; WARNE, R. R. (orgs.). *New approaches to the study of religion*. Berlin/New York, DeGruyter, 2004. pp. 229-253. v. 2

DROBNICK, J. Volatile effects: olfactory dimensions of art and architecture. In: HOWES, D. (org.). *Empire of the senses*; the sensual culture reader. Oxford/New York, Berg, 2004. pp. 265-280.

DUBY, G. & BRAUNSTEIN, P. The emergence of the individual. In: *A history of private life*. Cambridge, Harvard University Press, 1988. v. 2.

ECKART, M. *Meister Eckart*. Trad. Raymond Blakney. New York, Harper Torchbooks, 1941.

ELLISON, D. *Ethics and aesthetics in European modernist literature*: from the sublime to the uncanny. Cambridge, Cambridge University Press, 2001.

ENGLER, S. Religious studies in Canada and Brazil: questioning normative pluralism and anti-theology. *Studies in Religion/Sciences Religieuses*, a ser publicado.

_____. Teoria da religião norte-americana: alguns debates recentes. *Rever*, 4 (4): 27-42, 2004.

FEBVRE, L. *Le problème de l'incroyance au XVIe siècle*; la religion de Rabelais. Paris, Albin Michel, 1942. pp. 471-473.

FITZGERALD, T. *The ideology of religious studies*. Oxford/New York, Oxford University Press, 2000.

FLANDRIN, J.-L. La diversité des gouts et des pratiques alimentaires en Europe du XVIe au XVIIIe siècle. *Revue d'Histoire Moderne et Contemporaine*, 30: 66-83, 1983.

FREEDBERG, D. *The power of images*: studies in the history and theory of response. Chicago, University of Chicago Press, 1989.

GOLD, D. *Aesthetics and analysis in writing on religion*: modern fascinations. Berkeley, University of California Press, 2003.

GRIEVE, G. P. Symbol, idol and mūrti: hindu god-images and the politics of mediation. *Culture, Theory & Critique, 44* (1): 57-72, 2003.

HINMAN, L. M. Nietzsche, metaphor and truth. *Philosophy and Phenomenological Research, 43* (2), 1982.

HOWES, D. Olfaction and transition: an essay on the ritual uses of smell. *Canadian Review of Sociology and Anthropology, 24* (3): 398-415, 1987.

_____. *Sensual relations: engaging the senses in culture and social theory*. Ann Arbor, University of Michigan Press, 2003.

HOWES, D. (org.). *Empire of the senses*: the sensual culture reader. Oxford/New York, Berg, 2004.

HUMPHREY, C. & LAIDLAW, J. *The archetypal actions of ritual*. Oxford, Oxford University Press, 1994.

INADA, K. K. A theory of Oriental aesthetics: a prolegomenon. *Philosophy East and West, 47* (2): 117-131, 1997.

JAY, M. In the empire of the gaze: Foucault and the denigration of vision in twentieth-century French thought. In: HOY, David Couzens (org.). *Foucault: a critical reader*. Cambridge: Mass., Basil Blackwell, 1986.

_____. Scopic regimes of modernity. In: FOSTER, Hal (org.). *Vision and visuality*. Seattle, Bay, 1988. pp. 3-27.

JONAS, H. The nobility of sight. *Philosophy and Phenomenological Research, 14*: 507-519, 1954.

KELLER, E. F. & GRONTKOWSKI, C. R. The mind's eye. In: HARDING, Sandra & HINTIKKA, Merrill B. (orgs.). *Discovering reality*. Dordrecht, D. Reidel, 1983.

KONDO, D. The way of tea: a symbolic analysis. In: HOWES, D. (org.). *Empire of the senses*; the sensual culture reader. Oxford/New York, Berg, 2004. pp. 192-211.

LAMARQUE, P. & OLSON, S. H. (orgs.). *Aesthetics and the Philosophy of Art:* the analytic tradition. Oxford, Blackwell, 2004.

LANDAU, P. & KASPIN, D. D. (orgs.). *Images and empires:* visuality in colonial and postcolonial Africa. Berkeley, University of California Press, 2002.

LARGEY, G. P. & WATSON, D. R. The sociology of odors. *American Journal of Sociology, 77* (6): 1021-1034, 1972.

LE GUÉRER, A. Le déclin de l'olfactif, mythe ou réalité? *Anthropologie et Sociétés, 14* (2): 25-46, 1990.

LEVIN, D. M. (org.). *Modernity and the hegemony of vision.* Berkeley, University of California Press, 1993.

LITTLE, K. On Safari: the visual politics of a tourist representation. In: HOWES, D. (org.). *The varieties of sensory experience.* Toronto, University of Toronto Press, 1991.

LOWE, D. *History of bourgeois perception.* Chicago, University of Chicago Press, 1982.

MANDROU, R. *Introduction to modern France, 1500-1640.* Trad. R. E. Hallmark. New York, Holmes e Meier, 1976.

MARTIN JR., J. A. *Beauty and holiness:* the dialogue between aesthetics and religion. Princeton: NJ, Princeton University Press, 1990.

McCUTCHEON, R. T. *Manufacturing religion;* the discourse on *sui generis* religion and the politics of nostalgia. Oxford/New York, Oxford University Press, 1997.

McLUHAN, M. *The Gutenberg galaxy.* New York, Mentor, 1969.

MENNELL, S. *All manners of food:* eating and taste in England and France from the Middle Ages to the present. Oxford, Basil Blackwell, 1985.

MILES, M. Theology, Anthropology, and the human body. In: Calvin's institutes of the Christian religion. *Harvard Theological Review, 74* (3): 303-323, 1981.

MILES, M. The rope breaks when it is tightest: Luther on the body, consciousness, and the word. *Harvard Theological Review, 77* (3-4): 239-258, 1984.

_____. *Image as insight*; visual understanding in Western Christianity and secular culture. Boston, Beacon Press, 1985.

MITCHELL, T. *Colonising Egypt*. Cambridge, Cambridge University Press, 1988.

_____. The world as exhibition. *Comparative Study of Society and History, 31* (2): 217-236, 1989.

MUCHEMBLED, R. *L'invention de l'homme moderne*; sensibilités, moeurs et comportements collectifs sous l'ancien régime. Paris, Fayard, 1988.

_____. *La violence au village*; sociabilité et comportements populaires en Artois du XVᵉ au XVIIᵉ siècle. Paris, Brepols, 1989.

NEEDHAM, R. Percussion and transition. *Man, 2*: 606-614, 1967.

NUNES, B. *Introdução à filosofia da arte*. São Paulo, Ática, 1989.

ONG, W. J. "I see what you say": sense analogues for intellect. *Human Inquiries, 10*: 22-42, 1970.

PIERUCCI, A. F. Reencantamento e dessecularização: a propósito do auto-engano em sociologia da religião. *Novos Estudos CEBRAP, 49*: 99-117, 1997.

_____. Sociologia da religião: área impuramente acadêmica. In: MICELI, S. (org.). *O que ler nas ciências sociais (1970-1995)*. São Paulo, Sumaré, 1999. pp. 237-286. v. 2.

_____. *O desencantamento do mundo*; todos os passos do conceito em Max Weber. São Paulo, Editora 34, 2003.

RIVERA, P. B. Desencantamento do mundo e declínio dos compromissos religiosos; a transformação religiosa antes da pós-modernidade. *Ciencias Sociales y Religión/Ciências Sociais e Religião, 4*: 87-104, 2002.

RORTY, R. *Philosophy and the mirror of nature*. Princeton, Princeton University Press, 1980.

A estética da religião

SAENGER, P. Silent reading: its impact on late medieval script and society. *Viator*, *13*: 367-414, 1982.

SAHAS, D. J. (org. e trad.). *Icon and logos: sources in eighth-century iconoclasm;* an annotated translation of the Seventh Ecumenical Council. Toronto, University of Toronto Press, 1986.

SCARANO, J. *Fé e milagre.* São Paulo, Edusp/Fapesp, 2004.

SCOTT, D. The cultural poetics of eyesight in Sri Lanka: composure, vulnerability, and the sinhala concept of distiya. *Dialectical Anthropology*, *16* (1): 85-105, 1991.

SUASSUNA, A. *Iniciação à estética.* 5. ed. Recife, UFPE, 2002.

SYNNOTT, A. A sociology of smell. *Canadian Review of Sociology and Anthropology*, *28* (4): 437-459, 1991.

TAUSSIG, M. *Mimesis and alterity:* a particular history of the senses. New York, Routledge, 1992.

TAYLOR, M. C. *Confidence games:* money and markets in a world without redemption. Chicago, University of Chicago Press, 2004.

THIESSEN, G. E. (org.). *Theological aesthetics: a reader.* Grand Rapids: MI, Wm. B. Eerdmans, 2004.

THUILLIER, G. *Pour une histoire du quotidien au XIX siècle en Nivernais.* Paris, École des Hautes Études en Sciences Sociales Mouton, 1977.

TRAINOR, K. *Relics, ritual, and representation in buddhism:* rematerialising the Sri Lankan theravada tradition. Cambridge, Cambridge University Press, 1997.

VILADESAU, R. *Theological aesthetics:* god in imagination, beauty, and art. Oxford, Oxford University Press, 1999.

WIEBE, D. *The politics of religious studies:* the continuing conflict with theology in the academy. New York, St. Martin's Press, 1999.

WINTER, I. J. The eyes have it; votive statuary, gilgamesh's axe, and cathected viewing in the ancient Near East. In: NELSON, R. S. (org.). *Visuality before and beyond the Renaissance;* seeing as others saw. Cambridge, Cambridge University Press, 2000. pp. 22-44.

PARTE 3

A ciência da religião diante de novos horizontes e antigas demarcações

Estudos formais e modelos computacionais da religião

Rafael Shoji

Estudos formais e modelos computacionais da religião

Introdução

A ciência da computação como disciplina moderna nasceu da combinação da engenharia eletrônica e de uma matemática especializada, ambas surgidas a partir da década de 1950. No decênio de 1970 surgiu a Internet, projeto do ministério de defesa norte-americano que se popularizou e conquistou o mundo universitário na década de 1980. Durante o decênio de 1990, tanto a Internet como os computadores tornaram-se uma realidade presente nos ambientes de pesquisa e nas casas, com um crescimento exponencial no poder de armazenamento de informação e de processamento dos computadores.[1] Atualmente, a inteligência artificial, pelo reconhecimento de complexos padrões estatísticos, vem se disseminando a partir de áreas como mineração de dados, visão computacional e processamento da linguagem natural. Nada indica que a revolução tecnológica da nossa época esteja perdendo força e que, no futuro, não vá afetar inúmeras áreas do conhecimento, incluindo os estudos da religião.

Além de dar um panorama geral das pesquisas associadas à religião em cada caso, aqui se buscará apresentar alguns exemplos de pesquisa própria no tema. Com base nesse objetivo, este capítulo foi dividido em três itens: 1. o uso de matemática em modelos formais da religião (a partir da década de 1960); 2. os desafios metodológicos e os resultados até agora encontrados no estudo de religiões na Internet (a partir da década de 1990); e 3. o futuro da relação entre inteligência artificial e religião na perspectiva de um debate entre um animismo tecnológico e um pós-humanismo possível (a partir do século XXI).

---

[1] Gordon Moore, um dos inventores do circuito integrado, vem observando, desde 1965, um crescimento exponencial na capacidade dos computadores. Observações de 1900 a 2000 indicam que a cada 24 meses, com o mesmo custo, duplica-se a capacidade de computabilidade das máquinas (cf. KURZWEIL, R. *The age of spiritual machines*, p. 24).

233

O espectro disciplinar da Ciência da Religião

Religiões *off-line*: modelos matemáticos e computacionais (a partir da década de 1960)
Modelos, evolucionismo e sociedades artificiais

Na sociologia, um esforço por teorização e uso de modelos matemáticos vem ocorrendo desde a década de 1960, intensificado-se a partir da de 1970.[2] Conhecido como *sociologia matemática*, esse ramo concentra-se especificamente na construção e validação de modelos. Como uma extensão da sociologia matemática, a sociologia computacional é um campo ocupado com a simulação de sociedades artificiais em computador e previsão de variáveis sociais a partir de modelos parametrizáveis.

A ambição intelectual da sociologia formal é descrever modelos matemáticos que possam ser verificados e usados para previsões. Vistos como entidades abstratas que representam e devem se comportar como algum sistema passível de observação experimental, os modelos são largamente usados na ciência como uma forma intencional de redução e simplificação da realidade, com o objetivo de estabelecer relações entre variáveis e identificar dependências entre fenômenos. Com o uso da matemática, busca-se, simultaneamente, uma linguagem e uma metodologia para o tratamento de problemas sociológicos.[3] Diversos modelos para a *estrutura* social, nesse sentido, têm sido buscados usando-se conceitos como redes sociais, distribuição estatística, jogos, sociedades artificiais e gramática.

Com exceção do conceito de redes, que será indicado em item posterior para o caso de comunidades virtuais na Web, esses conceitos

---

[2] O surgimento da sociologia formal, segundo Fararo, foi uma conseqüência de sociólogos teóricos como Talcott Parsons e George Homans, que tiveram suas intuições formalizadas com o uso crescente de conceitos matemáticos (cf. FARARO, Thomas J. Theoretical sociology in the 20th century. *The Journal of Social Structure*).

[3] Cf. BÄCKMAN, O. & EDLING, C. Mathematics matters; on the absence of mathematical models in quantitative sociology. *Acta Sociologica*, pp. 69-78.

Estudos formais e modelos computacionais da religião

e sua relação com os estudos formais de religião e ética serão indicados a seguir, com a intenção de introduzir o leitor a um tipo de abordagem mais matematizada que tem lugar na sociologia teórica e tem obtido um crescente interesse também com as ciências cognitivas da religião. Em um item separado, para indicar um tratamento do conceito de sincretismo, será mostrado um modelo próprio baseado no conceito de gramática e relexificação em línguas crioulas.

No que diz respeito à estatística, sua metodologia sempre foi um dos pilares da comprovação empírica das ciências sociais, especialmente na sociologia. Cálculos estatísticos sobre uma amostra, com o objetivo de generalização para uma determinada população (inferência), têm sido popularizados por meio de pacotes computacionais e do uso de base de dados para pesquisas quantitativas. Os estudos mais tradicionais buscam uma correlação simples entre variáveis sociais, por exemplo, religiosidade, gênero, etnicidade e classe social. Eventualmente, os estudos passam dos testes de hipóteses para modelos mais particularizados para o caso da religião.[4] Estudos mais sofisticados do ponto de vista computacional têm usado as áreas de mineração de dados e aprendizado de máquina – crescentes áreas de pesquisa que usam algoritmos computacionais para reconhecer interdependências complexas – de forma a analisar a crescente massa de dados produzidos e encontrar padrões escondidos em dados sociais. Em antropologia matemática já existem estudos que buscam estruturas de parentesco a partir de *softwares* baseados em aprendizado de máquina e inteligência artificial.[5]

No caso de jogos, a analogia formal com as relações sociais está baseada na teoria matemática que leva o mesmo nome[6] e que se tornou uma das bases da simulação da ética em sociedades artificiais.

---

[4] Para um exemplo no contexto estatístico e destinado a modelar o crescimento de igrejas, ver HAYWARD, J. Mathematical modeling of church growth. *Journal of Mathematical Sociology*, 23 (4): 255-292, 1999.

[5] Cf. CUNNINGHAM, S. J. Machine learning applications in anthropology: automated discovery over kinship structures. In: *Computers and the humanities*, pp. 401-406, que utilizou o WEKA (http://www.cs.waikato. ac.nz/~ml/weka/index.html), uma biblioteca livre para aprendizado de máquina. Em estudos paralelos, também realizamos testes com árvores de decisão para buscar generalizações sobre o perfil social de praticantes de religiões orientais, a partir de uma base de dados própria construída a partir dos microdados do IBGE.

[6] Uma importante evolução na teoria dos jogos foi a prova da existência de um equilíbrio importante, primeiramente demonstrada pelo matemático John Nash, em 1950.

O espectro disciplinar da Ciência da Religião

Um dos jogos matemáticos mais debatidos é o chamado *dilema do prisioneiro*, que pode ser resumido da seguinte forma: dois suspeitos são detidos e mantidos incomunicáveis. Se nenhum deles delatar o outro, eles devem ficar "Q" anos na cadeia. Se somente um deles delatar, o que delatou ficará "P" anos e, o delatado, "S" anos na cadeia. Se delatarem um ao outro, ambos deverão ficar "R" anos na prisão (P<Q<R<S). Em termos sociais, pode-se observar que, se dois agentes agirem de forma racional, arriscando minimizar somente perdas individuais, produz-se um resultado que pode não representar nem o mínimo para o par ("2Q"), nem o mínimo considerando um jogador ("P"). Esse é um resultado que pode ser interpretado como a irracionalidade do conjunto, produzida apesar da racionalidade das partes. Formulado de forma matemática e permitindo-se sucessivas rodadas, na qual cada jogador pode punir ou recompensar o comportamento do outro em rodadas anteriores, pode-se analisar o surgimento artificial do altruísmo e da cooperação. Esse é, para alguns, o principal argumento para o surgimento desses conceitos éticos na evolução biológica das espécies.[7]

O campo das simulações em teoria dos jogos foi um dos grandes precursores do recente campo da sociologia computacional,[8] com sua ênfase na validação de regras a partir da simulação de sociedades artificiais.[9] Pioneiro no uso de conceitos formais ou derivados da computação no estudo da religião, William Bainbridge tem diversos trabalhos abordando a relação entre religião e tecnologia, em que discute, por exemplo, a validação de um modelo epidemiológico da conversão em massa e o uso de redes neurais para modelar a crença. Nesses artigos orientados a encontrar novos modelos podem ser destacados o uso do conceito de rede social e a utilização de agentes e de simulações computacionais para analisar o crescimento de novos movimentos religiosos. Como continuação de seu trabalho pioneiro

---

[7] Cf. Dawkins, R. *The selfish gene*.

[8] Apesar de seu surgimento mais claro na década de 1980, o surgimento da sociologia computacional deve-se especialmente ao conceito de autômato celular e do "jogo da vida", desenvolvido em 1970 pelo matemático John Conway, pioneiro dos modelos de vida artificial.

[9] Cf. Hanneman, R. & Patrick, S. On the uses of computer-assisted simulation modeling in the social sciences. *Sociological Research Online*.

Estudos formais e modelos computacionais da religião

com Rodney Stark,[10] as religiões são vistas dentro de uma perspectiva evolutiva, na qual compensadores mais adaptados a uma determinada sociedade sobrevivem e são trocados como compensadores primários ou secundários. Esses compensadores são trocados por seres humanos para evitar custos e em busca de recompensas, sendo por Bainbridge interpretados como "algoritmos sagrados", descobertos e trocados por fundadores carismáticos.[11] Mais recentemente, essa proposta tem se estendido para o surgimento de qualquer crença religiosa, que é modelada com base em sociedades artificiais.[12] Com base nesses conceitos, Bainbridge alega poder reproduzir em simulações de sociedades artificiais a crença em recompensas a partir de deidades, enquanto a crença de que outros seres humanos pudessem prover essas recompensas seria extinta com a evolução das gerações.[13]

Um exemplo de modelo formal: gramática e sincretismo

Os modelos que usam o conceito de gramática partem do princípio de que a religião é orientada a regras e, da mesma forma como a sintaxe organiza elementos léxicos, regras religiosas organizam rituais ou símbolos.[14] As regras gramaticais da religião podem ser

---

[10] Cf. STARK, R. & BAINBRIDGE, W. S. *A theory of religion.*

[11] Algoritmo é entendido, na ciência da computação tradicional, como uma seqüência de regras finitas com o objetivo de resolver um problema. Bainbridge usa o termo para explicar que seres humanos criam para obter recompensas. Algoritmos trocados entre os seres humanos sobreviveriam historicamente segundo um algoritmo evolucionista e, neste sentido, Bainbridge aproxima-se de Daniel Dennet, que considera a evolução por seleção natural como um algoritmo (cf. BAINBRIDGE, W. S. Sacred algorithms: exchange theory of religious claims. *Religion and the Social Order*).

[12] UPAL, M. A. (Simulating the emergence of New Religious Movements. *Journal of Artificial Societies and Social Simulation*) apresenta um modelo para o surgimento de novos movimentos religiosos a partir da teoria da escolha racional e das ciências cognitivas da religião. Ele busca comprovar sua teoria mostrando cenários de evolução em diferentes sociedades artificiais simuladas por computador.

[13] Conforme será descrito a seguir, Bainbridge defende não só que conceitos computacionais servem como "modelos da" religião, mas também que a convergência tecnológica entre as ciências cognitivas, a nanotecnologia e a inteligência artificial desempenharão funções que ocuparão o que se espera de um "modelo para" a religião.

[14] A formalização matemática de gramática aqui referida baseia-se na computação teórica e foi inicialmente proposta por Noam Chomsky. Uma gramática é definida a partir de um alfabeto de símbolos e dada por um símbolo inicial, um grupo de não-terminais, um conjunto de terminais e regras de produção ou substituição

O espectro disciplinar da Ciência da Religião

unívocas a ponto de serem supostas, mesmo que até o momento não tenha sido encontrada nenhuma ferramenta teórica adequada a um tratamento formal. Nesse sentido, um caminho sempre lembrado nas ciências sociais é o da lingüística, antes da revolução promovida por Noam Chomsky e seu conceito formal de gramática, a partir de 1959. Mesmo nos estudos de religião existem esforços para modelos formais, principalmente no caso de rituais.[15] Em 1979, Frits Staal propôs uma formalização dos rituais a partir da gramática generativa e transformativa. Staal associou à sua proposta uma polêmica e apaixonada defesa de que os rituais são isentos de sentido, a partir de suas análises e observações de campo do ritual Agnacayana.[16] A profundidade da proposta de Staal encontra-se no fato de que se os rituais não têm significado, uma análise em termos de regras torna-se o recurso mais adequado de estudo, desconsiderando a semântica.[17] A partir de um refinamento da formalização de Staal, mas substituindo a ausência de sentido dos rituais por uma abordagem cognitiva, Lawson e McCauley buscaram especificar uma gramática e um sis-

---

na forma A–B, onde A e B são cadeias de terminais e não-terminais, e A é uma cadeia não vazia. Para maiores detalhes, ver HOPCROFT, J. E. & ULLMAN, J. D. *Einführung in die Automatentheorie*, pp. 85ss. Normalmente são estabelecidas restrições em relação ao lado esquerdo da produção, devido à dificuldade do tratamento da definição mais geral, formalmente equivalente a uma máquina de Turing.

[15] Esse fato e os protestos de Chomsky, que defende a não-existência de uma gramática, exceto na análise lingüística, não têm impedido o uso desse conceito nas ciências humanas, inclusive na teologia. Sem adotar um conceito formal, mas apoiando-se na analogia, Lindbeck usa a idéia de gramática como um conceito-chave em sua teologia pós-liberal, que busca superar a dicotomia entre uma base objetiva e referencialista presente na teologia tradicional e uma fundamentação na subjetividade e na experiência religiosa que caracterizaria a teologia liberal (Cf. LINDBECK, G. *The nature of doctrine*). Para uma abordagem teológica original, a partir da randomização e de outros conceitos matemáticos, por um dos maiores cientistas computacionais do século XX, ver KNUTH, D. E. *Things a computer scientist rarely talks about*.

[16] Cf. STAAL, F. *Rules without meaning; ritual, mantras, and the human sciences*, pp. 101ss onde se encontra uma discussão da ausência de semântica nos rituais e da possibilidade de análise dos rituais somente em um tratamento sintático e formal. Associada a essa proposta está sua hipótese de que rituais seriam anteriores à linguagem e que a gramática teria sua origem na formalização do ritual. Um dos principais argumentos, associados a alguma especulação teórica, é que os animais teriam ritualização, mas não linguagem. Em um sentido bastante diferente, partindo de uma abordagem estruturalista, mas chegando a uma proposta cognitiva que defende a ausência de "significado" em símbolos, ver SPERBER, D. *Über Symbolik*.

[17] Críticas às propostas de Staal podem ser encontradas em PENNER, H. H. Language, ritual and meaning. *Numen*, pp. 1-16 e LAWSON, E. T. & MCCAULEY, R. N. *Rethinking religion; connecting cognition and culture*, pp. 56ss, 166ss. Sobre a crítica em PENNER, ver a resposta em STAAL, op. cit., pp. 102, 258-259. Apesar da originalidade da proposta de Staal, ela se encontra ainda empiricamente restrita ao contexto védico, especificamente ao complexo ritual do Agnacayana.

Estudos formais e modelos computacionais da religião

tema modular para o ritual. Isso foi realizado definindo-se um complexo de ações e sujeitos no ritual, inseridos por meio de variáveis e parâmetros mais gerais de especificação.[18]

O conceito de gramática, dada sua importância estrutural de organização de elementos a partir de regras, pode ser usado muito além do ritual. Desde a década de 1960, o estruturalismo constitui uma tradição antropológica que defende que sistemas sociais e culturais devem ser tratados com modelos baseados em estudos da linguagem. Para ilustrar a potencialidade teórica do conceito de gramática, os parágrafos a seguir têm como objetivo indicar um uso próprio para o estudo da aculturação de uma religião e do sincretismo. Será indicado um procedimento geral do espaço religioso, sem elaborar em detalhes as motivações teóricas e as aplicações da teoria. O exemplo descrito é considerado suficientemente genérico para ser replicado no estudo da incorporação de elementos religiosos em qualquer altar religioso, ou mesmo no caso da organização espacial de um complexo de templos ou santuários, que com o tempo foram combinando elementos de diferentes origens.

O procedimento proposto de formalização do estudo estrutural de altares consiste em primeiramente formalizar os elementos e uma gramática abstrata referente às regras da organização espacial de um altar ideal e ortodoxo, recomendados por uma determinada hierarquia religiosa. Posteriormente, buscando identificar a gramática sincrética em um altar concreto encontrado em pesquisa de campo, são apontadas as diferenças existentes com relação a uma gramática ideal devido à adição, substituição ou transferência estrutural. De forma ilustrativa, consideremos um altar do budismo shingon representado pela figura a seguir, do *Koyasan Shingon Institute*, que em sua página na Internet considera a seguinte disposição para um altar tradicional:

---

[18] Cf. Lawson & McCauley, op. cit., pp. 87ss.

239

O espectro disciplinar da Ciência da Religião

Legenda
1. Imagem de Dainichi Nyorai (retrato ou imagem)
2. Imagem de Fudô Myô (retrato ou imagem)
3. Imagem de Kôbô Daishi (retrato ou imagem)
4. Cálices para oferenda de água (esq.) e arroz (dir.)
5. Tabuletas memoriais (jap. *ihai*)
6. Oferenda de frutas / alimentos
7. Registro dos antepassados da família
8. Oferenda de flores
9. Vela (oferenda de luz)
10. Queimador de incenso

Figura 1: Altar de família tradicional do ramo koyasan do budismo shingon. Disponível em <http://shingon.org/ritual/butsudan.html>.

O primeiro passo é buscar representar o altar na forma de uma gramática, por meio das regras de organização espacial. Os elementos considerados importantes nessa formalização incluem o que podem ser denominados "níveis do altar", sendo o princípio básico uma organização hierárquica e uma orientação geral de que o que está mais ao alto tem um destaque espacial que equivale à sua importância doutrinal. No caso descrito, no primeiro nível encontram-se as imagens das divindades do shingon, sendo Dainichi Nyorai a divindade principal e de destaque no altar, o que espelha sua importância no budismo shingon. No segundo nível está a oferenda principal de arroz e água. No terceiro nível estão as representações dos antepassados por meio das tabuletas memoriais (jap. *ihai*), junto com as oferendas associadas. No quarto nível estão outras oferendas em forma de flores e luz, além de um lugar apropriado para ser colocado o incenso. Dados esses parâmetros gerais, é proposta a seguinte gramática para esse altar:

Estudos formais e modelos computacionais da religião

(1) S → L1 L2 L3 L4

(2) L1 → [1] L1-2

(3) L1-2 → [2] [3]

(4) L2 → [4]

(5) L3 → [5] [6] [7] [6] [5]

(6) L4 → [8] [10] [9]

em que

S indica um altar shingon tradicional,

Ln é o n-ésimo nível do altar,

L1-2 é um subnível de L1,

[1] é uma imagem de Dainichi Nyorai,

[2] e [3] são, respectivamente, as imagens de Fudô-Myô e Kôbô Daishi,

[4] são copos de oferenda com água e arroz,

[5] e [7] são, respectivamente, as tabuletas memoriais e o registro dos antepassados da família,

[6] são oferendas em forma de frutas e comida,

[8], [10] e [9] são oferendas em forma de flores, incenso e velas.

S é, formalmente, o símbolo inicial da gramática; L1, L1-2, L2, L3 e L4 são símbolos não-terminais; e [1], [2], [3], [4], [5], [6], [7], [8], [9] e [10] são símbolos terminais. Os itens léxicos correspondem a objetos reais de um altar shingon conforme desenho da figura 1.

Essa gramática, dado seu caráter de exemplo, é a mais simples possível no sentido de não ter nenhum item opcional, o que geralmente aparece na descrição de altares religiosos, e também não fazer uma diferenciação e possível estruturação, por exemplo, entre as oferendas no terceiro nível e as tabuletas memoriais aos antepassados. A gramática acima pode ser interpretada formalmente como a que aceita uma seqüência de símbolos como um altar tradicional. A série dada por [2],

[1], [3] etc., por exemplo, não é vista como um altar tradicional, porque o item [2] (imagem de Fudô-Myô) tem uma precedência que não deveria possuir no altar tradicional. De fato, a gramática acima é bastante rígida, a ponto de aceitar somente a seqüência [1] [2] [3] [5] [6] [7] [6] [5] [8] [10] [9], mas serve para efeito de exemplo. Além de poder ser usada formalmente para classificar um altar tradicional, a gramática estrutura os elementos dados em níveis por meio do que é formalmente chamado de árvore de derivação, abaixo representada com os não-terminais (níveis), que é a única cadeia de itens léxicos aceita:

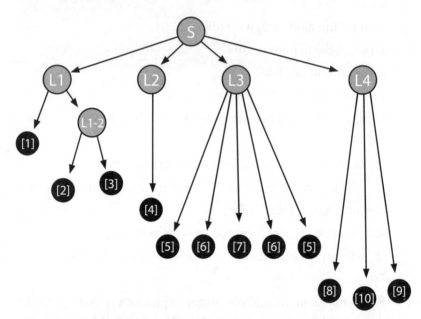

Figura 2: Árvore de derivação de uma gramática de um altar tradicional do shingon.

Dada essa gramática formal proposta, os passos seguintes incluem analisar altares reais e o sincretismo e a aculturação religiosos presentes nas pequenas tradições, que não seguem necessariamente esse altar ideal. No caso do shingon no Brasil, podem ser observados elementos esotéricos do catolicismo e até do candomblé em altares sincréticos, indicando adições, substituições e transferências estruturais na gramática original. A abordagem proposta busca estender o

Estudos formais e modelos computacionais da religião

conceito de aculturação religiosa a um conceito de "nativização", que também considera as possibilidades e restrições cognitivas presentes em convertidos e nas novas gerações de imigrantes.[19]

Religiões *on-line*: primeiros resultados (a partir da década de 1990)

Sociologia das religiões na Internet

Como os sistemas de busca podem atestar, praticamente todos os temas relacionados a religiões e à espiritualidade estão bastante presentes na Internet. Ainda que as religiões mais tradicionais tenham inicialmente postergado sua entrada no mundo virtual, diversas comunidades religiosas têm feito divulgação e disponibilizado suas informações por meio da Internet.[20] As novas religiões ou comunidades alternativas, principalmente, e também grupos pertencentes a religiões tradicionais, mas que se reúnem, de forma anárquica, à margem das instituições tradicionais, têm usado extensamente a Internet para trocar mensagens, formar comunidades virtuais e mesmo realizar rituais *on-line*.[21] De fato, a Internet oferece um espaço de convivência para grupos que encontram dificuldades em ter um espaço físico, devido à distância física ou custo financeiro, como é o caso de muitos grupos heterodoxos ou religiões alternativas.

Sendo uma nova mídia para exposição e organização da religião, a Internet pressupõe uma série de transformações. Em primeiro lugar, diversos materiais tradicionais e de difícil acesso são disponibilizados,

---

[19] Para uma análise de altares sincréticos budistas no Brasil, realizado a partir de dados colhidos em trabalho de campo, ver Shoji, R. *The nativization of East Asian Buddhism in Brazil*, pp. 191ss.

[20] Para um exemplo de atitude mais tradicional com relação ao meio virtual a partir do reconhecimento de sua importância, mas, ao mesmo tempo, apontando seus limites, ver: <http://www.vatican.va/roman_curia/pontifical_councils/pccs/documents/rc_pc_pccs_doc_20020228_church-internet_en.html>. Sobre as religiões japonesas e sua apresentação na Internet, ver o projeto de pesquisa sediado virtualmente em: <http://www.uni-tuebingen.de/cyberreligion/>.

[21] Religiões tradicionais não têm incentivado rituais por meio da Internet, apesar de reconhecerem seu poder de divulgação. Essa é uma tendência que também pode ser observada em inovações tecnológicas anteriores, como a televisão, o telefone e o rádio. No caso da Igreja Católica, por exemplo, não se aceita a confissão via Internet, porque para a efetivação desse sacramento coloca-se como necessário o encontro pessoal com o sacerdote.

243

O espectro disciplinar da Ciência da Religião

em um fenômeno semelhante ao da invenção da impressão de livros, algo que democratiza o acesso à informação e dificulta seu controle hierárquico ou esotérico.[22] Por outro lado, como a Internet também é um meio barato e livre, constata-se a grande quantidade de falsas informações veiculadas. Mesmo que a Internet apresente uma quantidade imensa de textos, imagens e mesmo de sons e filmes que documentam muito das práticas religiosas contemporâneas e tradicionais,[23] é essencial lidar criticamente com essas informações.

Do ponto de vista doutrinal, visões religiosas se fundem facilmente na Internet devido à possibilidade de livre expressão individual e de acesso *on-line* a praticamente todas as religiões. Essa tendência promovida pela Internet, bem em sintonia com uma espiritualidade da nova era, pode ser observada na própria navegação dos usuários por *sites* religiosos, no conteúdo de diversas páginas e nas próprias religiões e rituais virtuais surgidos na Internet, que apresentam uma combinação com conceitos científicos populares e uma tendência ao sincretismo.[24] Essa possibilidade também estimula o surgimento de novos grupos e visões religiosos influenciados pela tecnologia, impulsionados por essa nova forma de organizar comunidades. Por outro lado, no que se refere ao poder e hierarquia religiosos, a Internet tem sido vista como uma mídia mais democrática, mas atualmente isso é questionado e aceito somente de forma parcial. De fato, ainda que a Internet possibilite a expressão de uma série de tendências que não teriam espaço sem essa tecnologia, muitas *macrorrelações* de poder e autoridade presentes no mundo *off-line* encontram-se espelhadas no mundo *on-line*.[25]

---

[22] De forma geral, uma observação trivial é que a divulgação de informações secretas, confidenciais ou esotéricas diminui o poder daqueles que a detinham. Isso eventualmente traz problema para os grupos religiosos que têm sua base em uma divulgação controlada. Um exemplo recente é a cientologia, que tem processado aqueles que divulgam seu material, recorrendo ao direito de propriedade intelectual.

[23] Para que se fique somente em uma pequena ilustração, há apenas 20 anos seria impensável ter o cânone budista Páli em casa, em alguns minutos, pela navegação em uma rede aberta de computadores.

[24] No entanto, os chamados rituais virtuais e as ciber-religiões, que só têm existência na Internet, não parecem ser tão importantes nem estão se tornando tão presentes quanto se supunha. A maior parte das religiões e dos rituais virtuais tem desaparecido após alguns meses, um reflexo da própria transitoriedade e do ciclo de vida das informações na rede.

[25] Essa tendência pode ser constatada considerando nossa limitada janela para a Internet, basicamente definida pelas chamadas "máquinas de busca". De fato, as máquinas de busca orientam muito da atual navegação

Uma outra característica das religiões na Internet é que as barreiras geográficas são praticamente eliminadas, possibilitando que grupos dispersos adquiram uma coesão social por meio da rede, uma característica especialmente significativa para grupos étnicos em diáspora. Essas comunidades *on-line*, discutidas adiante em detalhes, têm características de expansão em forma de rede e apresentam vasta documentação disponível nos grupos e nas listas de discussão, podendo ser prospectadas computacionalmente na Web, conforme será discutido nos itens a seguir.

Antropologia das comunidades virtuais

Um desafio apresentado aos pesquisadores de comunidades *on-line* é o problema da conceitualização, compreensão e desenvolvimento de metodologias relevantes para o mundo virtual. Como comunidade religiosa *on-line* entende-se um grupo de pessoas que compartilham de uma mesma visão espiritual e que interagem através de meios eletrônicos, especialmente aqueles proporcionados pela Internet (principalmente páginas html, *e-mails*, listas de discussão, *chats* e *blogs*).

Como desenvolver uma metodologia que estude o desenvolvimento dessas comunidades? Abordagens iniciais tendiam principalmente aos estudos semióticos, baseados na análise do discurso e da mídia, culminando com uma área de pesquisa centrada na comunicação mediada por computadores. Mais recentemente, uma das inspirações tem sido uma apropriação da metodologia de pesquisa de campo do mundo "real" para estudos *on-line*. Esta tendência surgiu a partir da observação de que muitas comunidades *on-line* são bem menos virtuais do que se supunha.[26] Combinando a abordagem

---

na Internet e seus índices de *ranking* da informação são baseados em um cálculo de relevância que busca retornar *links* de maior popularidade proporcional dentro de um grafo, que espelha as redes sociais do mundo real (para exemplo do algoritmo usado inicialmente pelo Google, o PageRank, ver Page et alii., 1998). Também pode ser observado que as máquinas de busca sobrevivem economicamente a partir de *links* patrocinados, e mesmo os maiores repositórios de máquinas de busca têm somente um pequeno percentual dos arquivos disponíveis na Internet.

[26] Cf. Thomsen, S. et alii. Ethnomethodology and the study of online communities: exploring the cyber streets. *Information Research*.

semiótica e a observação participante, a metodologia proposta mais utilizada é uma pesquisa de campo intensa, de forma a possibilitar a análise de discurso e de texto através de *e-mail* e páginas compartilhados pelo grupo. Ainda que a pesquisa nesse sentido possa ser vista como algo particularmente simples, as mensagens trocadas e a interferência nas listas de discussão podem se tornar facilmente objeto de polêmica e mesmo de discussão ética, o que questiona o papel da metodologia antropológica.[27]

Em que sentido as comunidades *on-line* diferem das comunidades reais é uma pergunta que vem rapidamente se tornando de difícil resposta, dada a confluência dos mundos virtual e real. Muitas entidades religiosas mantêm *sites* ou listas de discussão e muitas relações e conflitos no mundo virtual são rapidamente trazidos para o mundo físico, e vice-versa. De qualquer forma, como já aludido, diferenças básicas são a ausência de barreiras geográficas e a larga disponibilização de conteúdo, o que ocorre paralelamente às identidades falsas, conteúdos alterados e informações incompletas. No que se refere à autoridade e apresentação do grupo, as comunidades virtuais observadas apresentam muitas características de grupos reais, mas o uso de identidades falsas e a falta de contato pessoal fazem com que as *microrrelações* de autoridade se construam com menos legitimidade e força do que comunidades reais, sendo muitas relações na rede associadas a uma identidade virtual somente temporária. No que tange aos grupos religiosos virtuais, os *cibertemplos* e as listas de discussão podem, de fato, ser facilmente criados, mas também tirados do ar com a mesma facilidade. É de notar que muitos dos *cibertemplos* referidos ou pesquisados alguns anos atrás já não existem.[28]

---

[27] A Internet e as listas de discussão permitem uma observação participante de forma totalmente anônima, possibilitando até a participação ativa e o registro das mensagens trocadas, sem que seja explicitamente revelada a intenção de pesquisa. Exemplos de trabalhos de campo em listas de discussão mostram que existe uma ordem construída também nos grupos virtuais e que questionamentos a essa ordem assumem uma relevância muito maior e uma expansão muito mais rápida do que se fossem veiculados no mundo real. As tensões são amplificadas pela leitura simultânea e por uma freqüentemente intensa e rápida reação em escala. O tema merece séria reflexão metodológica e ética, considerando o crescente entrelaçamento dos mundos virtual e real.

[28] Sobre os templos virtuais budistas, ver PREBISH, C. S. *Luminous passage*, pp. 225ss. Não se pôde encontrar, em agosto de 2005, os templos referidos em sua pesquisa de 1999.

Estudos formais e modelos computacionais da religião

Abordagens computacionais de redes sociais na Internet

Uma outra possibilidade de pesquisa das comunidades *on-line* ainda pouco explorada nas ciências humanas é o uso de estruturas formais que descrevam as ligações entre páginas ou membros da comunidade. Dado um tópico e usando-se sistemas de busca orientados e especialistas, é possível desenvolver estudos das comunidades espelhadas nos *sites*. Esse é um componente bastante difícil de sistematizar nas redes sociais *off-line*, mas passível de tratamento formal e computacional nas comunidades da Internet. No caso de *sites*, os *hiperlinks*, *rankings* de similaridade e as trocas de mensagens podem ser vistos como arcos em um grafo orientado. A partir do estudo desses grafos, uma estrutura topológica que busca estudar matematicamente as propriedades de nós que se relacionam entre si, podem-se identificar micro e macrorrelações sociais intermediadas pela rede.

Nos estudos tradicionais da Web como um grafo, têm sido destacados algoritmos para busca e enumeração de tópicos, classificação usando-se *hiperlinks*, prospecção de comunidades e identificação de componentes forte ou fracamente conexos. Esta área, conhecida na ciência da computação como mineração da Web, tem sido dividida tradicionalmente em mineração de conteúdo, estrutura e uso.[29] A identificação de comunidades virtuais pode ser vista como um problema geral de identificação e busca de redes sociais.[30]

A partir desse ponto de vista teórico já existem vários algoritmos de busca de comunidades virtuais e novos modelos, baseados na expansão de subgrafos a partir de conectividade ou similaridade.[31] A Web pode ser vista como um grafo orientado em que cada nó contém dados semi-estruturados e os *links* representam os arcos entre os nós. A partir de modelos em grafos, pode-se buscar a identificação de

---

[29] Cf. KOSALA, R. & BLOCKEEL, H. Web mining research: a survey. *SIGKDD Explorations: Newsletter of the Special Interest Group (SIG) on Knowledge Discovery & Data Mining*, pp. 1-15.

[30] Cf. WATTS, D. J. et alii. Identity and search in social networks. *Science*, pp. 1302-1305.

[31] Para um resumo da bibliografia geral, consultar NEWMAN, M. *Detecting community structure in networks. The European Physical Journal*, pp. 321-330.

comunidades religiosas. Nesses estudos, o uso da palavra *comunidade* tem um caráter muito mais formal e, usando uma abordagem de grafos dirigidos, comunidades podem ser definidas como grafos bipartidos fortemente conectados[32] ou como componentes densamente conexos, identificados a partir do teorema de fluxo-máximo/corte-mínimo.[33]

Para ilustrar a identificação e categorização de comunidades religiosas na Internet, seguem-se duas figuras que exemplificam o caso do budismo japonês no Brasil, geradas a partir da ferramenta *GoogleBrowser*:[34]

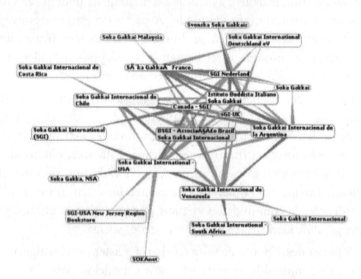

Figura 3: *Sites* relacionados com a Soka Gakkai do Brasil. A organização virtual da Soka Gakkai na Internet reflete suas características doutrinárias e organizacionais como um grupo mais fechado e exclusivista e sua relação somente com outros *sites* internacionais da organização, principalmente latino-americanos.

---

[32] Cf. KUMAR, R. et alii., Trawling the Web for emerging cybercommunities. *Computer Networks*, pp. 1481-1493.

[33] Cf. FLAKE G. W. et alii. Self-organization of the web and identification of communities. *IEEE Computer*, pp. 66-71.

[34] Disponível em: <http://www.touchgraph.com/TGGoogleBrowser.html>. O GoogleBrowser constrói um grafo recursivo, em que cada nó aponta para páginas similares apontadas pelo Google.

Estudos formais e modelos computacionais da religião

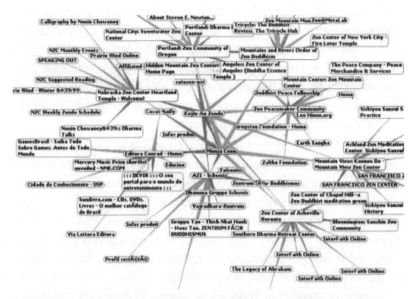

Figura 4: A Monja Coen é uma figura bastante representativa e respeitada entre os brasileiros praticantes do zen, que configuram uma parcela mais intelectualizada dos convertidos ao budismo no Brasil. A organização virtual do site reflete um maior ecumenismo, associação com editoras e com templos zen nos Estados Unidos e Europa.

Século XXI: *tamagochi* e imortalidade?

Na terceira e última de suas leis, o famoso escritor de ficção científica Arthur C. Clarke afirma que não se pode distinguir qualquer tecnologia suficientemente avançada da mágica. Essa inteligente afirmação pode ser estendida pela observação de que "suficientemente avançado" é algo relativo, dependendo de uma pessoa, cultura e mesmo época. De fato, muitos consideram mágica uma tecnologia que não compreendem, e a progressão da história mostra a crescente tendência a não compreendermos toda tecnologia que utilizamos.

Essas constatações identificam um fenômeno bastante comum na relação do homem contemporâneo com a tecnologia e conduzem a duas conseqüências possíveis. A primeira é uma relação *animista* do homem moderno com as máquinas, enquanto a segunda é uma atitude especulativa com relação ao progresso, defendendo que a evolução dos computadores terá como conseqüência um *pós-humanismo*. Meu objetivo nessa seção é descrever essas correntes de análise da tecnologia e mostrar estudos que apontam a religiosidade implícita ou explícita na relação entre tecnologia e futuro.

Uma relação animista com a tecnologia, que alguns caracterizam como tecnopaganismo, pode ser apontada lembrando o misticismo implícito presente em nosso discurso sobre computadores e Internet, que personifica as máquinas da mesma forma que outras gerações personificavam a natureza. Um dos melhores exemplos de relação animista com a tecnologia é a posse e cuidado de vidas artificiais, o que inclui animais de estimação e mesmo robôs. O melhor exemplo desses animais virtuais são os *tamagochi*, um exemplo de sucesso e objeto de atenção de milhões de jovens.[35] Outros exemplos para quem lida, no dia-a-dia, com computadores podem ser nomes como "vírus", "memória", "realidade virtual" e "inteligência". Por meio de uma sutil, mas contínua alteração na gramática filosófica, segue um importante processo de validação de um vocabulário animista.

Seria bastante extenso discutir todas as ramificações dessas tendências, e é provável que as novas gerações não tenham nenhum estranhamento filosófico com a crescente e imperceptível antropomorfização das máquinas. A inteligência artificial forte, no entanto, é bastante discutida nas chamadas ciências cognitivas e será aqui analisada em maiores detalhes, em conjunto com a visão religiosa que vem emergindo desse pós-humanismo. A crença na possibilidade de uma inteligência artificial forte defende que o cérebro humano pode ser visto funcionalmente como uma espécie de computador, e a mente, como um tipo de programa. De forma inversa, um computador apropriadamente programado é visto, na perspectiva da inteligência

---

[35] *Tamagochi* são animais de estimação virtuais que precisam de carinho, cuidado, atenção e limpeza. Eles nascem, crescem e morrem, estabelecendo nesse percurso uma relação especial com seus proprietários, dependendo de como foram criados e cuidados. Uma segunda geração desses animais virtuais foi lançada há alguns anos e agora eles podem se comunicar com outros animais virtuais por meio de infravermelho e se reproduzir através desse contato via rede.

Estudos formais e modelos computacionais da religião

artificial forte, como uma mente que de fato entende e tem estados cognitivos.

A possibilidade de uma inteligência artificial forte é tema debatido intensamente tanto na filosofia da mente quanto na ciência da computação. Como um dos principais críticos, John Searle vem defendendo, desde a década de 1980, uma versão mais formal do argumento de que computadores são definidos somente por um conjunto de regras para manipulação de símbolos, capaz de manipular estruturas sintáticas, mas sem a possibilidade de apresentar conteúdo semântico ou intencionalidade. Sua posição pode ser representada por seu famoso argumento do quarto chinês, uma experiência do pensamento que pode ser resumida da seguinte forma: considere um não-falante de chinês trancado em um quarto. Ele recebe ideogramas chineses por uma pequena portinhola e, depois de consultar regras complexas para manipulação de símbolos (regras que podem estar descritas em um livro, por exemplo), gera ideogramas de saída que compõem uma resposta inteligível ao observador externo.[36] Apesar de não saber chinês, a pessoa no quarto consegue processar uma entrada e gerar respostas em chinês a partir de consulta a regras. Para Searle, esse experimento conceitual mostra claramente que a possibilidade de manipular símbolos com base nas mais complexas regras, mesmo que de forma inteligível e aparentemente consciente para o observador externo (e, portanto, de acordo com o teste de Turing),[37] não é equivalente a um conteúdo semântico ou intencional presente em qualquer estado consciente.

Nem todos concordam com Searle. Ainda que muitos estudos mostrem o animismo que perpassa a relação contemporânea que temos com a tecnologia, ou mesmo um reducionismo semântico do tipo funcionalista latente na inteligência artificial, ainda é discutível

---

[36] Para uma discussão mais atual do argumento, incluindo seus adversários, ver SEARLE, J. *A redescoberta da mente.*

[37] O clássico teste de Turing busca substituir a questão sobre se os computadores pensam por um teste mais prático, cf. TURING, A. Computing machinery and intelligence. *Mind*, pp. 433-460. Turing estabelece que se não houver meios de um ser humano identificar se ele está em comunicação com uma máquina ou com outro humano por meio de mensagens em forma de texto, então a máquina é considerada inteligente. O argumento de Searle pode ser considerado uma paródia do teste de Turing.

O espectro disciplinar da Ciência da Religião

se o avanço da ciência não trará uma virtualização da realidade e uma fronteira pouco nítida entre os mundos biológico e artificial. No outro espectro do que representa a crítica de Searle está a postura pós-humanista de inventores e futuristas como Ray Kurzweil e de sociólogos como William Bainbridge.

A previsão de Kurzweil para o futuro é determinada pelo crescimento exponencial da capacidade de processamento de computadores nas últimas décadas,[38] o que representaria um ponto de singularidade. Seres humanos e máquinas tenderiam a ser uma síntese, espécies co-dependentes. O argumento principal é, então, que uma aceleração evolutiva da inteligência humana, a partir da evolução exponencial da capacidade de processamento dos computadores, provoca um retorno em uma espiral que se auto-alimenta. Se formos capazes de criar algo mais inteligente que a espécie humana, ou algo que seja mais inteligente quando combinado com o ser humano, esse algo será capaz de criar algo novo e ainda superior, alimentando um processo no qual as mudanças serão rápidas e envolverão revoluções e redefinições do que significa consciência, inteligência e ser humano. Para Kurzweil, esse seria um novo estágio evolutivo. No contexto das religiões, talvez as maiores implicações desse cenário de futuro sejam a possibilidade da imortalidade e a obtenção de experiências místicas como um bem de consumo.

No que se refere à imortalidade, caso as previsões mais otimistas das ciências cognitivas se confirmem, seremos capazes de completar a engenharia reversa do cérebro ainda na primeira metade deste século. Combinada com a nanotecnologia, a inteligência artificial e as ciências cognitivas, essas previsões supõem que será possível transferir nossas memórias, personalidades e capacidades cognitivas para sistemas artificiais, da mesma forma como hoje podemos ter um coração ou um rim artificial. Um corpo cada vez melhor e artificial será pos-

---

[38] Kurzweil estima que uma máquina de mil dólares tinha, no ano 2000, um poder computacional equivalente ao cérebro de um inseto. Considerando uma lei exponencial de evolução da computação conforme previsto e verificado até o ano 2000 pela lei de Moore, Kurzweil supõe que na década de 2020 um computador de mil dólares terá um poder computacional equivalente a um cérebro humano e, em cerca de 2060, um computador com o mesmo custo poderá realizar mais operações por segundo que todos os cérebros humanos no mesmo intervalo de tempo (cf. KURZWEIL, op. cit., p. 104).

Estudos formais e modelos computacionais da religião

sível pelo uso de uma nanotecnologia que atue em dimensões físicas cada vez menores.

Essa possibilidade de um corpo e uma consciência superiores, por estarem integrados a circuitos artificiais, tem sido caracterizada como uma forma de *pós-humanismo* (ou transumanismo), que ocorreria a partir da crescente superação do homem pela máquina, de redes neurais baseadas em carbono por redes baseadas em silício, do mundo real pelo mundo virtual. O sociólogo William Bainbridge chama tal possibilidade tecnológica de "ciberimortalidade". A nanotecnologia, a biotecnologia, a tecnologia da informação e as ciências cognitivas, combinadas, mostrariam a ilusão da alma e ofereceriam o que o ser humano sempre desejou. Com base nessa suposição e de acordo com sua teoria da religião, ele estima que um sério conflito entre as religiões e as ciências cognitivas está por vir, porque estas propiciarão recompensas que compensadores religiosos somente prometem.[39] Nesse cenário, segundo ele prevê, as religiões devem reagir de forma agressiva contra a tecnologia e declarar a inteligência artificial e suas pesquisas como heréticas, em uma reação semelhante à ocorrida com o darwinismo, mas de proporções ainda maiores devido às conseqüências sociais. Novos dilemas éticos devem surgir, como a privacidade digital e o suicídio e assassinato virtuais, em que se destroem personalidades arquivadas.[40]

A previsão pessimista de Bainbridge da relação entre religião e tecnologia, no entanto, não é compartilhada por muitos dos que se dedicam ao campo. Kurzweil estima que uma interação entre uma máquina devidamente programada e o homem é capaz de causar experiências místicas,[41] uma possibilidade que depende da existência de

---

[39] Cf. BAINBRIDGE, W. S. The coming conflict between religion and cognitive science.

[40] Em sintonia com sua posição, Bainbridge já disponibiliza programas destinados a armazenar dados psicométricos por meio de respostas a perguntas dadas, com o objetivo de capturar em meio artificial o que for possível da personalidade e de memórias afetivas. Ainda que o objetivo de reprodução computacional da vida biológica seja ousado e ainda se apresente incompatível com a tecnologia atualmente disponível, já existem na Internet centenas de *sites* memoriais pagos destinados a preservar *on-line* fotos, filmes digitais e textos de pessoas já falecidas.

[41] Kurzweil é também um reconhecido inventor. Criou algoritmos de OCR para *scanners*, aparelhos eletrônicos para deficientes visuais e auditivos e sintetizadores que possibilitaram a fabricação de pianos digitais. Uma de suas propostas é um sintetizador de música artificial, que seria gerada pelo próprio ouvinte através da medição das ondas alfa e com o objetivo de aumentar sua produção. O uso desse aparelho aparentemente simples geraria uma experiência que ele reporta conseguir somente por meio da meditação (cf. KURZWEIL, op. cit., pp. 151ss).

253

um padrão neurológico na experiência religiosa, algo que vem sendo confirmado por estudos recentes.[42] Se o cenário de Kurzweil ocorrer, as religiões tradicionais poderão universalizar a experiência mística e, com isso, reviver suas tradições místicas e textos originais. Resta saber se conseguirão compatibilizar o pós-humanismo com suas crenças mais profundas. As novas religiões, em uma tendência já observada atualmente, usarão de forma crescente essas idéias vindas da ciência e da tecnologia de forma a criar suas doutrinas e práticas.

Conclusões

Uma base estatística e o sucesso de modelos matemáticos e computacionais para a lingüística e a economia, a partir de conceitos formais como gramática, jogo e grafo, têm inspirado novos estudos nas ciências sociais, incluindo os estudos de religião. Além disso, a Internet e as novas tecnologias representam um futuro campo de expressão e motivação de novos grupos religiosos.

Por isso, ainda que o estudo da intersecção entre computação e religião tenha uma história curta, esse estudo terá importância crescente e impacto no futuro da religião e na sua pesquisa. Para os interessados no campo da ciência da religião, é importante reconhecer os auxílios que os recursos tecnológicos e matemáticos podem proporcionar às ciências humanas, acompanhar a redefinição do conceito de comunidade devido à Internet e ao mundo virtual e mesmo refletir sobre o animismo tecnológico e polêmicas em torno da imortalidade, com a progressiva integração da biologia com circuitos eletrônicos, na simbiose entre o homem, computadores e nanorobôs.

---

[42] Para um estudo bastante citado na área, ver D'AQUILI, E. & NEWBERG, A. *The mystical mind.*

Estudos formais e modelos computacionais da religião

Referências bibliográficas

BÄCKMAN, O. & EDLING, C. Mathematics matters: on the absence of mathematical models in quantitative sociology. *Acta Sociologica, 42* (1): 69-78, 1999.

BAINBRIDGE, William S. Sacred algorithms: exchange theory of religious claims. *Religion and the Social Order, 10*: 21-37, 2003.

_____. The coming conflict between religion and cognitive science. In: WAGNER, Cynthia G. (ed.). *Foresight, innovation, and strategy: toward a wiser future.* Bethesda, World Future Society, 2005. pp. 75-87.

CUNNINGHAM, S. J. Machine learning applications in anthropology: automated discovery over kinship structures. *Computers and the Humanities, 30*: 401-406, 1997.

DAWKINS, Richard. *The selfish gene.* Oxford, Oxford University Press, 1976.

D'AQUILI, Eugene & NEWBERG, Andrew. *The Mystical mind; probing the biology of religious experience;* theology and the sciences. Minneapolis, Augsburg Fortress, 1999.

FARARO, Thomas J. Theoretical sociology in the 20th century. *The Journal of Social Structure.* v. 2, n. 2, 2000. Disponível em: <http://www.cmu.edu/joss/content/articles/volume2/Fararo.html>.

FLAKE, G. W. et alii. Self-organization of the web and identification of communities. *IEEE Computer, 35* (3): 66-71, 2002.

HANNEMAN, R. & PATRICK, S. On the uses of computer-assisted simulation modeling in the social sciences. *Sociological Research Online.* v. 2, n. 2, 1997. Disponível em: <http://www.socresonline.org.uk/socresonline/2/2/5.html>.

HAYWARD, John. Mathematical modeling of church growth. *Journal of Mathematical Sociology, 23* (4), 255-292, Ano.

HOPCROFT, J. E. & ULLMAN, J. D. *Einführung in die Automatentheorie, Formale Sprachen und Komplexitätstheorie.* 4. ed. München, Oldenbourg, 2000.

KNUTH, Donald E. *Things a computer scientist rarely talks about*. Stanford, CA, CSLI Publications, 2001.

KOSALA, R. & BLOCKEEL, H. Web mining research: a survey. *SIGKDD Explorations: Newsletter of the Special Interest Group (SIG) on knowledge discovery & data mining*. ACM Press, 2000. pp. 1-15.

KUMAR, R. et alii. Trawling the web for emerging cybercommunities. *Computer Networks*, 3: 1481-1493, 1999.

KURZWEIL, Ray. *The age of spiritual machines*. New York, Penguin Books, 1999.

LAWSON, E. Thomas & McCAULEY, Robert N. *Rethinking religion*: connecting cognition and culture. Cambrige, Cambridge University Press, 1990.

LINDBECK, George. *The nature of doctrine*; religion and theology in a postliberal age. Philadelphia, The Westminster Press, 1984.

NEWMAN, M. Detecting community structure in networks. *The European Physical Journal*, 38: 321-330, 2004.

PAGE, Lawrence et alii. The PageRank citation ranking: bringing order to the web. Technical report. *Stanford Digital Library Technologies Project*, nov. 1998.

PENNER, Hans H. Language, ritual and meaning. *Numen*, 32 (1): 1-16, 1985.

PREBISH, Charles S. *Luminous passage*; the practice and study of Buddhism in America. Berkeley, The University of California Press, 1999.

SEARLE, John. *A redescoberta da mente*. São Paulo, Martins Fontes, 1997.

SHOJI, Rafael. *The nativization of East Asian Buddhism in Brazil*. Tese de doutorado não publicada. Seminar für Religionswissenschaft, Universität Hannover, 2004.

_____. Rituais sincréticos e alimentação entre os cristãos ocultos no Japão. *Religião & Cultura*, 4 (7): 129-147, jan.-jun. 2005.

SPERBER, Dan. *Über Symbolik*. Frankfurt, Suhrkamp, 1975.

Estudos formais e modelos computacionais da religião

STAAL, Frits. *Rules without meaning*: ritual, mantras and the human sciences. New York, Peter Lang, 1989.

STARK, Rodney & BAINBRIDGE, William Sims. *A theory of religion*. New Brunswick, Rutgers University Press, 1996.

THOMSEN, Steven R.; STRAUBHAAR, Joseph D.; BOLYARD, Drew M. Ethnomethodology and the study of online communities: exploring the cyber streets. *Information Research, 4* (1), 1998. Disponível em: <http://informationr.net/ir/4-1/paper50.html>.

TURING, Alan. Computing machinery and intelligence. *Mind, 59* (236): 433-460, oct. 1950.

UPAL, M. Afzal. Simulating the emergence of new religious movements. *Journal of Artificial Societies and Social Simulation*, v. 8, n. 1, 2005. Disponível em: <http://jasss.soc.surrey.ac.uk/8/1/6.html>.

WATTS, D. J.; DODDS, P. S.; NEWMAN. M. E. J. Identity and search in social networks. *Science, 296*: 1302-1305, 2002.

Em busca de uma história natural da religião

Eduardo R. da Cruz

Em busca de uma história natural da religião

Introdução

Um novo paradigma dentro da ciência da religião tem emergido com força nas duas últimas décadas, afastando-se tanto das escolas fenomenológicas como científico-sociais da religião. Trata-se da aplicação de princípios e métodos darwinianos aos objetos de estudo clássicos, uma aplicação tão promissora quanto controversa. Eliadianos a consideram excessivamente reducionista; antropólogos repudiam a ênfase nos padrões humanos universais. Mas os primeiros podem saudá-la por trazer o "sagrado" à tona (ainda que antropomórfico) e os últimos, por considerá-la firmemente científica, sem traços "criptoteológicos". De qualquer forma, ela constitui o esforço mais radical no sentido de naturalizar o estudo da religião.

Construiremos o capítulo em torno de dois ramos de reflexão a partir de Darwin, cada qual com dois níveis de entendimento: primeiro, a construção de uma nova teoria da religião, oscilando entre uma tendência monista (natureza estendo-se à cultura), na segunda metade do século XIX, e outra dualista (natureza X cultura), durante o século XX; segundo, a reação de teólogos e religionistas às implicações da teoria da evolução de Darwin, que assume um caráter "liberal" de assimilação (ressaltando-se, aqui, o "diálogo ciência-religião"[1]) ou um "fundamentalista" de rejeição. Esta tipologia atravessa o corpo do capítulo, sem que se preocupe com uma esquematização excessiva. Os riscos de simplificação são óbvios, mas cremos que os benefícios analíticos são maiores.

Em termos históricos, iniciamos com o evolucionismo típico dos primeiros antropólogos (Darwin incluso) e o nascente dualismo entre ciências sociais (de cunho mais empiricista e nomotético) e ciências do espírito (*Geisteswisseschaften* — as ciências interpretativas e ideográficas decorrentes do romantismo alemão). Descrevemos, então, as reações contra as primeiras aplicações do pensamento darwiniano, carregadas de vieses ideológicos e valorativos, em favor de uma ciência que parte das culturas em sua pluralidade e autonomia.

---

[1] O uso de aspas não tem nenhum sentido valorativo, apenas procura reduzir a confusão em torno desta estranha expressão, que denota tanto um esforço de diálogo quanto um novo campo de conhecimento que emerge.

Voltamos ao darwinismo em sua forma contemporânea, com novos instrumentais de análise do comportamento humano e de seus produtos mentais. Apesar das controvérsias, ele tem alimentado novos usos para as ciências tradicionais da religião, além de tornar estas objeto de outras ciências que até então não se debruçavam sobre o tema. Estas novas abordagens revelam-se interdisciplinares, monistas e universalistas (por exemplo, uma noção de natureza humana), o que causa um bom número de controvérsias, reais e potenciais.

Por fim, dirigimos nossa atenção ao contexto brasileiro, no qual este caráter universal do paradigma defronta-se com algumas peculiaridades, como nossa forma de espiritismo kardecista e movimentos de nova era. Concluímos indicando alguns desafios que se colocam para os quatro desdobramentos propostos a fim de entender o impacto do darwinismo no estudo da religião.

Não há como, no contexto de um capítulo, prover uma análise pormenorizada destes desdobramentos. Para melhor compreensão do que está em jogo em cada um deles, oferecemos um bom número de referências e uma bibliografia comentada. Ao leitor interessado em saber um pouco mais sobre a teoria de Darwin (com sua complexa terminologia) e sua linhagem, por vezes chamada de "darwinismo", assim como sobre o alargamento do escopo de sua utilização, indicamos o livro de M. Rose, *O espectro de Darwin*.[2]

O contexto do surgimento do novo paradigma

Além das indicações feitas anteriormente, seria interessante relacionar aquilo de que o presente capítulo não trata. Primeiro, não confundir seu título com "abordagens naturalistas da religião". De certa forma, todos os capítulos anteriores fazem estes tipos de abordagens, sendo o presente apenas um subconjunto deles. Segundo, não se trata, primariamente, do muito falado "diálogo ciência-religião", ainda que de qualquer forma este seja comentado mais adiante.

---

[2] Rose. M. *O espectro de Darwin*; a teoria da evolução e suas implicações no mundo moderno.

Em busca de uma história natural da religião

Trata-se, sim, de uma apresentação de elementos da história de um ramo da "história natural da religião", à diferença de uma "construção social" desta. Aliás, tal é o título da obra de David Hume (1711-1776), originalmente de 1757.[3] Este recolhe asserções de vários autores da Antigüidade, bem como observações dele próprio, descrevendo a origem da religião na esperança e no medo do ser humano. Na ausência de dados empíricos e de uma teoria sólida, este argumento teve que esperar cem anos para ganhar maior respeitabilidade. De fato, com a publicação de A origem das espécies, de Charles Darwin (1809-1882),[4] em 1859, abriu-se a possibilidade de uma explicação efetiva da origem e da função da religião em termos estritamente naturalistas, primeiro em termos de mecanismo (seleção natural) e, segundo, em termos de hipóteses sobre a "descendência do homem".[5] Ainda que Darwin não tenha se debruçado especificamente sobre a religião, seus sucessores não demoraram a fazê-lo, escrevendo uma história que se confunde em parte com a da própria ciência da religião.

Pode-se reconhecer dois desdobramentos principais na esteira de Darwin. Primeiro, as controvérsias em torno do impacto do darwinismo sobre a religião institucionalizada (principalmente o cristianismo) e suas crenças. O folclore destaca que já em 1860 o bispo Samuel Wilbenforce sofreu uma derrota diante de Thomas Huxley na disputa sobre se o homem "descendia do macaco" ou não.[6] O fato é que os pensadores cristãos (teólogos e cientistas![7]) dividiram-se aos poucos em torno do assunto, de um lado formulando integrações da doutrina da criação com a teoria darwinista e, de outro, rejeitando esta, de modo mais radical na vertente do fundamentalismo. Em tempos mais recentes, temos o "diálogo ciência-religião" como expressão da primeira tendência, e do criacionismo/desígnio inteligente como expressão da segunda.

---

[3] HUME, D. História natural da religião.

[4] DARWIN, C. A origem das espécies por meio de seleção natural.

[5] Id., The descent of man and selection in relation to sex.

[6] GOULD, S. J. Pilares do tempo, p. 99.

[7] LIVINGSTONE, D. N. Darwin's forgotten defenders.

O espectro disciplinar da Ciência da Religião

O segundo desdobramento diz respeito a uma teoria da religião propriamente dita. Darwinistas como Huxley (1825-1895), Spencer (1820-1903) e Haeckel (1834-1919) desenvolveram hipóteses sobre a origem e a função da religião, inspirados por Darwin, ainda que não tenham sido propriamente teóricos da religião. O mesmo vale para vários pioneiros da antropologia, como E. B. Tylor (1832-1905) e J. Frazer (1854-1941). E aquele que é considerado o marco fundador da ciência da religião, Friedrich Max Müller (1823-1900), também dialogou com Darwin, a ponto de este o citar várias vezes em seu *A descendência do homem*.

Com a ênfase na antropologia cultural, no século XX, a crítica ao darwinismo social e à eugenia, e a ascendência da fenomenologia na ciência da religião, as abordagens darwinianas foram aos poucos deixadas em segundo plano, substituídas por outras que sugerem certo dualismo entre natureza e cultura. Vamos, pois, traçar um pouco da história da ciência natural da religião a partir dos dois desdobramentos indicados acima.

Elementos históricos do embate entre darwinismo e ciência da religião
Do evolucionismo ao pluralismo cultural

O mundo acadêmico europeu, na segunda metade do século XIX, em especial na Inglaterra, era francamente evolucionista. Em outras palavras, a partir da associação das idéias de progresso da humanidade com as de evolução das espécies, ainda no século XVIII, sustentava-se que o que ocorria com o desenvolvimento do pensamento e das técnicas refletia o acontecido na natureza e na transição da pré-história para a história. Se a civilização européia era vista como o pináculo de um longo processo, servindo como referência para quaisquer outras mudanças naturais e sociais, então os "povos primitivos" (ou qualquer outro rótulo dado às culturas tribais encontradas no processo

Em busca de uma história natural da religião

de colonização européia) seriam o reflexo da humanidade ainda em estado bruto, ainda vivendo no passado de nossa própria cultura.

Mesmo que muitas dessas idéias fossem propagadas de modo panfletário, acabaram por servir como pano de fundo para muitas pesquisas sérias que se faziam no ainda nascente campo da antropologia. Mesmo que o mecanismo de seleção natural não esteja associado a algum progressivismo, o próprio Darwin ainda permaneceu evolucionista, só aos poucos abandonando esta postura. O seguinte trecho de *A descendência do homem* reflete esta tendência.

As mesmas faculdades mentais elevadas que primeiro levaram os homens a acreditar em agentes espirituais invisíveis, depois no fetichismo, politeísmo e, finalmente, no monoteísmo, iriam infalivelmente levá-los, pelo menos enquanto seus poderes de raciocínio permanecessem pouco desenvolvidos, a diversas e estranhas superstições e costumes. Muitos destes são terríveis de se pensar, como o sacrifício de seres humanos a algum deus sequioso de sangue; o julgamento de pessoas inocentes pela prova do veneno ou fogo; feitiçaria etc. Mas é melhor refletir ocasionalmente sobre estas superstições, pois elas nos mostram o infinito débito de gratidão que temos para com a melhoria de nossa razão, a ciência, e nosso conhecimento acumulado. Como Sir John Lubbock bem observou, "não é demais dizer que o terrível pavor do mal desconhecido se coloca como uma grossa nuvem sobre a vida do selvagem, e torna amargo todo prazer". Estas conseqüências miseráveis e indiretas de nossas faculdades mais elevadas podem ser comparadas com os enganos incidentais e ocasionais dos instintos dos animais inferiores.[8]

Não apenas o passado da religião era nebuloso, mas também indigno da condição humana. Não admira que com tal perspectiva a melhor forma de religião fosse a cristã em sua forma moral, isenta de superstições do século XIX europeu! Isso não quer dizer que todos assim o fizessem (e certamente os estudiosos da religião eram mais respeitosos em suas comparações), mas podemos, sim, falar de uma tendência comum à época.

Darwin correspondeu-se com os pioneiros da antropologia anglo-americana, como Morgan (1818-1881), Tylor e Frazer, em torno de

---

[8] DARWIN, *The descent...* cit., p. 303 – tradução minha.

seu *A origem*. Não que eles tenham sido necessariamente darwinistas, apenas, como visto, compartilhavam idéias comuns. Nesses relatos[9] a associação da história da consciência e das práticas religiosas do homem com uma história natural de sua descendência é significativa. Uma rápida menção ao método proposto indica esta associação:

> Podemos avidamente escapar das regiões da filosofia transcendental e da teologia para começar uma jornada mais promissora por caminhos mais viáveis. Ninguém negará que causas definidas e naturais de fato determinam, em grande medida, a ação humana – e isso o homem sabe, pela evidência de sua própria consciência. Então, deixando de lado considerações de interferência extranatural e espontaneidade não causal, tomemos essa admitida existência de causa e efeito naturais como nosso terreno firme, e andemos sobre ele enquanto nos der apoio.[10]

Palavras semelhantes seriam utilizadas por Durkheim (1857-1917) poucas décadas depois, mas este falaria de fatos *sociais*, enquanto aqui a antropologia cultural está muito próxima da antropologia física.

Tais pressuposições e elementos metodológicos viriam a ser questionados a partir do final do século XIX, principalmente com a escola de Franz Boas (1858-1942), em nome do pluralismo cultural e do desenvolvimento autônomo (ou por difusão) das culturas. Esta perspectiva, como indicado antes, passou a dominar o estudo antropológico da religião no século XX.

No âmbito da ciência da religião alemã, outro desenvolvimento tomava lugar. Como alternativa ao positivismo dominante nas ciências naturais, ainda expresso na citação de Tylor acima, uma nova metodologia era proposta para as ciências do espírito (*Geisteswissenschaften*), pela compreensão (*Verstehen*) dos produtos da criatividade humana. Como a história torna-se reino do contingente e do idiossincrático, é de esperar que pouco do evolucionismo possa ser nela encontrado, assim como menor ainda será a influência da evolução biológica no que é especificamente espiritual do humano. Talvez a história, como in-

---

[9] Ver, por exemplo, Castro, C. (org.). *Evolucionismo cultural*. Textos de Morgan, Tylor e Frazer.

[10] Tylor, apud Castro, op. cit., p. 71

Em busca de uma história natural da religião

fra-estrutura das ciências do espírito, possa apresentar uma tendência do progressivismo (creio que podemos ler Hegel assim), mas o caráter de necessidade tem pouco a ver com o de uma natureza mecânica. Este dualismo torna-se mais visível nos desenvolvimentos que levam de Müller, com sua história comparada das religiões, a Rudolph Otto (1869-1937) e Mircea Eliade (1907-1986), o que não exploraremos aqui.[11] O afastamento do estudo da religião em relação ao estudo da natureza deve-se também ao próprio estágio incompleto da teoria darwiniana, o que a tornou presa de ideologias de superioridade e ciências de validade dúbia, sendo a eugenia a mais conhecida delas.[12]

O fundamentalismo e o "diálogo ciência e religião"

Por motivos semelhantes (o estágio incompleto da teoria e suas apropriações ideológicas), e principalmente pela adesão de muitos cientistas e teólogos cristãos às idéias de Darwin, os grupos mais tradicionais do cristianismo do final do século XIX levantaram-se contra a idéia de uma evolução mecânica ao longo de éons. Reafirmaram uma interpretação mais literal dos primeiros capítulos do Gênesis, que de certa forma tratam da criação da natureza e do homem. Estes grupos foram então acerbamente criticados (como ainda hoje o são) por intelectuais progressistas (como os americanos John W. Draper [1811-1882] e Andrew D. White [1832-1918]), criando um sentimento de que as novas ciências seriam incompatíveis com a religião antiga. Também na França, agora com um ateísmo militante, criou-se um clima de antagonismo e animosidade que levou a uma atitude de defesa dos grupos cristãos, católicos e protestantes.[13]

---

[11] Para um relato detalhado desta história, ver, por exemplo, KIPPENBERG, H. G. À la découverte de l'histoire des religions.

[12] GOULD, S. J. A falsa medida do homem.

[13] HECHT, J. M. The end of the soul.

O movimento de maior interesse para nós é o fundamentalista. Tendo suas origens em movimentos de reavivamento protestante no sul dos Estados Unidos, recebeu um ponto de inflexão importante quando se publicaram livretos denominados *The fundamentals* (daí o termo "fundamentalismo"), entre 1910 e 1915. Este período foi caracterizado por uma intensa cruzada antievolucionista neste país e, apesar de ter-se abrandado a partir da década de 1930, veio a marcar profundamente a consciência de protestantes conservadores na América do Norte.[14]

Em contrapartida, grupos de cientistas e clérigos liberais continuaram a procurar conciliar a evolução darwiniana com o cristianismo, no que veio a ser chamado, ao final do século XX, "diálogo ciência-religião". Este diálogo se produziu, seja através de ensaios mais especulativos (e a obra de Teilhard de Chardin [1881-1955] é apenas o mais emblemático entre estes esforços), seja por meio de encontros entre intelectuais eminentes. Durante todo este período, porém, o cristianismo ainda foi assumido como algo não afetado pela teoria da evolução – ele seria fruto de uma revelação divina, enquanto as outras religiões (não monoteístas) seriam passíveis de explicações naturais de corte darwiniano. Estes esforços ocorreram tanto no campo protestante[15] quanto no católico.[16]

Impactos atuais do darwinismo

Esta longa introdução histórica permite melhor entender a situação atual, ou seja, da década de 1960 para cá. O duplo movimento a que nos referimos caminha para uma revalorização da abordagem darwiniana ao estudo naturalista da religião, por um lado, e para o "diálogo ciência e religião", por outro.

---

[14] NUMBERS, R. L. The creationists. In: LINDBERG, David C. & NUMBERS, Ronald L. (orgs.). *God and nature*, pp. 391-423.

[15] COTTON, E. H. *Has science discovered God?*

[16] BIVORT DE LA SAUDÉE, J. (org.). *Deus, o homem e o universo*.

Em busca de uma história natural da religião

Tal revalorização tem como primeiro motivo a consolidação da evolução darwiniana como teoria. De fato, a partir da década de 1930, uma síntese entre os dados da arqueologia e da anatomia comparada com a genética começou a ser feita, dando lugar ao que se convencionou chamar de "teoria sintética da evolução". Tal síntese provocou um enorme incremento nas pesquisas biológicas,[17] culminando com teorias bem consolidadas sobre o comportamento animal e humano, a partir da década de 1960. A "descendência do homem" voltava a estar no centro do palco.

Todas essas teorias têm um impacto direto sobre os objetos das "ciências do espírito" tradicionais e, não sem surpresa, suas aplicações provocaram violentas reações.[18] O caso mais emblemático foi o da sociobiologia de Edward O. Wilson (1929-), publicada a partir de 1975 e criticada tanto por biólogos de esquerda como por representantes das ciências sociais e das humanidades. Mas o paradigma apenas consolidou-se a partir de então, ainda que tais teorias muitas vezes critiquem-se mutuamente e compitam entre si. Decididamente darwiniano, ele tem sido aplicado a muitas outras disciplinas que até então tinham detido o monopólio do estudo do propriamente humano. O "ácido universal" dos mecanismos de seleção natural começava a atacar tudo o que via pela frente.[19]

Estamos de volta, pois, ao monismo da segunda metade do século XIX, ainda assombrado pelo fantasma do determinismo e da eugenia. Tal fantasma cresceu em escala, seja por distopias, como *O admirável mundo novo* e *Walden II*, seja pelas terríveis aplicações da eugenia pelo nazismo. Mas agora o substrato teórico e a quantidade de dados empíricos não podem mais reduzir o debate a um nível puramente ideológico.

Paralelamente, temos uma retomada, agora sistemática e institucionalizada, do "diálogo ciência e religião". A partir de uma obra

---

[17] Também a genética brasileira recebeu, neste período, inclusive por razões institucionais, seu principal impulso, coincidindo com o início da carreira de alguns de seus principais cientistas, como Maurício Rocha e Silva (1910-1983) e Crodowaldo Pavan (1919-).

[18] Ver, por exemplo, McGrath, A. *Dawkins' God*.

[19] Rose, op. cit.

269

seminal de Ian G. Barbour (1925-), *Issues in science and religion*,[20] não só as doutrinas tradicionais do cristianismo (e, em menor escala, de outras religiões) têm sido revisitadas à luz de desenvolvimentos científicos contemporâneos,[21] como também tem-se valorizado uma maneira saliente de se estudar a religião.

Ironicamente, a década de 1960 também assistiu à retomada de formas do criacionismo, agora denominado "criacionismo científico", o que terminou por dificultar uma maior aproximação entre o trabalho dos biólogos e os interessados no "diálogo" supramencionado. Em meados da década de 1990, outra forma de antidarwinismo, chamado de "desígnio inteligente" (*intelligent design*), começou a surgir, agora no âmbito acadêmico, sugerindo a impossibilidade do aparecimento de formas de vida mais complexas diretamente de formas mais simples por meio de um mecanismo cego.[22]

Disciplinas e desafios para uma ciência da religião

Deixando agora de lado este último tipo de controvérsia, voltemos ao que é mais marcante, ao final desta história, no âmbito da ciência da religião. O desenvolvimento das abordagens darwinianas do comportamento humano alterou a maneira como estudamos a religião hoje, conduzindo-a a um naturalismo de maior intensidade, ou seja, o nível de explicação distancia-se da vontade e da consciência humanas e aproxima-se mais daquilo que a natureza lega à nossa espécie. Curiosamente, as explicações sobrenaturalistas voltam a ocupar o centro das atenções, ainda que de maneira inteiramente nova. Esses desenvolvimentos, de tão recentes que são, tornam qualquer sumário meio temerário, razão pela qual vamos nos limitar a algumas indicações.

---

[20] Barbour, I. *Issues in science and religion.*

[21] Peters, T. & Bennett, G. *Construindo pontes entre a ciência e a religião.*

[22] Behe, M. *A caixa preta de Darwin.*

Em busca de uma história natural da religião

Como vimos antes, essa abordagem nos conduz a um novo tipo de monismo, com as culturas e sua diversidade surgindo como desenvolvimento mais ou menos lógico de um processo natural que lhes é subjacente. Esta idéia de uma natureza humana universal vai contra a sensibilidade do século XX, especialmente em solo francês, dado o viés antimetafísico dos herdeiros do positivismo. Em obra recente, por exemplo, Daniel Dubuisson (1950-) critica acerbamente personagens tão díspares quanto Durkheim e Bourdieu (1930-2002) por um ranço de platonismo na busca de princípios universais, assim resumido:

> Mas quando consideramos a extrema diversidade das culturas, a extraordinária disparidade de todos os tipos que existem entre elas, somos forçados a nos perguntar onde está e qual é o princípio na base desta aptidão invariável. Longe de considerá-lo uma frágil semente, devemos admitir, ao contrário, que ele é tão robusto quanto prolífico, uma vez que, indiferente a esta diversidade formidável, produz, em todo lugar, resultados que podem ser suficientemente comparáveis para dar suporte ao agrupamento sob o mesmo nome.[23]

Há aqui uma crítica radical a qualquer coisa que lembre um *homo religiosus* e, com ainda mais convicção, uma noção de natureza humana.[24] Não é de surpreender, portanto, o explosivo potencial de embates ideológicos mútuos em face da abordagem a seguir descrita, com seu destaque em universais do ser humano e uma tendência essencialista (muitas vezes contra a intenção dos próprios autores).

Entre as perguntas mais interessantes que hoje surgem, temos: como e por que surge um cérebro que gera uma mente capaz de produzir linguagem, símbolos e o que chamamos de consciência? Por que, co-extensivo a este processo, surge o que chamamos de "religião", com suas idéias bizarras e seus comportamentos irracionais? Até que ponto a religião é adaptativa, do ponto de vista dos processos de seleção natural? De que modo (tanto do ponto de vista de mecanismos como daquele da propagação de línguas e povos em nosso passado) essa herança evolutiva levou à pluralidade das religiões que conhecemos?

---

[23] DUBUISSON, D. *The Western construction of religion*, p. 164 (tradução minha).

[24] Ibid., p. 166.

O espectro disciplinar da Ciência da Religião

Como enriquecer mutuamente os dados específicos sobre as religiões (tanto as religiões universais, históricas, como aquelas tribais) com estes dados recentes que dizem respeito aos universais humanos? Algumas das disciplinas que aplicam a abordagem darwiniana no estudo da religião hoje: arqueologia,[25] sociobiologia de Edward Wilson,[26] seleção de grupo,[27] antropologia física,[28] psicologia do desenvolvimento,[29] psicologia evolutiva,[30] ciências cognitivas,[31] incluindo-se neurociências e, mais recentemente, ciência da religião em um sentido mais estrito.[32] As barreiras disciplinares, porém, perdem sentido à medida que as pesquisas avançam, e quaisquer classificações são tentativas.

Ainda que a noção de uma natureza humana universal receba críticas dentro do próprio campo,[33] ela pelo menos é tratada como um princípio cientificamente plausível e frutífero. E, ainda que seja uma abordagem resolutamente reducionista, distante da tradição fenomenológica, ela traz de volta à cena o sobrenatural, na forma de agentes ou idéias, como algo digno de atenção em uma ciência da religião. Estes dois pilares sustentam argumentos em favor do uso no singular tanto de ciência como de religião, o que traz não poucas conseqüências para a área.

Esta volta também permite uma aproximação com proponentes do "diálogo ciência-religião", com um possível benefício mútuo: os novos cientistas da religião têm um contato mais preciso com crenças religiosas milenares, trabalhadas racionalmente por interlocutores internos e, por outro lado, defensores do "diálogo" passam a adotar

---

[25] MITHEN, S. *A pré-história da mente.*

[26] WILSON, E. O. *Consiliência.*

[27] WILSON, D. S. *Darwin's cathedral.*

[28] ATRAN, S. *In Gods we trust*; GUTHRIE, S. E. *Faces in the clouds.*

[29] ROSENGREN, K. et. alii (orgs.). *Imagining the impossible*; BARNES, M. H. *Stages of thought.*

[30] KIRKPATRICK, L. A. *Attachment, evolution, and the psychology of religion.*

[31] BOYER, P. *Religion explained*; BARRETT, J. L. Exploring the natural foundations of religion. *Trends in Cognitive Science*, pp. 29-34.

[32] PYYSIÄINEN, I. *How religion works.*

[33] Por exemplo, BULLER, D. J. *Adapting minds.*

uma visão menos idealista e mais universal de religião,[34] ao mesmo tempo que o próprio diálogo recebe bases racionais mais firmes.[35] Mas este benefício mútuo é mais uma hipótese a ser testada do que um consenso. Não podendo explorá-la melhor, retornemos aos dados atuais, agora mais especificamente no caso brasileiro.

Peripécias do darwinismo em um país diverso e religioso

A despeito de uma sólida tradição do estudo da religião em nosso país, o dualismo entre a abordagem científico-social e a abordagem biológico-darwiniana ainda subsiste. Da mesma forma, o "diálogo ciência-religião" é intermitente.

O Brasil, como muitas vezes repetido (e injustamente), situa-se na periferia da ciência mundial.[36] Como um país ocidental, compartilha os azares do Novo Mundo construído por nações européias. Boa ciência é certamente feita por aqui, mas em escala menor. Não há preocupação em lutar por um prêmio Nobel ou similar – os cientistas aqui ficam satisfeitos em compartilhar o desenvolvimento científico global, em contribuir para o desenvolvimento do País e, especialmente, prover uma educação crítica e de alta qualidade.

Quando a ciência começou a ser feita aqui de maneira séria e sustentada, há não mais de um século, ela refletia os melhores padrões acadêmicos da Europa e da América do Norte, assim como o horizonte ilustrado destes padrões. Este início se realizou em um meio predominantemente católico-romano (a separação Igreja-Estado havia ocorrido apenas em 1892). A acusação então comum era de que o passado ibérico e as estruturas institucionais da Igreja constituíam um impedimento ao desenvolvimento científico, de maneira oposta à maneira de colonização anglo-saxônica, protestante. A acusação

---

[34] Como em HAUGHT, J. F. *Deus após Darwin*.

[35] STENMARK, M. *How to relate science and religion*.

[36] BASALLA, G. The spread of Western science. *Science*, pp. 611-622.

273

O espectro disciplinar da Ciência da Religião

foi reforçada pelos pontos de vista ideológicos na primeira metade do século XX. Muitos cientistas eram positivistas convictos, seguindo os preceitos de Auguste Comte para uma boa sociedade. Porém, a despeito de aparentes incompatibilidades, a Igreja não constituiu nenhum impedimento explícito à ciência. De fato, muitos cientistas eram (e são) pessoas religiosas, seguindo o princípio de magistérios independentes de Stephen J. Gould (1941-2002),[37] e o mesmo vale para os clérigos e frades.

Esta brevíssima apresentação da história da ciência em nosso país sugere que os contornos do "diálogo ciência-religião" aqui não têm sido muito diferentes dos verificados no mundo anglo-saxônico, razão pela qual não precisamos nos estender muito nesta parte. O que segue é uma análise sucinta do que, em minha opinião, é distintivamente brasileiro.

Primeiro, o "criacionismo científico" não tem sido uma preocupação maior aqui. Pelo menos não ainda, na medida em que alguns grupos evangélicos e pentecostais, de raiz norte-americana, estão em fase de crescimento. De maneira mais destacada temos os adventistas do sétimo dia. Muitos deles são brancos de classe média, com diplomas universitários, inclusive nas ciências naturais. Na medida em que têm uma preocupação explícita de estabelecer colégios e faculdades, o criacionismo deve ganhar respeitabilidade em situações em que a educação científica escolar for fraca e aborrecida.[38]

O esoterismo aqui também possui uma pretensão de conhecimento[39] que alega receber suporte do conhecimento científico. Referindo-se ao que é mais especulativo em várias áreas, o esoterismo leva não apenas a uma "ciência alternativa", mas também a uma maneira de relacionar religião e ciência – ver o subtítulo mesmo da obra de Fritjof Capra, *Pertencendo ao universo*.[40] O que é peculiar ao Brasil é o paralelo feito entre esta tendência mais anglo-saxônica e as idéias de alguns intelectuais franceses, como Edgar Morin (1921-), René Girard (1923-)

---

[37] GOULD, S. J. *Pilares...*, cit.

[38] CRUZ, E. R. Criacionismo, lá e aqui. *Comciência*, s.p.

[39] HAMMER, O. *Claiming knowledge*.

[40] CAPRA, F. *Pertencendo ao universo*.

Em busca de uma história natural da religião

ou Michel Cazenave (1942-). Esta associação única gera um viés intelectual sincrético, que inclui "novos paradigmas", complexidade, transdisciplinaridade, psicologia transpessoal, antroposofia e similares. A espiritualidade de fundo junguiano é particularmente popular no País. A partir dessas idéias, e de certo espírito de reencantamento do mundo, algumas pontes entre ciência e religião são constituídas. Uma nota curiosa: muitos estudantes de teologia concordam firmemente com estas tendências. O "diálogo ciência-religião" que apontamos antes dificilmente é páreo para estes movimentos de cunho mais massivo.

Com menos traços esotéricos há o importante movimento espírita-kardecista. O Brasil é um país onde as idéias de Allan Kardec (1804-1869) têm sido bem-sucedidas e desenvolvidas em um grau bastante sofisticado. Ao contrário do esoterismo, que basicamente traduz ou reproduz material importado, o espiritismo brasileiro é genuinamente criativo. É um movimento típico da classe média branca, com muitas pessoas detentoras de graus universitários elevados e que trabalham em instituições acadêmicas respeitadas. Por conta de sua ênfase na leitura e na crença em "doutores espirituais", sua forma peculiar de "diálogo religião-ciência" segue o esforço de justificar racionalmente o valor médico e psicológico de terapias religiosas. Sociedades acadêmicas têm sido constituídas, e esta tendência racionalista e empiricamente orientada tem se tornado comum em várias regiões do País.

O que todas estas tendências têm em comum é a quase ausência de estudos empíricos sobre elas que caminhem justamente na direção de elucidar a pretensão de conhecimento aí presente e a maneira como propõem a mediação entre ciência e religião.

Conclusão: uma nova disciplina e seus possíveis desdobramentos

Curiosamente, como visto anteriormente, a abordagem darwiniana contemporânea no estudo da religião vai na contracorrente do

O espectro disciplinar da Ciência da Religião

grosso das escolas que se dedicam ao estudo da religião. De fato, a maioria destas, reagindo ao essencialismo de Mircea Eliade, coloca sob suspeita a religião como categoria ou conceito para fins acadêmicos, distancia-se decididamente de questões teológicas e acentua a pluralidade das religiões sob estudo. Já a primeira, pressupondo a existência de uma natureza humana (em muitos casos, a expressão é utilizada literalmente, como nos tempos da metafísica), traz o termo "religião" de volta, no singular, e aproxima-se dos referentes e crenças tradicionais do comum dos fiéis e dos especialistas religiosos.

Assim, introduz um novo contraponto unificador das ciências, mas com um sólido embasamento empírico e construção teórica, e agora sem nenhum traço criptoteológico. Além de um contraponto a tendências contextualistas e relativizantes, oferece a oportunidade de abertura a todos de um conjunto de dados até aqui ignorados pelos estudos científico-sociais da religião.

No caso do criacionismo, a maior contribuição é negativa: chamar a atenção do aspecto contextual da religião e de seu relacionamento com a ciência. Recorrendo aos instrumentais teóricos desenvolvidos em capítulos anteriores, o estudioso da religião pode tirar lições do que tem ocorrido nestas últimas décadas sobre mais um caso de confronto entre religião popular (grupos defensores do criacionismo) e conhecimento de elite (representantes da ciência oficial).

Um pouco diferente é o caso do esoterismo e suas conexões. Não há esse enraizamento em uma tradição religiosa bem definida, como no caso anterior, e o recurso às ciências é mais amplo e benigno. Entretanto, o universo encantado e a visão teleológica destes grupos dificilmente se coadunam com abordagens darwinianas. Estas também excluem sistemas sincréticos e flexíveis a demandas extracientíficas. Mas este tipo de religiosidade difusa e com fortes raízes no inconsciente é poderosa candidata a ser, ela própria, objeto de estudo destas novas abordagens em ciência da religião.

Também o "diálogo ciência-religião" passa a conhecer uma nova inflexão com estes estudos. De uma preocupação mais judaico-cristã acerca do impacto da teoria da evolução na doutrina da criação – que é uma preocupação metateórica –, o diálogo passa a acolher "religião" em termos mais gerais e científicos, e envolve o paradigma darwiniano em um nível mais básico. As questões empíricas ligadas ao ser humano que produz tanto ciência quanto religião se sobrepõem às tentativas tradicionais de aperfeiçoar a apologética em ambos os lados do diálogo, como se pode ver, por exemplo, na trajetória entre o livro de Barbour, de 1966, e um outro recente sobre evolução, ética e religião.[41]

No caso específico do Brasil, a tarefa principal à frente parece ser a de desenvolver estudos empíricos que possam sustentar (ou não) as breves afirmações anteriores sobre o diálogo "ciência-religião" entre nós. Estes estudos podem caminhar nas seguintes direções: alargar a consciência dos antecedentes históricos do "diálogo ciência-religião" no Brasil; esclarecer o substrato religioso da prática científica e as crenças dos cientistas; classificar os movimentos da "nova era" no Brasil e suas respectivas pretensões de conhecimento; avaliar pretensões a "novos paradigmas" na academia; verificar como os espíritas entendem a relação entre ciência e religião, e como a entendem os que a vêem de fora; estudar o criacionismo científico no Brasil em maiores detalhes; estabelecer critérios (o que pode ser considerado sólido em ciência, em religião e no diálogo entre as duas) para se poder distinguir o joio do trigo no "mercado de conhecimento" brasileiro.

Referências bibliográficas

ATRAN, Scott. *In Gods we trust*; the evolutionary landscape of religion. Oxford, Oxford University Press, 2002.

BARNES, Michael H. *Stages of thought*; the co-evolution of religious thought and science. Oxford, Oxford University Press, 2000.

BARBOUR, Ian. *Issues in science and religion*. Englewood Cliffs, Prentice Hall, 1996.

BARRETT, Justin L. Exploring the natural foundations of religion. *Trends in Cognitive Science, 4* (1): 29-34, jan. 2000.

---

[41] CLAYTON, P. & SCHLOSS, J. (eds.). *Evolution and ethics.*

BASALLA, George. The spread of Western science. *Science, 156*: 611-622, 5th May 1967.

BEHE, Michael. *A caixa preta de Darwin.* Rio de Janeiro, Jorge Zahar, 1996.

BIVORT DE LA SAUDÉE, Jacques (org.). *Deus, o homem e o universo.* Porto, Martins Fontes, 1957.

BOYER, Pascal. *Religion explained;* the evolutionary origins of religious thought. New York, Basic Books, 2001.

BROOKE, John H. *Science and religion;* some historical perspectives. Cambridge, Cambridge University Press, 1991.

BULLER, David J. *Adapting minds;* evolutionary Psychology and the persistent quest for human nature. Cambridge, MIT Press, 2005.

CAPRA, Fritjof. *Pertencendo ao universo;* explorações nas fronteiras da ciência e da espiritualidade. São Paulo, Cultrix, 1994.

CASTRO, Celso (org.). *Evolucionismo cultural;* textos de Morgan, Tylor e Frazer. Rio de Janeiro, Jorge Zahar, 2005.

CLAYTON, P. & SCHLOSS, J. (eds.). *Evolution and ethics;* human morality in biological and religious perspective. Grand Rapids – MI, Eerdmans, 2004.

COTTON, Edward H. *Has science discovered God?* A symposium of modern scientific opinion. New York, Thomas & Crowell, 1931.

CRUZ, Eduardo R. Criacionismo, lá e aqui. *Comciência.* Revista Eletrônica de Jornalismo Científico. n. 56, jul. 2004. Disponível em: <www.comciencia.com.br>.

DARWIN, Charles. *The descent of man and selection in relation to sex;* the great books of the Western world. Chicago, Encyclopedia Britannica, 1952.

_____. *A origem das espécies por meio de seleção natural.* Rio de Janeiro, Ediouro, 2004.

DUBUISSON, Daniel. *The Western construction of religion;* myths, knowledge, and ideology. Baltimore, Johns Hopkins University Press, 2003. (Trad. do francês *L'Occident et la Religion* [Paris, Complexe, 1998].)

GOULD, Stephen J. *A falsa medida do homem*. São Paulo, Martins Fontes, 1991.

_____. *Pilares do tempo*; ciência e religião na plenitude da vida. Rio de Janeiro, Rocco, 2002.

GUTHRIE, Stewart E. *Faces in the clouds*; a new theory of religion. Oxford, Oxford University Press, 1993.

HAUGHT, John F. *Deus após Darwin*; uma teologia evolucionista. Rio de Janeiro, José Olympio, 2002.

HAMMER, Olaf. *Claiming knowledge*; strategies of epistemology from theosophy to the new age. Leiden, Brill, 2001.

HECHT, Jennifer M. *The end of the soul;* scientific modernity, atheism, and anthropology in France. New York, Columbia University Press, 2003.

HUME, David. *História natural da religião*. São Paulo, Unesp, 2005.

KIPPENBERG, Hans G. *À la découverte de l'histoire des religions;* les sciences religieuses et la modernité. Paris, Salvator, 1999.

KIRKPATRICK, Lee A. *Attachment, evolution, and the psychology of religion*. New York, Guilford Press, 2004.

LIVINGSTONE, David N. *Darwin's forgotten defenders*; the encounter between evangelical theology and evolutionary thought. Grand Rapids, Eerdmans, 1987.

MCGRATH, Alister. *Dawkins' God*; genes, memes, and the meaning of life. London, Blackwell, 2005.

MITHEN, Steven. *A pré-história da mente*; uma busca das origens da arte, da religião e da ciência. São Paulo, Unesp, 2002.

NUMBERS,RonaldL.Thecreationists.In:LINDBERG,DavidC.&NUMBERS, Ronald L. (orgs.). *God and nature*. Historical essays on the encounter between christianity and science. Berkeley/Los Angeles, University of California Press, 1986. pp. 391-423.

PETERS, Ted & BENNETT, Gaymon. *Construindo pontes entre a ciência e a religião*. São Paulo, Loyola, 2003.

PYYSIÄINEN, Ilkka. *How religion Works*; towards a new cognitive science of religion. Leiden, Brill, 2003.

ROSE, Michael. *O espectro de Darwin*; a teoria da evolução e suas implicações no mundo moderno. Rio de Janeiro, Jorge Zahar, 2000.

ROSENGREN, Karl; JOHNSON, Carl; HARRIS, Paul (orgs.). *Imagining the impossible*; magical, scientific, and religious thinking in children. Cambridge, Cambridge University Press, 2000.

RUSSELL, Robert J. *Fifty years in science and religion;* Ian G. Barbour and his legacy. Aldershot, Ashgate, 2004.

STENMARK, Mikael. *How to relate science and religion*; a multimensional model. Grand Rapids, Eerdmans, 2004.

WILSON, David S. *Darwin's cathedral*; evolution, religion, and the nature of society. Chicago, The University of Chicago Press, 2002.

WILSON, Edward O. *Consiliência*; a unidade do conhecimento. Rio de Janeiro, Campus, 1999.

A teologia em diálogo com a ciência da religião

Afonso Maria Ligorio Soares

A teologia em diálogo com a ciência da religião

Teologia e ciência da religião têm mantido relações nem sempre harmônicas desde que a última se impôs na academia. Após perder sua antiga *ancilla* (filosofia), a teologia vê-se agora desafiada a disputar espaço no espectro multidisciplinar da ciência da religião. Mas será esse seu lugar de direito? Muitos mal-entendidos campeiam essa difícil relação. Por isso, antes de ensaiar possíveis soluções à questão, penso ser prudente delimitar adequadamente os vários ângulos dessa abordagem.

Difíceis consensos

Em 6 de novembro de 1998, o Conselho Federal de Educação emitiu, finalmente, um parecer positivo ao reconhecimento das faculdades de teologia existentes no País. A primeira instituição a se beneficiar dele foi a Faculdade de Teologia de São Leopoldo, RS.[1] A nota interessante da decisão são as três razões alegadas pelos pareceristas para justificar seu voto a favor: a) porque a teologia já faz parte da cultura brasileira; b) porque seria um contra-senso não reconhecer aqui títulos acadêmicos reconhecidos no exterior; c) porque o recente processo de regulamentação do ensino religioso exigirá um grande número de professores: e quem os formará – pergunta-se o perito do MEC – senão as faculdades de teologia?

Nossos conselheiros provavelmente nem se deram conta na ocasião, mas, graças à terceira razão alegada, acabavam de deitar lenha numa fogueira que já vai tornando-se secular: o confronto/diálogo entre teologia e ciências da religião. Afinal, não é a teologia um discurso tipicamente confessional? Como pode, então, formar docentes para o ensino religioso se este, por princípio, é uma área de conhecimento não vinculada a nenhuma instituição religiosa?

A questão somente se resolve se a confessionalidade for totalmente desvinculada do que normalmente chamamos de teologia. Mas se assim o fizermos, por que insistir ainda no termo "teologia"? Por que

---

[1] A Faculdade de Teologia de São Leopoldo (RS) está hoje incorporada à Escola Superior de Teologia (EST), pertencente à Igreja Evangélica de Confissão Luterana no Brasil (IECLB).

O espectro disciplinar da Ciência da Religião

não dizer simplesmente que, no ambiente universitário e segundo os critérios de aferição admitidos na academia moderna, só há espaço para uma (ou várias) ciência(s) da religião? Ademais, uma teologia que leve a sério o pensamento científico e dele participe não deixa de ser teologia; mas se renunciar à sua confessionalidade, será ela ainda "teo"-lógica?[2]

Qualquer resposta a tais questionamentos não obterá consenso, quer entre teólogos, quer, muito menos, entre pesquisadores da religião. Por isso, pode ser interessante prestar atenção ao que diz, por exemplo, o *Dictionnaire critique de Théologie*, lançado em 1998 pelas Presses Universitaires de France – algo como a Editora da USP entre nós. Destaco pelo menos duas de suas particularidades: 1ª) trata-se de uma editora universitária da emancipada França que se dá ao luxo de publicar um dicionário de teologia. Por que o faz? (Sinal dos tempos?); 2ª) já no prefácio, o diretor da obra, Jean-Yves Lacoste, deixa claro o sentido restrito e preciso de teologia: "o conjunto de discursos e doutrinas que o cristianismo organizou sobre Deus e sobre sua experiência de Deus". Sem negar existência e racionalidade a outras práticas e discursos sobre Deus, o *Dicionário* reserva o termo em questão "para nomear os frutos de certa aliança entre o *logos* grego e a reestruturação cristã da experiência judaica".[3] Nesse sentido estrito, é difícil confundir teologia, filosofia e ciências da religião. Mas talvez fique mais fácil atiçar o conflito latente que ronda suas fronteiras.

Parecem-me exemplares dessa tensão certas tentativas de definição das áreas de conhecimento aqui em jogo. É o caso da sugestão oferecida por Hans-Jürgen Greschat, eminente cientista da religião, no 1º item do 5º capítulo de seu *O que é ciência da religião?*.[4] Com a precisão que o distingue, Greschat detecta uma diferença essencial: os

---

[2] F. Wilfred aponta como uma das três tentações contemporâneas da teologia "acreditar que a teologia avança através da especialização" com a "transformação dos estudos teológicos... em estudos religiosos supostamente 'neutros'". As demais tentações são: 1) o auto-isolamento sectário que recusa a vida universitária e 2) o excepcionalismo, que reivindica "fazer parte do sistema universitário como disciplina e, ao mesmo tempo, se recusa a sujeitar-se ao critério acadêmico da liberdade [de pesquisa]" (WILFRED, F. Teologia na universidade moderna: qual especialização? In: *Revista Concilium*, 315, pp. 22-32.).

[3] LACOSTE, J.-Y. *Dicionário crítico de teologia*, p. 9. A tradução e a edição brasileira foram financiadas pelo Ministério Francês da Cultura.

[4] GRESCHAT, H.-J. *O que é ciência da religião?* pp. 155-157.

A teologia em diálogo com a ciência da religião

teólogos são especialistas religiosos, enquanto os cientistas da religião são especialistas em religião. A partir dessa afirmação, o autor desdobra de forma muito clara e didática as implicações dessa distinção. E o faz em um texto tão límpido que até nos facilita esboçar alguma crítica a suas considerações. A principal delas é que todas as distinções funcionam à medida que nos afastamos das incômodas fronteiras que delimitam ambos os saberes; de perto, nem tudo é tão "preto no branco". Senão, vejamos:

1) Para Greschat, "os teólogos investigam a religião à qual pertencem, os cientistas da religião geralmente se ocupam de outra que não a própria". O teólogo visa "proteger e enriquecer sua tradição religiosa"; os cientistas da religião "não prestam um serviço institucional, como os teólogos", "não são comandados por nenhum bispo, nem obrigados a dar satisfação a nenhuma instância superior". Na prática, porém, pode-se dizer que o ponto de partida do fazer teológico é geralmente uma pergunta crítica à sua tradição de origem, que nem sempre se resolve em sua mera "proteção". Por outro lado, se ao menos pudermos aludir a Thomas Kuhn neste ponto, seria preciso reconhecer que a "ciência normal" também presta serviço a certas causas, submete-se a certas agremiações e depende de certos financiamentos que, não raro, perturbam o avanço do conhecimento em medida muitas vezes similar às perturbações religiosas propriamente ditas.

2) Para Greschat, os cientistas da religião gozam de um arco potencialmente ilimitado na hora de escolher a religião à qual se dedicarão, só podendo ser constrangidos pela própria incompetência. Os teólogos, por sua vez, estão "condenados" (termo nosso) a conhecer em profundidade apenas a sua religião, somente se abrindo às outras em caso de necessidade. Isso é verdade, mas também ocorre que, após a escolha, o cientista da religião terá sua "liberdade" diminuída, já que não pode ser um especialista sério se escolher, continuamente, novos objetos para aprofundar. Sendo assim, o nível de precisão e seriedade na pesquisa não nos parece diferir muito entre um teólogo que "sabia" previamente qual religião iria estudar e um cientista que já escolheu a religião que irá perseguir ao longo de sua carreira acadêmica. Ambos, portanto, querem conhecer em profundidade determinada religião e, com certeza, são cientes dos limites para tanto.

3) Greschat também observa, com razão, que os teólogos estudam uma religião alheia a partir da própria fé, tomando a própria religião como referência. Com seus critérios, avaliarão se os demais sistemas são "mais próximos" ou "mais distantes" de sua própria tradição. No limite, diz Greschat, tais procedimentos impedem um verdadeiro conhecimento da fé alheia. Concordo com Greschat, embora seja possível notar aqui alguns níveis de aproximação. Não é tão raro que, a partir de um interesse inicialmente preconceituoso (ou, simplesmente, moldado pelo paradigma cristão), a própria ênfase da teologia cristã no primado da experiência (práxis) ocasione uma virada no jogo. Por outro lado, ainda que, teoricamente, os cientistas da religião devam pesquisar uma crença alheia sem preconceitos, a questão que levanto é a mesma que o próprio Greschat já antecipa: "o quanto dessa liberdade eles suportam"? Como ir ao encontro do outro a partir de um ponto zero de expectativas e de critérios de discernimento (por exemplo, sem sofrer nenhuma influência da *denkform* ocidental)? É o próprio autor quem admite que "não apenas preconceitos religiosos, mas também atitudes intelectuais podem distorcer a compreensão de fenômenos pesquisados no âmbito da ciência da religião".[5] Resumindo: talvez fosse mais justo para ambas as partes admitirmos que nós, teólogos e cientistas da religião, contamos com diferentes formas de, eventualmente, distorcer nosso objeto de estudo.

4) Por fim, nosso autor assevera que serão "os fiéis de uma determinada crença [...] a informar se entendemos adequadamente essa mesma fé". Não consultar adeptos da religião pesquisada depõe contra a validade das descrições que dela fazemos. Os teólogos, por sua vez – garante Greschat –, fazem seu discernimento partindo da própria fé e consideram falso o que se afastar dessa norma decisiva. Creio que neste ponto Greschat exagere na dose e aproxime a reflexão teológica da decisão magisterial (confusão que parece permear implicitamente todo o trecho que estamos considerando aqui). De fato, o magistério hierárquico – principalmente no caso católico-romano – é investido desse poder dogmático, mas o mesmo não pode ser dito da teologia enquanto tal, em cujo arco cabem desde a teologia oficial do magis-

---

[5] Cf. op. cit., pp. 156-157.

A teologia em diálogo com a ciência da religião

tério (entre os católicos, apelidada durante séculos de *teologia escolástica*) até construções como a teologia latino-americana da libertação, a teologia asiática da harmonia, a teologia africana da inculturação ou a recente teologia *queer*. Basta citar nesta sede toda a ênfase que a teologia contemporânea voltou a depositar no sujeito da experiência de fé ou o destaque que a teologia da libertação sempre deu aos pobres como sujeitos da história e assim por diante. Também poderíamos lembrar renomados teólogos como Andrés Torres Queiruga, Edward Schillebeeckx, Roger Haight, Juan Luis Segundo, Raimon Panikkar e tantos outros, os quais se sentiriam muito desconfortáveis com a afirmação de que sobrepõem seu juízo de fé pessoal à fé comum das pessoas. Ao menos do ponto de vista da tradição cristã, o escopo é exatamente o contrário: traduzir em categorias teológicas o que a tradição chama de *sensus fidei fidelium*, ou seja, o sentido de fé que o conjunto dos fiéis vive na prática sem muito teorizar.[6]

É compreensível, no entanto, a rispidez com que Greschat aborda essa difícil relação, pois, afinal, há um delicado complicador político (mais que epistemológico) a permeá-la na maior parte dos casos, a saber, a presença da teologia nas universidades regidas, financiadas e/ou inspiradas por instituições religiosas. Para além da obrigatoriedade estatutária que garante sua continuidade no mundo acadêmico e de seu auxílio a determinadas estratégias pastorais e missionárias das respectivas igrejas – como a pregação da doutrina social cristã, por exemplo –, qual relevância terá essa área de conhecimento em um centro de pesquisa contemporâneo? Jürgen Moltmann toca o cerne do problema ao perguntar-se: "Temos necessidade de uma nova teologia universal, que seja acessível, de modo natural, a qualquer um, seja ele cristão ou ateu, judeu ou budista? É concebível tal teologia?"[7]

Uma vez que já contamos com a ciência da religião para cobrir a pesquisa da religião em nossas universidades, a resposta negativa a Moltmann é a mais espontânea e freqüente hoje em dia, mesmo entre teólogos de profissão e docentes das disciplinas ditas teológicas das universidades confessionais. Afinal, que sentido teria para a

---

[6] Anoto na bibliografia ao fim do capítulo alguns textos indicativos sobre estas abordagens e autores.

[7] MOLTMANN, J. apud NEUTZLING, I. (org.). *A teologia na universidade contemporânea*, p. 7 (Apresentação).

O espectro disciplinar da Ciência da Religião

imensa maioria de nossos estudantes universitários, tão pouco afeitos à sensibilidade cristã ou mesmo à importância do estudo das religiões, dedicarem-se a uma reflexão teológica séria, acadêmica e que se pretende relevante para o cotidiano das pessoas? Não é este um assunto reservado somente aos iniciados na fé? Jovens contemporâneos à sociedade (pós-)moderna ocidental têm tempo a perder com axiologias de outrora?

A resposta afirmativa ao questionamento de Moltmann não é tão simples e evidente, embora também possua fortes argumentos a seu favor. Há quem defenda a presença da teologia na universidade não com base numa pretensa cientificidade do discurso teológico, mas "no fato de que ela representa uma importante fonte de sabedoria cuja interpretação e estudo podem contribuir para transformar a dolorosa situação da humanidade e do mundo".[8] Seja como for, há que ficar claro logo de início que não leva a bom porto contar com uma nova safra de universitários que, desta vez, viriam mais curiosos pela arte teológica. A maior ou menor predisposição dos alunos a temas de ética e espiritualidade é uma preocupação real de nossas discussões didáticas e metodológicas, mas não tem que dar o tom da pertinência e do lugar da teologia na academia. Em meio a reencantamentos, a novos lances do diálogo ciência-religião e a propostas no Velho Mundo por um cristianismo não religioso,[9] a pergunta cabal talvez seja se entendemos ser importante, na formação integral de nossos cidadãos, dar espaço também à dimensão ético-espiritual. Se o respondermos afirmativamente, teremos obrigação de passar às novas gerações este legado e de levá-las a se apropriar dessa riqueza.

---

[8] WILFRED, F. art. cit., p. 31.

[9] Aludo aqui a Gianni Vattimo, com seu *Dopo la cristianità*; per um cristianesimo non religioso. Cf., também, de Vattimo: *Credere di credere*.

A teologia em diálogo com a ciência da religião

De qual teologia estamos falando?[10]

Embora a sugestão de Lacoste supramencionada seja suficiente para dar foco a esta reflexão, creio ser possível alargar um pouco mais a conceituação de teologia, sem prejuízo da necessária precisão aqui requerida.[11] Começo por uma distinção operativa entre os labores filosófico e teológico. A filosofia é a reflexão ou especulação acerca da Realidade última que pode, ou não, chegar à *afirmação* desta. A teologia, por sua vez, é a reflexão ou especulação acerca da Realidade última que parte dos dados oferecidos por determinada tradição espiritual – em geral, referendados por um acervo coerente de escritos – que pode, ou não, chegar à *adoração* da Realidade afirmada. A teologia, embora possa questionar um ou mais dados ou a interpretação destes que nos chegam via tradição, não questiona a tradição em si, uma vez que admite como premissa de sua reflexão ser a tradição uma consistente doadora de sentido, isto é, uma fonte com razoáveis chances de ser verdadeira por remontar a um conjunto coerente de testemunhas referenciais, por sua vez conectadas a uma origem ontológica presumida.

A distinção, como se vê, não está no objeto mas na maneira de abordá-lo. Na realidade, por amor à precisão, em se tratando de teologia, o mais apropriado seria falarmos não de um sujeito que estuda um objeto cognoscível, mas do encontro-relação entre dois sujeitos (ao menos nos parâmetros da tradição judeu-cristã-islâmica). Por conseguinte, todo e qualquer tema que interesse ao espírito humano é teologal, ou seja, pode ser enfocado a partir do postulado ou da presumida experiência de tal Realidade fundante – em si teológica.

Nesse sentido, a teopoesia – para citarmos um termo caro a Rubem Alves *et alii* e que reivindica certa distância da razão teológica aristotélico-tomista – não é absolutamente teologia, mas o é relativa-

---

[10] Para este subitem, retomo sucintamente o que já discuti em meu livro *Interfaces da revelação*; pressupostos para uma teologia do sincretismo religioso. Ali sigo principalmente as proposições de Juan Luis Segundo.

[11] A bibliografia para este assunto é imensa. Além dos inúmeros verbetes em dicionários especializados, nomeio, por ex.: BOFF, Cl. *Teoria do método teológico*; TRACY, D. *A imaginação analógica*; a teologia cristã e a cultura do pluralismo; LIBANIO, J. B. O lugar da teologia na sociedade e na universidade do século XXI. In: NEUTZLING, I. (org.). op. cit., pp. 13-45.

mente à tradição teológica ocidental, como necessário contraponto desta. Um apofatismo (teologia negativa aberta ao Mistério) mal colocado pode ser contraproducente e degringolar em solipsismo. Seu mérito é manter-nos constantemente em guarda contra o absolutismo do catafático (teologia como afirmação e/ou descrição do divino). Isto posto, vai bem a opinião de Rubem Alves, quando afirma, em feliz jogo de palavras, que a teologia não é um falar sobre o mistério, mas um falar diante dele. Ou seja, ela se pronuncia a partir da experiência, de resto, irredutível à observação científica.[12]

Fazer teologia é acolher numa atitude mística (dimensão afetivo-axiológica) afirmações que o pensamento científico só pode – como, aliás, é seu ofício na dimensão analítico-concreta – receber com frieza e reticência. São duas lógicas distintas e complementares no entrelaçamento dos saberes. Do cientista se exige uma suspensão de juízo, um "ateísmo" metodológico que deixe sua crença pessoal entre parênteses. Do teólogo se exige uma suspensão do ateísmo, um "teísmo" metodológico – que deixe sua eventual descrença pessoal entre parênteses e pressuponha a via mística ou a espiritualidade como condutoras de autoconhecimento e de intelecção da raiz ontológica da realidade.

Assim, é tarefa da teologia *lidar* – uso este verbo na dupla acepção de interessar-se por e lutar contra – com o mistério de mim mesmo e do outro: o mundo, o ser humano, os deuses – o "outro relevante", como diz R. Alves em seu livro *O enigma da religião*. Se o mito é a fabulação das questões básicas atinentes aos possíveis sentidos da existência humana e se a religião é uma privilegiada transmissora de mitos – aqui entendidos no sentido de "dados transcendentes" (J. L. Segundo), ou seja, dados recebidos por intermédio de testemunhas referenciais e não averiguados empírica e cabalmente pelo receptor da mensagem[13] –, então, ao assumir minha pertença a dada comunidade,

---

[12] Faço aqui uma observação pontual à crítica de Alves quando contrapõe a teo*poesia* à teo*logia*. Não pretendo negar a teopoética – aliás, sou dela entusiasta – nos termos em que a propõe, por exemplo, Karl Josef Kuschel, a saber, como um "ramo de estudos acadêmicos voltados para o discurso crítico-literário sobre Deus, no âmbito da literatura e da análise literária, a partir da reflexão teológica presente nos autores" (FERRAZ, S. Teopoética: os estudos literários sobre Deus. In: *No princípio era Deus e ele se fez poesia*. Inédito. p. 11.).

[13] SOARES, A. M. L. Entre o absoluto-menos e o absoluto-mais: teodicéia e escatologia. In: *Dialogando com Juan Luis Segundo*, pp. 175-214.

A teologia em diálogo com a ciência da religião

ainda que seja a pós-moderna "comunidade dos que rejeitam pertencer a qualquer comunidade", estou assumindo e introjetando seus mitos constituidores. Recontá-los é fazer teologia narrativa. Traduzi-los para outras categorias conceituais e/ou para as novas gerações – sem obnubilar sua coerência interna – é fazer teologia propriamente dita. Em suma, a teologia é a arte de reafirmar a vitória de certos valores – que, bem por isso, são absolutos na ordem do dever-ser, mas infalsificáveis na ordem do ser – ao traduzi-los em novos significantes, mais conformes à realidade do educando ou do sujeito da experiência de sentido. Desnecessário dizer que isso supõe conhecimento prévio da realidade destinatária e efetivo diálogo com ela. Assim, o teólogo sempre terá na filosofia uma bem-vinda parceira de percurso que se revela na arte de questionar as traduções feitas, seja com base na reconhecida complexidade do real traduzido (ênfase realista), seja a partir da evidente limitação de nossos mecanismos cognoscitivo-lingüísticos (ênfase idealista).

Universidade e modernidade

Pois bem, será que o esclarecimento conceitual sugerido antes equivale a dizer que há lugar garantido para o discurso teológico ao lado das proposições de uma ciência da religião? O que foi dito não reforça a pretensão da ciência de alijar de vez o pensamento teológico, relegando-o à condição de discurso confessional útil a fiéis? Ou haverá alguma chance de vermos teologia e ciência tolerando-se reciprocamente na academia, à maneira de magistérios não-interferentes (MNI), conforme a sugestão de Stephen J. Gould[14] e outros? Entendo que a universidade e a sociedade em geral só teriam benefícios se a ciência (da religião) e a teologia, embora ciosas de sua autonomia, colaborassem mutuamente. Com certeza, ampliaria a luz sobre esta formidável invenção humana apelidada, às vezes, de religião.[15]

---

[14] GOULD, S. J. *Pilares do tempo*; ciência e religião na plenitude da vida, cit.

[15] Mas isso não significa que o teólogo-pessoa física seja presença indispensável no corpo docente das academias. Só não me parece ser o caso de excluir por princípio sua produção.

291

O espectro disciplinar da Ciência da Religião

O confronto teologia-universidade-modernidade não é, porém, recente. O encontro entre cristianismo e aristotelismo, celebrado na fundação das universidades medievais, impulsiona de forma decisiva o que mais tarde será reconhecido como modernidade. Afinal, o próprio termo que nomeia essa invenção medieval – "universidade" – revela a explícita intenção de abrir-se a estudiosos de toda a cristandade para assim cercar a realidade por todos os flancos. Foi apenas uma questão de tempo para que amadurecesse a típica reivindicação por autonomia dos modernos e tivéssemos uma nova onda prometéica no Ocidente.

Inácio Neutzling[16] oferece uma interessante resenha das principais interpretações propostas para o que realmente é inovador na civilização moderna. Basicamente, as posições dividem-se em dois grandes grupos: há os que avaliam a modernidade como uma transformação formidável das categorias teológicas tradicionais, sem porém negá-las por princípio; e há quem afirme que o projeto moderno de fato vislumbrou a autofundação de todas as significações até então propostas para o cosmo e a vida humana.

Para os primeiros, ser moderno pode significar substituir a legitimação trans-histórica do poder pela sua legitimação imanente, a saber, o Estado (leitura política de Carl Schmitt); ou pode ser a transposição secularizada da concepção bíblico-cristã da história, isto é, o desígnio divino e a economia da salvação em termos de progresso e historicidade (leitura historicista de Karl Löwith); ou, ainda, a assunção da categoria de gnose, cuja essência é a mensagem da salvação pelo conhecimento como iniciativa própria do ser humano (leitura teológico-metafísica de Eric Voegelin). Se assim for, conclui Neutzling, a modernidade nada mais seria do que a radicalização das perguntas medievais, traduzindo os dogmas de outrora nas grandes utopias políticas posteriores: uma sociedade que elimine todas as alienações e realize o divino na vida por nós vivida.

---

[16] Cf. NEUTZLING, I. Ciência e teologia na universidade do século XXI; possibilidades de uma teologia pública: algumas aproximações. *Atas do II Simpósio Ciência e Deus no Mundo Atual*, Unisinos, 2004. Neste item dependo integralmente desse texto.

A teologia em diálogo com a ciência da religião

Do contrário, se tiverem razão os defensores do segundo grupo, a modernidade terá sido a primeira civilização não religiosa da história e deve seu sucesso à vitória do cristianismo como "religião da saída da religião" (Marcel Gauchet) ao deitar as sementes da separação entre a esfera política e sua legitimação religiosa. Mais: a novidade moderna não consiste, como crêem os membros do primeiro grupo, em redizer de forma mundana um conteúdo teológico, mas contempla a aparição histórica do vazio de sentido gerado pelo colapso das respostas tradicionais (Hans Blumenberg). As condições estão postas para emergir o indivíduo moderno, fundamento último de seu próprio ser e de seu mundo.

Não parece tão despropositado admitir que ambas as correntes tenham razão na medida em que captam movimentos reais disparados no Ocidente ao longo dos últimos séculos. E nos dois casos, espera-se uma tomada de posição do teólogo, caso pretenda ter papel e palavra relevante nos centros de saber e de poder.

Neutzling resume três diferentes tentativas de aproximação entre a teologia e a ciência. Primeiro se buscou um diálogo entre ciência pura e teologia científica, que não foi longe dada a carência comum de base filosófica. Também pareceu alvissareira a interação entre ciência e religião, embora trouxesse um limite já no ponto de partida: a experiência científica baseia-se em observação e experimentos objetivos e repetíveis; a experiência religiosa é subjetiva e não repetível. Enfim, tem sido mais comum, hoje em dia, relacionar ciência e ética – basta ver os *Comitês de ética* nas universidades. Qual a dificuldade aqui? Neutzling socorre-se em J. Moltmann para referendar sua argumentação: as reflexões de tipo ético sempre chegam muito depois da pesquisa científica, pois

> o *ethos* típico do progresso da ciência e da técnica possui uma dinâmica própria que é a do fatual e do fictício, do manipulável e do ilusório. E a pressão é tão forte que neutraliza e esvazia qualquer compromisso ético no uso do poder científico. O otimismo do progresso não é substituído pelo pessimismo, mas pelo fatalismo que, substancialmente, não permite alternativas de tipo ético.[17]

---

[17] MOLTMANN, op. cit., p. 31.

Em suma, são insuficientes as formas de concordismo que visam a uma correspondência direta, sem mediação, entre uma passagem das Escrituras e um conhecimento científico, seja ele um concordismo ontológico, epistemológico ou ético.[18]

A teologia em novo areópago

"Novo", aqui, é força de expressão. De fato, não é tão novo assim o areópago da universidade, mas as condições sob as quais a teologia é agora interpelada evidenciam novos sinais dos tempos. O limite das três tentativas de diálogo resenhadas por Neutzling, e que na opinião deste teólogo jesuíta são tributárias do paradigma científico newtoniano, talvez seja antes a timidez prévia a que se reduziu a teologia contemporânea, alijada de sua antiga condição de rainha das ciências para a plebéia situação de disputar espaço no campo dos saberes por um lugar ao sol.

O fenômeno é constatável mesmo *ad intra*, nos esforços despendidos pela hierarquia católica, sobretudo a partir de meados do século XIX, para se contrapor ao modernismo e ao liberalismo teológico. Certo racionalismo teológico pretendeu defender os dogmas cristãos como se fossem empiricamente científicos ou, no limite, deduções absolutamente conseqüentes de princípios auto-evidentes. Semelhante estratégia, também conhecida como teologia apologética, acabou suscitando outra visão extremada, na linha do "pensamento débil", que pretende encantar a dimensão teológica na área de lazer de nossas universidades e demais centros de pesquisa. Estaríamos, desse modo, nas fronteiras do discordismo, ou seja, da hipótese de que ciência e teologia falam de duas ordens de realidade completamente distintas (ponto de vista ontológico) ou são discursos hermeticamente separados (ponto de vista epistemológico) ou, ainda, são independentes quando se trata de escolhas éticas. Sendo assim, o conflito dissolve-se pela completa separação entre esses dois campos.[19]

---

[18] LAMBERT, D. *Ciências e teologia*, pp. 67-113.

[19] NEUTZLING, op. cit., pp. 81-94.

A teologia em diálogo com a ciência da religião

Para Neutzling, no entanto, o clima equivocado de tensão entre teologia e ciência pode distender-se à medida que a própria universidade é chamada a testar novas formas de abordagem, de ensino e de pesquisa segundo o paradigma da transdisciplinaridade.[20] Uma *teologia pública*, nos moldes em que J. Moltmann usa a expressão, poderia ser, conforme Neutzling, uma boa pista para assegurar à teologia seu devido lugar na universidade. Para tanto, ambos os autores apontam para as mesmas pré-condições do discurso teológico:[21]

- a teologia possui um só problema: Deus. Não é, nem pretende ser, uma ciência objetiva, mas apresenta-se como um saber existencial;

- a teologia cristã é sempre teologia do Reino de Deus. A teologia pública só pode ser, então, um discurso constitutivamente público em favor do Evangelho público do Reino de Deus;

- como discurso público, a teologia precisa de liberdade institucional diante das igrejas e o fundamentalismo militante não pode retirá-la desse âmbito; do mesmo modo, ela pleiteia seu lugar no espaço das ciências, não obstante as tentativas do secularismo militante de silenciar sua voz;

- uma vez pública, a teologia expõe-se à crítica de quem quer que seja e só pode contar com a própria verdade do seu conteúdo na tentativa de se fazer convincente.[22] Sua presença na universidade, entretanto, não deve ser reduzida nem confundida com o *proprium* da ciência da religião nem, muito menos, ser emoldurada ou tutelada pelo saber eclesiástico.

- finalmente, Moltmann e Neutzling vêem a teologia pública como tentativa de situar o pensamento teológico no diálogo

---

[20] Com proposta distinta, mas insistindo na articulação entre ciências e teologia, cf. também: LAMBERT, op. cit., pp. 94-113.

[21] NEUTZLING, op. cit., pp. 14-19.

[22] Falando da Universidade Católica, João Paulo II dizia que sua finalidade "é fazer com que se realize uma presença, por assim dizer, pública, constante e universal do pensamento cristão". *Constituição Apostólica sobre as Universidades Católicas*, n. 9. Apud NEUTZLING, op. cit.

franco, aberto, plural e transdisciplinar da universidade. A casa comum desse encontro fé e razão é a sabedoria e seu escopo, a construção de uma cultura amante da vida.

Como se vê, não há como confundir essa proposta com uma ciência ou ciências da religião. Por outro lado, a *teologia pública* supera o restrito espaço das comunidades (eclesiais) de fé e volta-se ao bem comum da sociedade inteira por meio de uma reflexão crítica e da defesa pública da liberdade e da responsabilidade das atividades científicas. No espírito que tornou célebre a *teologia da libertação*, Neutzling destaca que seu critério último de juízo é a vida ameaçada dos pobres e de todos os seres vivos mais fracos – critério, aliás, não raro também entre os grandes sábios e místicos da humanidade.[23] Por isso, tal teologia se propõe a analisar criticamente os valores religiosos da sociedade, entendendo-os não como opiniões de pessoas privadas, mas como certezas últimas de natureza social e pessoal, pressupostos pré-racionais e assuntos pré-críticos passíveis de questionamento. É o caso das tradições religiosas de uma sociedade e das contribuições que elas aportam para a sociedade, para o bem ou o mal comum. O teólogo terá, então, a tarefa de estimular o confronto público entre as diversas comunidades de fé e de religião, e com o mundo arreligioso, secular ou pós-secular.

---

[23] Nisker, W. *Sabedoria radical.*

A teologia em diálogo com a ciência da religião

Relevância social da teologia e ambiente universitário

Uma conseqüência inevitável dessa postura é que o interesse pelos valores morais do *ethos* social suplanta a acentuação da própria moral cristã e do *ethos* da própria comunidade de fé. Diversas comunidades religiosas convivendo em sociedades multirreligiosas e em um mundo globalizado encontrarão um espaço comum para representar suas diferenças. Também serão contempladas por essa nova sensibilidade teológica as demais formas de vida secular, uma vez que a vida é aqui compreendida como conceito central na base do qual o falar de Deus deve dar provas de si, mas sobre o qual também deve ser medida toda forma de ateísmo – ou seja, a religiosidade e a secularidade devem servir à vida comum, caso estejamos de acordo que a humanidade e o planeta Terra devam sobreviver.

Assim, propor uma *teologia pública* implica uma nova arquitetura teológica que acompanhe a revolução ecológica de nossa sociedade e uma "reforma" ecológica da religião do homem moderno que rearticule a transcendência e a imanência de Deus. Só faz sentido falarmos de teologia na universidade, em diálogo com as demais ciências, entre elas a que foca a pesquisa da religião, se tivermos em vista o bem da sociedade. A teologia universitária não pode esconder que, no final das contas, é um saber iluminado pela fé, em diálogo cordial com todos os demais saberes, que, tendo em vista uma sociedade reconciliada na justiça e no amor, convoca a assumir suas responsabilidades sociais primeiramente os membros da comunidade eclesial, estendendo depois o convite a toda a humanidade.

Se faz algum sentido o que foi dito até aqui sobre a *teologia pública*, é porque ao teólogo não resta alternativa: ou sua palavra terá alguma relevância no areópago do século XXI ou ela nem será digna de menção. A teologia cristã é uma tomada de posição corajosa, fundamentada na revelação bíblica e na tradição eclesial, que ensaia a clássica interação entre fé e razão. Não é, evidentemente, uma palavra cabal sobre os temas que realmente interessam à sociedade atual. Certamente pode e deve sair modificada do debate acadêmico, do diálogo ecumênico e do intercâmbio inter-religioso. Mas, sem dúvida, possui legitimidade sua reivindicação de ser ouvida no mundo político e na academia juntamente com a palavra de sabedoria de outras tradições ético-espirituais.

No ambiente universitário brasileiro, notadamente nas universidades comunitárias, as quatro últimas décadas representaram um significativo avanço em termos de relevância social da reflexão teológica. Graças à teologia da libertação, muito do que poderia ter sido recusado como pios discursos eclesiásticos sem nenhuma incidência concreta acabou revelando-se, por intermédio dos teólogos dessa escola, legítima – embora, tantas vezes, tachada de inoportuna e desconcertante – contribuição ao bem comum nascida da experiência da fé.

Nesse contexto, os teólogos da libertação ousaram dialogar com cientistas e intelectuais alheios à comunidade cristã, apenas apoiados na intuição de que a justiça e a paz social vêm em primeiro lugar. Aliás, prova de que o papel da teologia da libertação está longe de ter-se esgotado é a crescente pujança de movimentos como o MST (dos sem-terra) e a repercussão do Fórum Social Mundial.[24] Por isso, é bem-vinda a contribuição dos muitos saberes humanos a fim de que a ciência universitária adquira ainda maior competência, concretude e atualidade. Esse é o autêntico teste de que falava Neutzling anteriormente: uma vez pública, a teologia expõe-se à crítica e às contribuições de quem quer que seja e não pode esconder-se sob o argumento de autoridade.

Um exemplo de diálogo efetivo
entre ciência da religião e teologia

Se quiser fazer-se convincente, a teologia só poderá contar com a própria verdade do seu conteúdo. Este é o desafio colocado às universidades confessionais, sempre ciosas de serem um lugar privilegiado

---

[24] A literatura afim a essa escola teológica continua em ritmo de produção. São disso exemplos recentes: SOARES, A. M. L. *Dialogando com Juan Luis Segundo*; GRENZER, M. *Análise poética da sociedade*; RICHARD, P. *Força ética e espiritual da teologia da libertação.*

A teologia em diálogo com a ciência da religião

do exercício do pensamento cristão: precisam somar com aqueles que ainda se batem pela ética e pela cidadania e até então não se deixaram domesticar pela lógica do *tanto-faz*.[25] A experiência da Pontifícia Universidade Católica de São Paulo tem sido exemplar nesse sentido. Marco da resistência civil nos anos de chumbo da ditadura militar, varou as últimas décadas sempre na vanguarda do movimento social e atenta às demandas da sociedade. Ela tem mostrado, com todas as dificuldades e contradições inevitáveis de um processo tão ousado, que é possível aliar a fidelidade evangélica aos avanços da sociedade contemporânea, sem eliminar nenhuma das duas asas do espírito humano, a saber, nem a fé nem a razão.

As atividades desenvolvidas na PUC-SP pelo Departamento de Teologia e Ciências da Religião e por seu Programa de Estudos Pós-Graduados em Ciências da Religião, no ensino, na pesquisa e na extensão, são um exemplo típico de que é possível uma tradução atual, comprometida e inculturada do pensamento teológico clássico em nossos ambientes universitários, notadamente nas chamadas universidades comunitárias. A ciência da religião – que não pode, em nenhuma hipótese, cumprir o papel de uma criptoteologia – tem aí autonomia garantida para investigar de vários ângulos o fenômeno religião, chegando aos resultados e às novas hipóteses possibilitados por sua competência científica.

Por essa razão, não é inevitável o confronto entre teologia e ciência da religião. Não há, portanto, nenhuma dificuldade de princípio em responder afirmativamente à questão levantada anteriormente pelo eminente teólogo J. Moltmann. Sim, é preciso reescrever uma nova teologia universal, que seja acessível, de modo natural, a qualquer pessoa, seja ela cristã ou atéia, judia ou budista, espírita ou iniciada no candomblé. E isto porque a teologia que ainda se leciona nas dezenas de faculdades e institutos de teologia eclesiásticos, embora já tenha feito enormes progressos de conteúdo, infelizmente

---

[25] Aludo aqui ao livro de GRAY, J. *Cachorros de palha*, talvez o mais badalado guru do tanto-faz pós-moderno no momento. Um inteligente contraponto a Gray é a obra de EAGLETON, T. *Depois da teoria*. Para Eagleton, os pensadores contemporâneos precisam voltar a refletir seriamente sobre amor, mal, morte, moralidade, religião e revolução, deixando de lado o conformismo pós-moderno.

ainda se ressente do vício de falar apenas ao público de casa e não conseguir, portanto, expressar-se em uma linguagem realmente contemporânea.[26]

Moltmann nos interpelava se era concebível uma teologia universal e naturalmente acessível, ou seja, se poderíamos almejar uma reflexão de fato acadêmica que não precisasse se disfarçar de ciência da religião para ser levada a sério, nem, muito menos, ser bancada pelo poder eclesiástico para ter algum peso social e político. Nossa resposta afirmativa é dúplice. De um lado, escolas de pensamento como a teologia da libertação demonstram a viabilidade de estudos competentes que visem transformar a realidade social com a força da espiritualidade. De outro, experiências como a da PUC-SP evidenciam que uma nova linguagem teológica, adequada aos interlocutores da nova geração, é não apenas concebível como já começa a concretizar-se na prática cotidiana. Mas será oca se não se dispuser a aprender da ciência da religião.

Conclusão

Posso, finalmente, ensaiar um fechamento muito esquemático da discussão. A pergunta geradora que me foi proposta pelo organizador deste livro, professor Frank Usarski – a quem agradeço pelo convite e pela provocação, que me obrigaram a revisitar e aprofundar este tema espinhoso –, poderia ser sintetizada desta forma: no espectro da(s) ciência(s) da religião, que papel tem ou poderia desempenhar a teologia? Qual a sua contribuição aos estudos da religião? Qual a melhor interação a ser tecida entre elas?

Já sugeri anteriormente que as relações são complexas e muitos colegas teólogos só vêem luz, por enquanto, numa possível solução pragmática. Assim, um conflito aberto entre teologia e ciências da religião existiu de fato, vem ocorrendo aqui e ali, e é até compreensível quando contextualizado historicamente. Mas não vejo o que lucrarão

---

[26] "Quem ainda agüenta ler esses livros maçudos de teologia?", perguntava, angustiado, um docente, preocupado em achar algum material didático acessível aos estudantes de Introdução ao Pensamento Teológico, disciplina obrigatória de todos os cursos de graduação da PUC-SP.

A teologia em diálogo com a ciência da religião

as partes interessadas se continuarem a fomentá-lo. A recém-emergente perspectiva da ortodoxia radical, que defende um retorno ao momento pré-moderno, equivoca-se ao pretender o retorno triunfal da teologia a partir da desqualificação pura e simples da modernidade.

A solução mencionada dos "magistérios não-interferentes" é decididamente pragmática. Para os teólogos pós-liberais, a teologia deve contentar-se em "formular em linguagem contemporânea as pretensões centrais de uma tradição" avaliando as demais crenças e práticas quanto a sua fidelidade a essa tradição. Muitas vezes, tal solução é acionada quando é conveniente não perder o "guarda-chuva" da instituição que mantém determinado curso ou faculdade. Parece-me, portanto, muito difícil um conflito aberto em universidades confessionais – nas universidades públicas, a questão nem se põe, dada a ausência do interlocutor teológico e, em certos espaços, até mesmo do cientista da religião. Mas há também instituições de ensino superior confessionais que não estão interessadas em publicizar demais seus pressupostos teológicos (o que beira o contra-senso). Entretanto, é difícil imaginar um pensamento teológico autêntico que se contente, no longo prazo, com a "não-interferência" pretendida pelos pós-liberais.

Finalmente, aposto na possibilidade de uma solução criativa, aberta à colaboração mútua – embora tensa, às vezes – entre teologia e ciência(s) da religião. Ambas servem reciprocamente como *delimitadores úteis* ao avanço da reflexão. As ciências da religião oferecem às construções teológicas o mesmo que divulgam para o conjunto da comunidade científica, a saber, um conhecimento rigoroso que propicia ao teólogo um choque de realidade e uma erudição mais refinada que o beneficiará em suas reflexões sobre fé, revelação e dogma. Ademais, o estudo e o discernimento da pluralidade religiosa (religiões tradicionais, novos movimentos religiosos, modalidades de sincretismo etc.) arejam as idéias teológicas (de determinada religião) suscitando novas questões à reflexão crítica sobre a fé vivida pelas pessoas. Atualmente, quase todas as faculdades de teologia prevêem em seus currículos disciplinas auxiliares, tais como psicologia da religião, filosofia da religião, sociologia da religião etc.

A teologia também tem muito a oferecer a um programa de estu-

O espectro disciplinar da Ciência da Religião

dos da religião – e seria temerário simplesmente ignorar seu ponto de vista. Na condição de área de saber reconhecida pela academia, ela é um subconjunto dos estudos de religião e, como tal, sua palavra sobre as dimensões de sentido das tradições religiosas não é desprezível.[27] Pode-se dizer que há uma contribuição teológica de fato e outra explicitada na intenção dos teólogos. Portanto, independentemente dos reais objetivos do teólogo e das hierarquias de sua religião de origem, a ciência da religião recebe da teologia, de "mão beijada", o produto do pensamento de sua tradição religiosa em primeira mão, fruto da reflexão especializada de fiéis da própria tradição. Citei anteriormente uma atinada observação de Greschat, quando este defende que serão os fiéis de determinada crença a informar se entendemos adequadamente sua fé. "Consultar adeptos de uma religião pesquisada", diz Greschat, "é um teste de segurança que permite diferenciar descrições válidas e não válidas do ponto de vista da história da religião".[28] Ora, se Greschat estiver certo – e creio que ele esteja –, então o cientista da religião precisa ouvir também (nos casos em que tal figura exista) o *fiel-com-conhecimento-especializado* da religião em estudo (geralmente apelidado de *teólogo* no Ocidente).[29]

A teologia funciona como *delimitador útil* ao avanço do conhecimento científico sobre determinada religião. Focada em sua própria tradição espiritual, ela testa até o fim – se for uma boa teologia – a coerência interna dessa tradição sem driblar problemas insidiosos, sem mudar de religião ao chegar nos inevitáveis pontos cegos da tradição recebida e sem ceder a fáceis hibridismos.

Em suma, os resultados especializados de uma grande tradição

---

[27] Neste ponto estou muito próximo da posição defendida por Sheila G. Davaney, que a autora chama de "historicismo" (Cf. DAVANEY, S. G. Teologia e estudos religiosos numa época de fragmentação. In: *Revista Concilium*, 315, pp. 33-44).

[28] Cf. op. cit., p. 157.

[29] Greschat tem razão quando apela ao veredicto do fiel da religião estudada. Mas espero que ele não esteja insinuando que o cientista da religião deva, por conseguinte, descartar o ponto de vista do teólogo (que é uma modalidade de fiel). Dizer que "os teólogos têm meios próprios para distinguir o que é 'verdadeiro' e o que é 'falso' na área de religião" já que "para eles, a própria fé — e não as de outras pessoas — é a norma decisiva" (GRESCHAT, op. cit., p. 157) não torna o testemunho teológico menos importante ou mais parcial que o do fiel comum. Aliás, o fiel comum, se perguntado a respeito pelo cientista da religião, muito provavelmente dirá que sua fé é, no mínimo, mais verdadeira que "as de outras pessoas". Em suma, a afeição pela própria fé/tradição espiritual não empana o depoimento.

A teologia em diálogo com a ciência da religião

espiritual não têm por que ser descartados *a priori*. Desse modo, a palavra "teologia" serve a tal constructo. Em sentido lato, também judaísmo e islamismo cabem no termo. E à medida que outras tradições vão formulando suas próprias construções a partir de dentro – ou vamos aprendendo a reconhecer e a interpretar as construções já existentes e por nós ignoradas –, deve haver espaço para elas na área de estudos da religião.

Falei até aqui de uma contribuição teológica de fato às ciências da religião, que independe da real pretensão dos teólogos. Creio que até aqui os propositores do magistério não-interferente estejam de acordo. Há, no entanto, uma contribuição que os teólogos pretendem oferecer à sociedade, aí incluída, evidentemente, a universidade: uma reflexão de corte ético. A proposta da *teologia pública*, que espero ter sido suficientemente apresentada anteriormente, explicita totalmente a qualidade confessional do pensamento teológico e assume o ônus do confronto público de seus pressupostos, fugindo de fáceis concordismos.

Já a teologia da libertação construiu uma carreira *sui generis*. Saiu das universidades, reivindicou um caráter não acadêmico, serviu como meio de escoar a produção científica em benefício da sociedade e acabou marcando uma trincheira importante na própria universidade. Sua práxis inovadora gerou um diferenciado interesse público pela teologia, atraiu "não-iniciados" para seu estudo e privilegiou (em sua segunda fase) novos sujeitos (pobres, mulheres, negros, índios, jovens) que, por sua vez, trouxeram novas questões (gênero, etnias) e novas prioridades (suspensão do juízo sobre "teologias populares"; reconhecimento do MEC; profissionalização) para o plano da prática e da reflexão.

Estes são apenas exemplos da sadia contribuição que a teologia pode oferecer à academia. Não é o caso de se eliminar o incômodo de sua presença nem de dissolvê-lo em ciência da religião. Como diz S. Davaney, a teologia é hoje uma parceira intelectual entre muitos parceiros, com um lugar importante mas não de destaque na acade-

303

mia.[30] Nossa tarefa, no entanto, é manter aberta a trincheira que delimita os diferentes saberes e continuar a exercitar a criatividade em busca de um melhor conhecimento das religiões, que só têm a ganhar com este aprendizado no diálogo.

Referências bibliográficas

ALVES, Rubem. *O enigma da religião*. Campinas, Papirus, 1988.

BARTOLOMEI, M. C. *Ellenizzazione del cristianesimo*; linee di critica filosofica e teologica per un'interpretazione del problema storico. L'Aquila-Roma, Japadre, 1984.

BOFF, Clodovis. *Teoria do método teológico*. Petrópolis, Vozes, 1998.

BOF, Giacomo. *Teologia cattolica*; duemila anni di storia, di idee, di personaggi. Cinisello Balsamo (MI), San Paolo, 1995.

DAVANEY, S. G. Teologia e estudos religiosos numa época de fragmentação. In: *Revista Concilium*, 315, pp. 33-44, 2006.

EAGLETON, Terry. *Depois da teoria*; um olhar sobre os estudos culturais e o pós-modernismo. Rio de Janeiro, Civilização Brasileira, 2005.

FABRIS, Adriano. *Teologia e filosofia*. Brescia, Morcelliana, 2004.

FERRAZ, S. Teopoética: os estudos literários sobre Deus. In: *No princípio era Deus e ele se fez poesia*. Inédito.

GIBELLINI, Rosino. *La teologia del XX secolo*. 2 ed. Brescia, Queriniana, 1993.

GOULD, Stephen J. *Pilares do tempo*; ciência e religião na plenitude da vida. Rio de Janeiro, Rocco, 2002.

GRAY, John. *Cachorros de palha*; reflexões sobre humanos e outros animais. Rio de Janeiro, Record, 2005.

GRENZER, Matthias. *Análise poética da sociedade*; um estudo de Jó 24. São Paulo, Paulinas, 2005.

GRESCHAT, Hans-Jürgen. *O que é ciência da religião?* São Paulo, Paulinas, 2006. Coleção Repensando a Religião.

---

[30] DAVANEY, S. G. art. cit., p. 44.

A teologia em diálogo com a ciência da religião

HAIGHT, Roger. *Dinâmica da teologia*. São Paulo, Paulinas, 2004.

LACOSTE, Jean-Yves. *Dicionário crítico de teologia*. São Paulo, Paulinas/ Loyola, 2004.

LAMBERT, Dominique. *Ciências e teologia*; figuras de um diálogo. São Paulo, Loyola, 2002.

MOLTMANN, Jürgen. *Esperienze di pensiero teológico*; vie e forme della teologia cristiana. Brescia, Queriniana, 2001.

NEUTZLING, Inácio (org.). *A teologia na universidade contemporânea*. São Leopoldo, Unisinos, 2005.

_____. Ciência e teologia na universidade do século XXI; possibilidades de uma teologia pública: algumas aproximações. *Atas do II Simpósio Ciência e Deus no Mundo Atual*. São Leopoldo, Unisinos, 2004. pp. 12-37.

NISKER, Wes. *Sabedoria radical*; rompendo as barreiras do senso comum e do lógico-racional. São Paulo, Cultrix, 2005.

PANIKKAR, Raimon. *Ícones do mistério*; a experiência de Deus. São Paulo, Paulinas, 2007.

PIÉ-NINOT, Salvador. *La teología fundamental*. 6. ed. Salamanca, Secretariado Trinitario, 2006.

PONTIFÍCIO CONSELHO JUSTIÇA E PAZ. *Compêndio da Doutrina Social da Igreja*. São Paulo, Paulinas, 2005.

RICHARD, Pablo. *Força ética e espiritual da teologia da libertação*; no contexto atual da globalização. São Paulo, Paulinas, 2006.

SEGUNDO, Juan Luis. *Libertação da teologia*. São Paulo, Loyola, 1978.

_____. *Que mundo, que homem, que Deus?* Aproximações entre ciência, filosofia e teologia. São Paulo, Paulinas, 1995.

SOARES, Afonso M. L. *Interfaces da revelação*; pressupostos para uma teologia do sincretismo religioso. São Paulo, Paulinas, 2003.

_____. Dialogando com Juan Luis Segundo. São Paulo, Paulinas, 2005.

TRACY, David. *A imaginação analógica*; a teologia cristã e a cultura do pluralismo. São Leopoldo, Unisinos, 2006. Coleção Theologia Publica.

305

O espectro disciplinar da Ciência da Religião

VATTIMO, Gianni. *Credere di credere*. Milano, Garzanti, 1996.

_____. *Dopo la cristianità*; per un cristianesimo non religioso. Milano, Garzanti, 2002.

WILFRED, F. Teologia na universidade moderna: qual especialização? In: *Revista Concilium*, 315, pp. 22-32, 2006.

Autores

AFONSO MARIA LIGORIO SOARES

Doutor em Ciências da Religião (UMESP) com pós-doutorado em Teologia (PUC-RJ). É professor associado da PUC-SP, onde leciona e pesquisa no Programa de Estudos Pós-Graduados em Ciências da Religião do Departamento de Teologia e Ciências da Religião. Coordena a coleção *Temas do Ensino Religioso* (Paulinas Editora) e concebeu, juntamente com Frank Usarski, a presente coleção *Repensando a Religião*.

BETTINA E. SCHMIDT

Livre-docente em Antropologia pela Universidade de Marburg (Alemanha). Atualmente é professora de Ciência da Religião na Universidade de Oxford (Inglaterra).

EDÊNIO VALLE

Presbítero católico e psicólogo. Leciona Psicologia da Religião no Programa de Estudos Pós-Graduados em Ciências da Religião da PUC-SP. Há muitos anos vem fazendo pesquisas neste campo, com muitas publicações em livros e artigos. Dirige o Instituto de Terapia Acolher (ITA) de São Paulo.

EDUARDO BASTO DE ALBUQUERQUE

Historiador e professor livre-docente, leciona e pesquisa no Programa de Pós-Graduação em História da Unesp – Campus de Assis-SP.

EDUARDO RODRIGUES DA CRUZ

Professor titular do Departamento de Teologia e Ciências da Religião e do Programa de Estudos Pós-Graduados em Ciências da Religião da PUC-SP.

FRANK USARSKI

Doutor em Ciência da Religião pela Universidade de Hannover (Alemanha); professor do Departamento de Teologia e Ciências da Religião e do Programa de Estudos Pós-Graduados em Ciências da Religião da PUC-SP. Concebeu, juntamente com Afonso M. L. Soares, a presente coleção *Repensando a Religião*.

MARIA JOSÉ ROSADO NUNES

Doutora em Ciências Sociais pela EHESS (Paris); professora no Programa de Estudos Pós-Graduados em Ciências da Religião da PUC-SP; pesquisadora do CNPq.

RAFAEL SHOJI

Doutor em Ciência da Religião pela Universidade de Hannover (Alemanha), com pós-doutorado em Ciências da Religião pela PUC-SP. Desde dezembro de 2006 realiza pesquisa na Universidade de Nanzan, em Nagóia (Japão).

STEVEN ENGLER

Professor de Ciências da Religião do Mount Royal College Calgary (Canadá). De 2005 a 2006 foi professor visitante (com apoio da Fapesp) no Programa de Estudos Pós-Graduados em Ciências da Religião da PUC-SP.

Sumário

Apresentação (*Afonso Maria Ligorio Soares*)... 5

Introdução (*Frank Usarski*).. 9

PARTE 1
SUBDISCIPLINAS "CLÁSSICAS" DA CIÊNCIA DA RELIGIÃO

A história das religiões (*Eduardo Basto de Albuquerque*)............................... 19

A antropologia da religião (*Bettina E. Schmidt*).. 53

A sociologia da religião (*Maria José Rosado Nunes*)..................................... 97

A psicologia da religião (*Edênio Valle*).. 121

PARTE 2
SUBDISCIPLINAS "COMPLEMENTARES" DA CIÊNCIA DA RELIGIÃO

A geografia da religião (*Frank Usarski*)... 171

A estética da religião (*Steven Engler*)... 199

PARTE 3
A CIÊNCIA DA RELIGIÃO DIANTE DE NOVOS HORIZONTES
E ANTIGAS DEMARCAÇÕES

Estudos formais e modelos computacionais da religião
(*Rafael Shoji*).. 231

Em busca de uma história natural da religião
(*Eduardo R. da Cruz*)... 259

A teologia em diálogo com a ciência da religião
(*Afonso Maria Ligorio Soares*)... 281

Autores 307

CADASTRE-SE
www.paulinas.org.br
para receber informações sobre nossas
novidades na sua área de interesse:
• Adolescentes e Jovens • Bíblia
• Biografias • Catequese
• Ciências da religião • Comunicação
• Espiritualidade • Educação • Ética
• Família • História da Igreja e Liturgia
• Mariologia • Mensagens • Psicologia
• Recursos Pedagógicos • Sociologia e Teologia.

Telemarketing **0800 7010081**

Impresso na gráfica da
Pia Sociedade Filhas de São Paulo
Via Raposo Tavares, km 19,145
05577-300 - São Paulo, SP - Brasil - 2012